CLAUS MOLLENKOPF

Faktische Einwirkungen auf vormerkungsbetroffene Grundstücke

Schriften zum Bürgerlichen Recht

Band 204

Faktische Einwirkungen auf vormerkungsbetroffene Grundstücke

Gleichzeitig ein Beitrag zum Unwirksamkeitsbegriff der §§ 883 Abs. 2, 888 Abs. 1 BGB

Von

Dr. Claus Mollenkopf

Duncker & Humblot · Berlin

Die Deutsche Bibliothek – CIP-Einheitsaufnahme

Mollenkopf, Claus:
Faktische Einwirkungen auf vormerkungsbetroffene Grundstücke : gleichzeitig ein Beitrag zum Unwirksamkeitsbegriff der §§ 883 Abs. 2, 888 Abs. 1 BGB / von Claus Mollenkopf. – Berlin : Duncker und Humblot, 1998
(Schriften zum bürgerlichen Recht ; Bd. 204)
Zugl.: Tübingen, Univ., Diss., 1997
ISBN 3-428-09218-X

D 21

Satz: W. März, Tübingen
Druck: Werner Hildebrand, Berlin
Printed in Germany

ISSN 0720-7387
ISBN 3-428-09218-X

Gedruckt auf alterungsbeständigem (säurefreiem) Papier
entsprechend ISO 9706 ♾

Vorwort

Die vorliegende Untersuchung wurde im Sommersemester 1997 von der Juristischen Fakultät der Eberhard-Karls-Universität Tübingen als Dissertation angenommen.

Mein besonderer Dank gilt meinem Doktorvater, Herrn Prof. Dr. *Wolfgang Ernst*, für die Anregung zur Thematik und für die Betreuung dieser Arbeit sowie für die Erstellung des Erstgutachtens. Herrn Prof. Dr. *Harm Peter Westermann* danke ich für die Erstellung des Zweitgutachtens.

Dank sagen möchte ich insbesondere auch meinen Eltern für den mir gewährten Rückhalt und die Unterstützung während der Zeit der Entstehung dieser Arbeit.

Tübingen, im Mai 1997 *Claus Mollenkopf*

Inhalt

Abkürzungen

Die Abkürzungen zu Begriffen aus der Entstehungsgeschichte des BGB sowie deren nachfolgende Erläuterung erfolgten in Anlehnung an *Jakobs/Schubert*, AllgT I, S. X; *Jakobs/Schubert*, SachenR I, S. VII, VIII, sowie *Jakobs / Schubert*, SachenR IV, S. XIII f.

A.	Ansicht, Auffassung
a.A.	anderer Ansicht, anderer Auffassung
a.a.O.	am angegebenen Ort
Abs.	Absatz
Abschn.	Abschnitt
AcP	Archiv für die civilistische Praxis
ADS	Allgemeine Deutsche Seeversicherungsbedingungen
AGBGB	Allgemeines Bürgerliches Gesetzbuch für Österreich
AK	Alternativkommentar
AllgT	Allgemeiner Teil
Anh.	Anhang
Anm.	Anmerkung
AnwartschaftsR	Anwartschaftsrecht
ArchBürgR	Archiv für Bürgerliches Recht
arg.	argumentum aus ...
Art.	Artikel
Aufl.	Auflage
BayObLG	Bayerisches Oberstes Landesgericht
BB	Der Betriebsberater
Bd.	Band
Bearb.	Bearbeitung
Begr.	Begründer
Beil.	Beilage
Beschl.	Beschluß
betr.	betreffend
BezG	Bezirksgericht
BGB	Bürgerliches Gesetzbuch

BGH	Bundesgerichtshof
BGHZ	Entscheidungen des Bundesgerichtshofs in Zivilsachen, amtliche Sammlung
Bl.	Blatt
BR	Bürgerliches Recht
BWNotZ	Zeitschrift für das Notariat in Baden-Württemberg, Mitteilungen aus der Praxis
bzw.	beziehungsweise
d.	der; die; das; des; dem; den
DB	Der Betrieb
DDR	Deutsche Demokratische Republik
dens.; dems.; ders.	denselben; demselben; derselbe
dies.	dieselbe(n)
d.h.	das heißt
Diss.	Dissertation
DNotZ	Deutsche Notar-Zeitschrift
DtZ	Deutsch-Deutsche Rechts-Zeitschrift
E I	„Entwurf eines Bürgerlichen Gesetzbuches für das Deutsche Reich, ausgearbeitet von der in Folge des Beschlusses des Bundesrathes vom 22. Juni 1874 eingesetzten Kommission. Erste Lesung. Berlin 1887“ (sog. 1. Entwurf)
E I-VorlZust	BGB-Entwurf in der Paragraphenzählung des E I nach *Plancks* „Vorläufiger Zusammenstellung der Beschlüsse der Kommission für die zweite Lesung des Entwurfs eines Bürgerlichen Gesetzbuchs“ (1891–1895)
E I-ZustRedKom	BGB-Entwurf in der Paragraphenzählung des E I nach der „Zusammenstellung der Beschlüsse der Redaktions-Kommission“ der 2. Kommission (1891–1895)
E II	„Entwurf eines Bürgerlichen Gesetzbuches für das Deutsche Reich. Zweite Lesung. Nach den Beschlüssen der Redaktionskommission. Auf amtliche Veranlassung. Berlin 1894, 1895“ (sog. 2. Entwurf)
E II rev.	„Entwurf eines Bürgerlichen Gesetzbuchs für das Deutsche Reich. – Zweite Lesung“; erschienen als Drucksache des Bundesrates vom 22. 10. 1895 (Nr. 103 der Session 1895) (sog. Bundesratsvorlage); allgemein zugänglich erst seit der „auf amtliche Veranlassung besorgten Ausgabe“ von 1898
E III	„Entwurf eines Bürgerlichen Gesetzbuchs“ (1896); erschienen als Reichstagsdrucksache Nr. 87 der Session 1895/1897) (sog. Reichstagsvorlage oder 3. Entwurf)
Einl.	Einleitung
Entsch.	Entscheidung
Entw.	Entwurf

ErbbauRVO	Verordnung über das Erbbaurecht
etc.	et cetera
EWiR	Entscheidungen zum Wirtschaftsrecht
f.	folgende (Seite)
ff.	folgende (Seiten)
FG	Festgabe
FGPrax	Praxis der freiwilligen Gerichtsbarkeit. Vereinigt mit OLGZ
Fn.	Fußnote
FS	Festschrift
GBO	Grundbuchordnung
gem.	gemäß
GesO	Gesamtvollstreckungsordnung
Gruchot	Beiträge zur Erläuterung des Deutschen Rechts. Begr. v. *J.A. Gruchot*
GrundbR	Grundbuchrecht
Halbs.	Halbsatz
h.M.	herrschende Meinung
Hrsg.	Herausgeber
insbes.	insbesondere
InsO	Insolvenzordnung
i.E.	im Ergebnis
i.S.d.	im Sinne des
i.V.m.	in Verbindung mit
JA	Juristische Arbeitsblätter
JhJb	Jherings Jahrbücher für die Dogmatik des heutigen römischen und deutschen Privatrechts (Jherings Jahrbücher für die Dogmatik des bürgerlichen Rechts)
JR	Juristische Rundschau
Jura	Juristische Ausbildung
JuS	Juristische Schulung. Zeitschrift für Studium und Ausbildung
JW	Juristische Wochenschrift
JZ	Juristenzeitung
KaufR	Kaufrecht
K / E / H / E	*Kuntze / Ertl / Herrmann / Eickmann*, Grundbuchrecht. Kommentar zu Grundbuchordnung und Grundbuchverfügung einschließlich Wohnungseigentumsgrundbuchverfügung
KE	Entwurf eines Bürgerlichen Gesetzbuchs in der Fassung der ersten Beratung der 1. Kommission (1884–1887) (sog. Kommissionsentwurf)

KE 1884	Entwurf eines Bürgerlichen Gesetzbuches für das Deutsche Reich. Erste Berathung. Erstes Buch: Allgemeiner Theil; Zweites Buch: Recht der Schuldverhältnisse, Berlin 1884; als Fassung des Ersten und Zweiten Buchs des sog. Kommissionsentwurfs (für den internen Dienstgebrauch)
KE 1885	Entwurf eines bürgerlichen Gesetzbuches für das Deutsche Reich. Erste Berathung. Erstes Buch; Allgemeiner Theil; Zweites Buch: Recht der Schuldverhältnisse; Drittes Buch: Sachenrecht, Berlin 1885
KG	Kammergericht
KO	Konkursordnung
Komm.	Kommission
KreditsicherungsR	Kreditsicherungsrecht
Lfg.	Lieferung
LG	Landgericht
LM	Das Nachschlagewerk des Bundesgerichtshofes in Zivilsachen, herausgegeben von *Lindenmaier* und *Möhring*
LZ	Leipziger Zeitschrift für Deutsches Recht
MDR	Monatsschrift für Deutsches Recht
MittBayNot	Mitteilungen des Bayerischen Notarvereins, der Notarkasse und der Landesnotarkammer Bayern
MittRhNotK	Mitteilungen der Rheinischen Notarkammer
m.w.N.	mit weiteren Nachweisen
Mot.	„Motive zu dem Entwurfe eines Bürgerlichen Gesetzbuches für das Deutsche Reich“ (1888)
MünchKomm	Münchener Kommentar zum Bürgerlichen Gesetzbuch
m.umfangr.Nachw.	mit umfangreichen Nachweisen
m.w.Nachw.	mit weiteren Nachweisen
Ms.	Manuskript
Nachw.	Nachweis(e)
NJW	Neue Juristische Wochenschrift
NJW-RR	NJW-Rechtsprechungs-Report
Nr.	Nummer
o.	oben
OLG	Oberlandesgericht; auch: Die Rechtsprechung der Oberlandesgerichte auf dem Gebiete des Zivilrechts
OLGZ	Entscheidungen der Oberlandesgerichte in Zivilsachen einschließlich der freiwilligen Gerichtsbarkeit
pFV	positive Forderungsverletzung
Prot. (1. Komm.)	Protokolle der [1.] Kommission zur Ausarbeitung des [1.] Entwurfs eines Bürgerlichen Gesetzbuchs (1881–1889); metallographierte Abschrift

Prot. (2. Komm.)	„Protokolle der Kommission für die zweite Lesung des Entwurfs des Bürgerlichen Gesetzbuchs" (1890–1896)
Recht	Das Recht. Rundschau für den deutschen Juristenstand
RedKom (Red. Komm.)	Redaktionskommission der 2. Kommission
RedVorl	„Die Vorlagen der Redaktoren für die erste Kommission zur Ausarbeitung des Entwurfs eines Bürgerlichen Gesetzbuches (Die Vorentwürfe der Redaktoren zum BGB)" (1876–1887); Nachdruck hrsg. von *Schubert*
Rn.	Randnummer
RG	Reichsgericht
RGRK	Das Bürgerliche Gesetzbuch mit besonderer Berücksichtigung der Rechtsprechung des Reichsgerichts und des Bundesgerichtshofs, Kommentar
RGZ	Entscheidungen des Reichsgerichts in Zivilsachen, amtliche Sammlung
Rpfleger	Der Deutsche Rechtspfleger
RSiedlG	Reichssiedlungsgesetz
s.	siehe
s.o.	siehe oben
s.u.	siehe unten
S.	Satz, Seite
SachenR	Sachenrecht
SchuldR	Schuldrecht
SeuffA	J.A. Seufferts Archiv für Entscheidungen der obersten Gerichte in den deutschen Staaten
sog.	sogenannt
Sp.	Spalte
TE-AllgT	Teilentwurf zum Allgemeinen Teil von *Gebhard* (1881)
TE-OR	Teilentwurf zum Obligationenrecht von *von Kübel* (1882)
TE-SachenR	Teilentwurf zum Sachenrecht von *Johow* (1880)
Tit.	Titel
u.	und; unten
u.a.	unter anderem
umfangr.	umfangreich
Urt.	Urteil
usw.	und so weiter
u.U.	unter Umständen
v.	vor; vom; von
VE-RedKonf	Vorentwürfe *Johows* aus den Jahren 1874/75 für die Redaktorenkonferenz der 1. Kommission
VersR	Versicherungsrecht

vervielf.	vervielfältigt
vgl.	vergleiche
Vorbem.	Vorbemerkung
VVG	Gesetz über den Versicherungsvertrag
WM	Wertpapier-Mitteilungen
w.Nachw.	weitere Nachweise
WuB	Entscheidungssammlung zum Wirtschafts- und Bankrecht
z.B.	zum Beispiel
ZBlFG	Centralblatt für freiwillige Gerichtsbarkeit und Notariat sowie Zwangsversteigerung
ZPO	Zivilprozeßordnung
ZS.	Zivilsenat
ZustRedKom	→ E I-ZustRedKom
ZVG	Gesetz über die Zwangsversteigerung und die Zwangsverwaltung

Einleitung

Seit Inkrafttreten des Bürgerlichen Gesetzbuches ist wohl kaum ein Rechtsinstitut sowohl hinsichtlich seiner Rechtsnatur als auch hinsichtlich seiner Wirkungen derart kontrovers diskutiert worden wie das Rechtsinstitut der Vormerkung. Es ist damit genau das eingetreten, was Fuchs[1] bereits im Jahre 1902 düster prophezeit hat: „Es ist zu befürchten, daß sich hier eine jener Kontroversen aufthut, die nicht sterben können."

Ein zentraler Aspekt dieser Kontroverse ist die Frage nach dem „Schutz des Vormerkungsberechtigten vor Einwirkungen tatsächlicher Art auf das vormerkungsbetroffene Grundstück"[2]. Es ist dies die Frage nach dem Schutz vor Substanzveränderungen am vormerkungsbetroffenen Grundstücks im Zeitraum vor Verwirklichung des vormerkungsgesicherten Anspruchs. In einem Urteil vom 5. April 1991 nimmt der BGH den Standpunkt ein, daß der Vormerkungsberechtigte, dem das Grundstück bereits aufgelassen wurde, in seiner Eigenschaft als Anwartschaftsberechtigter deliktsrechtlich auch gegenüber unzulässigen Vertiefungen geschützt werde, welche das vormerkungsbetroffene Grundstück infolge von Einwirkungen seitens eines Grundstücksnachbarn erfahre. Der Vormerkungsberechtigte habe jedenfalls dann einen eigenen Schadensersatzanspruch auch wegen des Substanzschadens, wenn sein Anwartschaftsrecht bei Eintritt der Vertiefungsschäden bestanden habe und feststehe, daß der daraus folgende Schaden allein bei ihm verbleibe[3].

Dieses Urteil des BGH ist im juristischen Schrifttum vielfach auf Kritik gestoßen[4]. Angegriffen wird insbesondere die vom BGH darin vorgenomme-

---

[1] GrundbR, § 883 Anm. 8 b) aa) (S. 113).

[2] So der Titel der von *Rosien* im Jahre 1992 vorgelegten Dissertation, die 1994 unter dem Titel „Der Schutz des Vormerkungsberechtigten" veröffentlicht wurde.

[3] BGH, Urt. v. 5.4.1991 – V ZR 39/90 (Saarbrücken) = BGHZ 114, 161 ff. = LM § 823 (H) BGB Nr. 8 (Bl. 1 ff.) = NJW 1991, 2019 f. = WM 1991, 1560 ff. = JZ 1991, 1086 f. = MDR 1991, 763 f.

[4] Erman-*Schiemann*, § 823 Rn. 42; *Baur/Stürner*, § 19 B I 2 c) bb) γ) (S. 182); *Paulus*, JZ 1993, 555 ff.; *Rosien*, § 11 VI 3 c) dd) (2) (c) (S. 165 ff.); *Selb*, JZ 1991, 1087 ff.; *Wieling*, SachenR[2], § 20 I 2 d) aa) (S. 257) Fn. 14, § 22 I 2 (S. 299) Fn. 14); *Wilhelm*, SachenR, Rn. 1231 Fn. 114. Ohne nähere Ausführungen dem Urteil zustimmend dagegen Erman-*Hagen*, § 909 Rn. 4; Jauernig-*Jauernig*, § 909 Anm. 2 a); Palandt[56]-*Thomas*, § 823 Rn. 12, 145; Palandt[56]-*Bassenge*, § 909 Rn. 9; *Bülow*, Rn. 714 Fn. 86, Rn. 715 Fn. 90; *Larenz/Canaris*, SchuldR II/2, § 76 II 4 a) (S. 393) Fn. 63; § 76 II 4 h) (S. 399) Fn. 100;

ne Gleichbehandlung des „Anwartschaftsrechts" des Inhabers einer Auflassungsvormerkung[5] mit dem Anwartschaftsrecht des Vorbehaltskäufers im Hinblick auf den deliktsrechtlichen Schutz vor Substanzschäden. Paulus[6] bezeichnet das Urteil als „Lehrstück" dafür, „wie sich die als ‚Recht' apostrophierte Anwartschaft verselbständigt und immer weitere Regionen erobert, die ihr bei genauerem Hinsehen gar nicht zukommen". Hieran erweise sich, „daß die Bezeichnung der Rechtsposition als ‚Anwartschaftsrecht' einmal dazu dient, vom Gesetz gar nicht vorgesehene Schutzmechanismen (Deliktsschutz gegenüber Dritten) zu schaffen, und zweitens dazu, die auf diese Weise angereicherte Position ungehindert durch die Tatbestandsvoraussetzungen eines Analogieschlusses auf andere Rechtsfiguren (hier: die Vormerkung) zu übertragen"[7].

Die vorliegende Untersuchung geht zunächst der Frage nach, ob diese Kritik berechtigt ist. Sie wendet sich dann am Beispiel der Auflassungsvormerkung prinzipiell der Frage nach dem „Eingriffsschutz"[8] des Vormerkungsberechtigten zu – d.h. der Frage nach dem Schutz des Vormerkungsberechtigten gegenüber faktischen Einwirkungen auf das vormerkungsbetroffene Grundstück. Besondere Berücksichtigung finden soll hierbei der Fall, daß ein vormerkungswidriger Dritterwerb stattgefunden hat. Die Untersuchung setzt sich daher nicht zuletzt auch mit dem Begriff der „Unwirksamkeit" im Sinne der §§ 883 Abs. 2, 888 Abs. 1 BGB auseinander, wobei sie zu dem Ergebnis gelangt, daß diese – vor dem Hintergrund der Anspruchsakzessorietät der Vormerkung – anders zu sehen ist als bislang angenommen. Und wie sich erweisen wird, hat diese andere Sicht der „Unwirksamkeit" nicht zuletzt auch Auswirkungen auf die Ausgestaltung des „Eingriffsschutzes" des Vormerkungsberechtigten.

K. Müller, SachenR³, Rn. 348; *M. Wolf*, SachenR, Rn. 346; *Schwab/Prütting*, § 29 VI 5 (S. 158).

[5] Entgegen der etwa von Staudinger¹³-*Pfeifer*, § 925 Rn. 127; *Vervier*, § 8 II (S. 88), § 9 II (S. 92); *Weirich*, DNotZ 1982, 669 ff., und *Rosien*, § 5 (S. 24) Fn. 16 u. passim, verwendeten Bezeichnung „Eigentumsvormerkung" wird hier am tradierten Begriff der „Auflassungsvormerkung" festgehalten. Denn vorgemerkt „wird nicht das Eigentum, das ja bereits – in der Person eines anderen – besteht, sondern der Anspruch auf Eigentumsübertragung"; *Sandweg*, BWNotZ 1994, 6.

[6] JZ 1993, 555.

[7] *Paulus*, a.a.O., 558.

[8] Bezeichnung von *Prinz*, S. 96 f., 238 ff.

Teil I

Deliktischer Schutz eines Anwartschaftsrechts aus Auflassung plus Vormerkung?

Kapitel 1

Das Urteil des BGH vom 5. April 1991

Ausgangspunkt der Untersuchung soll das vorerwähnte Urteil des BGH vom 5. April 1991 sein, dem im wesentlichen folgender Sachverhalt zugrunde lag[1]: Am 23. November 1980 schlossen die Kläger und späteren Revisionsbeklagten mit der damaligen Grundstückseigentümerin unter Ausschluß jeglicher Gewährleistung einen notariellen Kaufvertrag über ein mit einem Einfamilienhaus bebautes Grundstück, das ihnen gleichzeitig bereits aufgelassen wurde. Den Kaufpreis in Höhe von 450.000,– DM entrichteten die Kläger in voller Höhe. Am 28. November 1980 wurde zugunsten der Kläger eine Auflassungsvormerkung in das Grundbuch eingetragen. Am 24. März 1981 schließlich wurde das Eigentum auf die Kläger umgeschrieben.

Bereits am 25. September 1980 und am 3. Oktober 1980 waren am Fuße des Hügelrückens, auf dem das Grundstück gelegen war, von der Beklagten zu 1 (und späteren Revisionsklägerin) zur Anlegung einer Baugrube Felsen zur Lockerung gesprengt und Felsmaterial abgetragen worden. Im Frühjahr 1981 schließlich traten auf dem Kaufgrundstück Risse und Gebäudesetzungen auf. Die Kläger behaupteten, ihr Einfamilienhaus sei durch die von der Beklagten zu 1 vorgenommene Vertiefung beschädigt worden und daher für Wohnzwecke nicht mehr benutzbar. Sie verlangten u.a. von der Beklagten zu 1 Schadensersatz in Höhe von insgesamt 618.996,63 DM (450.000,– DM Kaufpreis für das Hausgrundstück, 150.996,63 DM Finanzierungs- und sonstige Kosten für den Grundstückserwerb sowie 18.000,– DM Mietaufwand für die Zeit vom 1. Juli 1981 bis 31. Dezember 1983).

Nachdem das LG Saarbrücken den Klageanspruch gegenüber der Beklagten zu 1 dem Grunde nach für gerechtfertigt erklärt hatte, wies das Oberlandesgericht Saarbrücken auf die Berufung der Beklagten zu 1 die Klage in

---

[1] Vgl. BGHZ 114, 161 f.

Höhe von 150.996,63 DM ab und erklärte sie im übrigen dem Grunde nach für gerechtfertigt. Die Revision der Beklagten zu 1 hatte keinen Erfolg.

Der BGH bejahte dem Grunde nach einen Schadensersatzanspruch der Kläger aus § 823 Abs. 2 i.V.m. § 909 BGB. Insbesondere seien die Kläger für den geltend gemachten Schadensersatzanspruch allein aktivlegitimiert. Auf einen eventuell von der früheren Grundstückseigentümerin abgeleiteten Anspruch[2] – den die Beklagte zu 1 für verjährt hielt – komme es daher nicht an[3].

Denn der Schutzbereich des § 909 BGB – eines Schutzgesetzes im Sinne des § 823 Abs. 2 BGB – sei nicht streng auf den im Grundbuch eingetragenen Eigentümer des Nachbargrundstücks zu begrenzen. Diese Vorschrift solle vielmehr schon ihrem Wortlaut nach „das Nachbargrundstück" gegen unzulässige Vertiefungen schützen. Schon kraft ausdrücklicher Bestimmung genössen neben dem Eigentümer auch Nießbraucher (§ 1065 BGB), Erbbauberechtigte (§ 11 Abs. 1 ErbbauRVO) und Dienstbarkeitsberechtigte (§§ 1027, 1090 Abs. 2 BGB) nachbarrechtlichen Schutz im Sinne des § 909 BGB[4].

Was nun die vorliegende Fallkonstellation betreffe, so könne „die Gesetzesauslegung zum Schutzbereich des § 909 BGB nunmehr im Hinblick auf die Person des Ersatzberechtigten nicht daran vorbeigehen, in welchem Umfang Rechtsprechung und Lehre auch dem Inhaber eines Anwartschaftsrechts deliktsrechtlichen Schutz gewähren"[5].

Die Kläger seien bei Eintritt der Schäden am Haus Inhaber eines Anwartschaftsrechts gewesen[6], weil ihnen das Grundstück bereits aufgelassen gewesen sei und zu ihren Gunsten eine Auflassungsvormerkung bestanden habe, mithin „von einem mehraktigen Entstehungstatbestand des Vollrechts (Eigentum) schon so viele Erfordernisse erfüllt gewesen seien, daß von einer gesicherten Rechtsposition des Erwerbers gesprochen werden könne, die der Veräußerer nicht mehr einseitig habe zerstören können"[7].

---

[2] Die Klage war in der Vorinstanz „auch auf die Abtretung (8. November 1989) etwaiger Schadensersatzansprüche der früheren Eigentümerin gegen die Beklagte zu 1" gestützt worden; BGH, a.a.O., 162.

[3] BGH, a.a.O., 163.

[4] BGH, a.a.O., 163 f.

[5] BGH, a.a.O., 164.

[6] Für den geltend gemachten Schadensersatzanspruch könne es nicht darauf ankommen, „daß die Beklagte zu 1 die Vertiefungshandlungen noch vor Abschluß des Kaufvertrages vornehmen ließ und möglicherweise ein Stützverlust für das Nachbargrundstück schon zu einem Zeitpunkt eintrat, in dem die Kläger noch nicht Anwartschaftsberechtigte waren. Entscheidend ist vielmehr, daß sie bei Auftreten der Gebäudeschäden im Frühjahr 1981 diese Rechtsstellung hatten"; BGH, a.a.O., 167.

[7] BGH, a.a.O., 166.

Für die Haftung im deliktischen Bereich sei das Anwartschaftsrecht nach der Rechtsprechung des BGH als ein „sonstiges Recht" im Sinne von § 823 Abs. 1 BGB anerkannt. Diese Rechtsfortbildung trage mit Recht dem Umstand Rechnung, daß „im Falle mehraktiger Eigentumsübertragung der objektive Sachwert bereits auf zwei Personen verteilt ist, die beide – wenngleich in unterschiedlicher Weise – unmittelbar sachzuständig sind"[8]. Es seien „keine Gründe dafür ersichtlich, die dingliche Anwartschaft des Inhabers einer Auflassungsvormerkung in bezug auf den deliktsrechtlichen Schutz vor Substanzschäden grundsätzlich anders zu behandeln als die Anwartschaftsberechtigung auf der Grundlage eines Eigentumsvorbehalts"[9].

Im Bereich des nachbarrechtlichen Schutzes gegen unzulässige Grundstücksvertiefungen grenze allerdings grundsätzlich § 909 BGB die rechtmäßige von der rechtswidrigen Benutzung eines Grundstücks ab. Dies habe zur Folge, daß im allgemeinen die Regelung des § 823 Abs. 2 i.V.m. § 909 BGB einem Anspruch aus § 823 Abs. 1 BGB wegen desselben Sachverhalts vorgehe. Dann aber müsse auch der Anwartschaftsberechtigte in den Schutzbereich des § 909 BGB mit einbezogen werden, wenn der deliktsrechtliche Schutz des Anwartschaftsberechtigten in diesem Teilbereich nicht leerlaufen solle[10].

Es könne deshalb – wie beim Anwartschaftsrecht auf der Grundlage des Eigentumsvorbehalts während der Schwebezeit – nur noch darum gehen, „bestimmte Konkurrenzprobleme zu lösen, die sich daraus ergeben, daß neben dem Anwartschaftsberechtigten auch der eingetragene Grundstückseigentümer haftungsrechtlich geschützt ist". Insoweit biete der vorliegende Fall aber keine besonderen Probleme, „da jedenfalls feststeht, daß der Schaden allein bei den Klägern verbleibt, weil sie nach Gefahrübergang (§ 446 Abs. 1 BGB) im Zusammenhang mit dem vereinbarten Gewährleistungsausschluß keine Möglichkeit haben, Ersatz für die Vertiefungsschäden von ihrer Verkäuferin zu erlangen". Hinzu komme, daß jene nach endgültigem Verlust ihres Eigentums keinerlei Sachwertinteresse mehr haben könne[11].

Kapitel 2

Kritische Würdigung des Urteils des BGH vom 5. April 1991

Der BGH begründet einen „Eingriffsschutz" des vormerkungsberechtigten Auflassungsempfängers über § 823 Abs. 2 BGB i.V.m. § 909 BGB damit,

---

[8] BGH, a.a.O., 164.

[9] BGH, a.a.O., 165.

[10] BGH, a.a.O., 165 f.

[11] BGH, a.a.O., 166.

daß dieser Anwartschaftsberechtigter sei. Es gilt daher zu untersuchen, ob und wie sich das Urteil des BGH in die von Rechtsprechung und Schrifttum geprägte Doktrin des Anwartschaftsrechtes einordnen läßt.

I. Anwartschaftsrecht und Deliktsschutz

Der Begriff des Anwartschaftsrechts[12] hat zwar keinen Eingang in den Gesetzestext des BGB gefunden. Er ist jedoch – entgegen vereinzelt gebliebener Angriffe aus dem Schrifttum[13] – mittlerweile in der Rechtsprechung fest und im Schrifttum ganz überwiegend etabliert, ja hat sich „nahezu gewohnheitsrechtlich verfestigt“[14].

Nach der vom BGH in ständiger Rechtsprechung geprägten Formulierung ist der Begriff des Anwartschaftsrechts „auf Sachverhalte zu beschränken, bei denen von dem mehraktigen Entstehungstatbestand eines Rechts schon so viele Erfordernisse erfüllt sind, daß von einer gesicherten Rechtsposition des Erwerbers gesprochen werden kann, die der andere an der Entstehung des Rechts Beteiligte nicht mehr durch einseitige Erklärung zu zerstören vermag“[15]. Der Gebrauch derartiger Formeln ist jedoch nur solange „ungefährlich, solange man daraus keine Folgerungen zieht“[16], d.h. keine Schlüsse hin-

---

[12] Zur Entstehungsgeschichte des modernen Anwartschaftsrechtsbegriffs s. die prägnanten Darstellungen von *Sponer*, S. 20 ff., und *Rinnewitz*, S. 14 ff.

[13] Kritische bis gänzlich ablehnende Stimmen etwa bei *Blomeyer*, AcP 153 (1954), 239 ff.; *dems.*, AcP 162 (1963), 193 ff.; *Brecht*, JhJb 61 (1912), 269 ff.; *Eichenhofer*, AcP 185 (1985), 166 ff.; *Flume*, AllgT II, § 42, 3 (S. 734 f.); *Georgiades*, §§ 11 ff. (S. 97 ff.); *U. Hübner*, NJW 1980, 729 ff.; *Krüger*, JuS 1994, 905 ff.; *Kupisch*, JZ 1976, 417 ff.; *Lempenau*, § 2 II, III 7 (S. 24 ff., 38); *Marotzke*, AnwartschaftsR, §§ 2 ff. (S. 18 ff.); *Münzel*, MDR 1959, 345 ff.; *R. Schreiber*, NJW 1966, 2333 ff.; *E. Wolf*, AllgT, § 12 C II f) (S. 429 ff.); *dems.*, SachenR, § 7 C II, III (S. 296 ff., 304 ff.), sowie jüngst *Schlegel*, S. 49 ff.

[14] *Baur / Stürner*, § 3 II 3 (S. 23).

[15] BGH, Urt. v. 25.2.1966 – V ZR 129 / 63 (Celle) = BGHZ 45, 186, 188 f. (m. umfangr. Nachw. zu früheren Entsch.); BGH, Beschl. v. 18.12.1967 – V ZB 6 / 67 (Schleswig) = BGHZ 49, 197, 201; BGH, Urt. v. 30.4.1982 – V ZR 104 / 81 (Hamm) = BGHZ 83, 395, 399; BGH, Urt. v. 11.11.1983 – V ZR 211 / 82 (Nürnberg) = BGHZ 89, 41, 44; BGH, Urt. v. 1.12.1988 – V ZB 10 / 8 (Frankfurt a.M.) = BGHZ 106, 108, 111; BGH, Urt. v. 5.4.1991 – V ZR 39 / 9 (Saarbrücken) = BGHZ 114, 161, 166; Staudinger[13]-*Bork*, Vorbem. zu §§ 158 ff. Rn. 53; Staudinger[13]-*Seiler*, Einl. zu §§ 854 ff. Rn. 46; *Gursky*, SachenR, S. 103, 130 Fn. 3; *Reeb*, S. 231; *Ronke*, FS Nottarp, S. 97; *Schapp*, Rn. 249; *Trapp*, S. 15; *H. Westermann*, SachenR, § 5 III 3 a) (S. 31); Westermann-*H.P. Westermann*, SachenR I, § 5 III 3 (S. 43). – Die vom BGH verwendete Definition wurde zwar häufig als zu eng aufgefaßt und erweitert (vgl. die Zusammenstellung der verschiedenen Begriffsbildungen bei *W. Berger*, Eigentumsvorbehalt und AnwartschaftsR, S. 28 Fn. 4). Doch nur die etablierte Begriffsbestimmung des BGH bewahrt den Begriff des Anwartschaftsrechts vor einer „uferlosen Ausweitung und Entwertung“; *Ronke*, a.a.O.; *Trapp*, S. 16 ff.; *Wilhelm*, SachenR, Rn. 1225.

[16] *Wieling*, SachenR I, § 17 III (S. 782); *ders.*, SachenR[2], § 17 II (S. 225).

sichtlich Rechtsinhalt und Rechtsfolgen ableitet[17]. Der Begriff „Anwartschaftsrecht“ ist lediglich „eine Bezeichnung“[18]. Insbesondere kann aus ihm nicht gefolgert werden, eine Anwartschaft, die übertragen und verpfändet werden kann, müsse, „weil sie jetzt ein Anwartschaftsrecht sei, nach § 823 I BGB geschützt werden“[19].

Denn ob ein Anwartschaftsrecht als „sonstiges Recht“ im Sinne des § 823 Abs. 1 BGB anzuerkennen ist, kann nicht für alle in Betracht kommenden Fälle einheitlich entschieden werden[20]: „Ebenso wie die verschiedenen Anwartschaftsrechte unterschiedliche Voraussetzungen haben, können auch außerhalb der gesetzlichen Regelungen liegende Rechtsfolgen nur für jedes Anwartschaftsrecht gesondert festgestellt werden“[21]. Nicht zuletzt kann ein „sonstiges Recht“ im Sinne des § 823 Abs. 1 BGB nur dann angenommen werden, „wenn und soweit eine rechtlich geschützte Position diejenigen Charakteristika aufweist, die die übrigen unter diese Vorschrift fallenden Güter und Rechte prägen: Zuweisungsgehalt und Ausschlußfunktion“[22].

II. Anwartschaftsrecht kraft bloßer Vormerkung?

Nach der BGH-Formel ist ein Anwartschaftsrecht dann gegeben, wenn „von dem mehraktigen Entstehungstatbestand eines Rechts schon so viele Erfordernisse erfüllt sind, daß von einer gesicherten Rechtsposition des Erwerbers gesprochen werden kann, die der andere an der Entstehung des Rechts Beteiligte nicht mehr durch einseitige Erklärung zu zerstören ver-

---

[17] MünchKomm[3]-*H.P. Westermann*, § 161 Rn. 2, 6; § 455 Rn.42; Palandt[56]-*Bassenge*, § 929 Rn. 37; Staudinger[13]-*Bork*, Vorbem. zu §§ 158 ff. Rn. 57; Staudinger[12]-*Ertl*, § 925 Rn. 122; Staudinger[13]-*Pfeifer*, § 925 Rn. 122; *Larenz*, AllgT, § 13 II 9 (S. 225); *Marotzke*, JA 1977, 435; *ders.*, JZ 1995, 804; *Prinz*, S. 201; *L. Raiser*, S. 47; *Reinicke / Tiedtke*, KaufR, S. 365; *dies.*, Kreditsicherung, S. 219; *P. Schwerdtner*, Jura 1980, 613; *Wilhelm*, SachenR, Rn. 1225.

[18] *Reinicke / Tiedtke*, NJW 1982, 2283.

[19] *Reinicke / Tiedtke*, a.a.O., 2286. Ebenso *Dieckmann*, FS Schiedermair, S. 95.

[20] *Baur / Stürner*, § 13 B I 2 e) (S. 118).

[21] *Prinz*, S. 223. Vgl. auch MünchKomm[3]-*H.P. Westermann*, § 161 Rn. 6; MünchKomm[2]-*Kanzleiter*, § 925 Rn. 33 Fn. 144; *Flume*, AcP 161 (1962), 392; *Münzberg*, FS Schiedermair, S. 446; *L. Raiser*, S. 47; *Reinicke / Tiedtke*, NJW 1982, 2286.

[22] *Larenz / Canaris*, SchuldR II / 2, § 76 II 4 a) (S. 392). S. hierzu auch Palandt[56]-*Thomas*, § 823 Rn. 11; *Prinz*, S. 242. – Unzutreffend daher etwa der Ansatz von *Hagen*, Drittschadensliquidation, § 24 III (6) (a) (aa) (S. 265 f.), der das Anwartschaftsrecht schlechthin als „sonstiges Recht“ im Sinne von § 823 Abs. 1 BGB anerkennt und dies damit begründet, daß ohne die Einbeziehung des Anwartschaftsberechtigten in den Schutzbereich des § 823 Abs. 1 BGB „diese Bestimmung den von ihr angestrebten Schutz teilweise verfehlen [würde], weil sie den bereits vom Eigentum zugunsten des Anwärters abgespaltenen Lebenswert nicht erfaßte“.

mag"[23]. D.h. die betreffende Rechtsposition muß „in einem Bereich nach Einleitung des Rechtserwerbs, also bereits auf der dinglichen Ebene, jedoch vor dessen Vollendung"[24] liegen.

Beim Eigentumserwerb an Grundstücken ist daher das Erfolgtsein der Auflassung gemäß § 925 BGB unverzichtbare Eingangsvoraussetzung auf dem Wege der Bejahung eines Anwartschaftsrechtes[25]. Hieran ändert nach einer Entscheidung des BGH vom 11. November 1983 „auch nichts, daß zur Sicherung des Anspruchs auf Eigentumsverschaffung eine Vormerkung im Grundbuch eingetragen ist. Die Vormerkung hindert zwar eine dem Erwerber nachteilige Verfügung über das Grundstückseigentum; sie allein führt aber nicht dazu, daß die mehraktige Eigentumsübertragung bereits begonnen hat"[26].

Während in der Vergangenheit von Teilen des Schrifttums die Rechtsstellung des Vormerkungsberechtigten noch als „Anwartschaftsrecht"[27] bzw. – so die ältere Literatur – als „dingliches Wartrecht"[28] bezeichnet oder diesen Rechtsinstituten zumindest angenähert wurde, wird heute in Übereinstimmung mit der vorerwähnten Entscheidung des BGH das Vorliegen eines Anwartschaftsrechts nahezu allgemein abgelehnt[29]. Im neueren Schrifttum tendiert lediglich Denck[30] in die entgegengesetzte Richtung, wenn er von einer „An-

[23] Vgl. o. S. 22.

[24] *Prinz*, S. 202.

[25] BGH, Urt. v. 11.11.1983 – V ZR 211 / 82 (Nürnberg) = BGHZ 89, 41, 44 f.; Erman-*Hagen*, § 925 Rn. 41; Staudinger[12]-*Ertl*, § 925 Rn. 125; Staudinger[13]-*Pfeifer*, § 925 Rn. 125.

[26] BGH, a.a.O.; Staudinger[13]-*Gursky*, § 883 Rn. 207.

[27] *Crome* III, § 376 (S. 176); *Eichler* II 2, S. 402 f.; *Heck*, § 48 IV 3 (S. 204), § 111 I (S. 446); *Reichel*, JhJb 46, 152; *Vervier*, § 6 I (S. 43); positiv hierzu auch *Dulckeit*, S. 26.

[28] S. etwa *Endemann*, § 65, 2 b) (S. 402 ff.).

[29] Erman-*Hagen*, § 925 Rn. 41; Palandt[56]-*Bassenge*, § 925 Rn. 25; *Deppert*, S. 17; *Lohr*, S. 71 f.; *Medicus*, DNotZ 1990, 282; *Prinz*, S. 204; *Reinicke / Tiedtke*, NJW 1982, 2285; *Rosien*, § 11 B VI 2 (S. 148 ff.); *Rottenfußer*, S. 42 f.; *Sponer*, S. 124; *Trapp*, S. 18; *v. Tuhr* I, § 9 III 12 (S. 189 f.). – Zu Recht allgemein abgelehnt wird auch die Auffassung *Othmers*, § 14 (S. 80), durch Eintragung einer Vormerkung würden „die den im § 883 Abs. 1 BGB bezeichneten Ansprüchen entsprechenden Änderungen der materiellen Rechtslage in unbedingter Weise herbeigeführt", wobei der „einzige Unterschied zwischen einem bloss vorgemerkten und einem endgiltig eingetragenen Rechte" darin bestehe, daß „bis zur definitiven Eintragung die Vermutung des § 891 B.G.B. nicht zu[trifft]"; *Othmer*, a.a.O. Fn. 1. Denn wenn durch Eintragung der Vormerkung das endgültige Recht bereits entstünde, dann könnte der gesicherte Anspruch gar nicht mehr vereitelt oder beeinträchtigt werden, weswegen § 883 Abs. 2 BGB – wie *Othmer*, § 14 (S. 68), selbst einräumen muß – jede Bedeutung verlöre; *Leyser*, § 8 (S. 33); *H.W. Neumann*, § 37 (S. 55 f.); *Rottenfußer*, S. 46; *Weiland*, S. 36 Fn. 21. Zu weiteren Argumenten gegen die Auffassung *Othmers* s. *H. Heinrich*, § 11 (S. 203 f.); *Krauthausen*, S. 13 f.; *Vervier*, § 8 I (S. 79 ff.).

[30] NJW 1984, 1012.

wartschaft des Vorgemerkten" spricht, „die im wesentlichen mit einer solchen aus einer aufschiebend bedingten Verfügung korrespondiert". Vor ihm hat bereits Jaeger die Rechtsfigur des Anwartschaftsrechts als „den richtigen Kern der vielbestrittenen Auffassung von Eug. Fuchs" bezeichnet und ausgeführt: „Freilich ein bedingtes Rechtsgeschäft liegt nicht vor. Eine bedingte Verfügung ist nicht erfolgt. Vielmehr muß das Erfüllungsgeschäft noch seinem ganzen Umfang nach vorgenommen werden ... Allein es hat sich bereits eine dingliche Rechtsänderung vollzogen; die Anwartschaft des Vorgemerkten entspricht im wesentlichen der Anwartschaft aus einer aufschiebend bedingten Verfügung."[31]

1. Die Vormerkung als bedingtes dingliches Vollrecht?

Der Name Fuchs, der soeben gefallen ist, steht für den Hauptvertreter einer Auffassung, der zufolge durch die Eintragung der Vormerkung die Forderung bereits zum bedingten dinglichen Vollrecht erstarke[32].

Fuchs zufolge ist etwa die Vormerkung zur Sicherung des Anspruchs auf Einräumung einer Reallast, Hypothek oder Grundschuld eine bedingte Reallast, bedingte Hypothek, bedingte Grundschuld[33]. Was die Auflassungsvormerkung betrifft, so war Fuchs zunächst davon ausgegangen, daß die Auflassungsvormerkung wegen § 925 Abs. 2 BGB „nicht bedingtes Eigenthum, sondern wie die Belastungsvormerkungen gleichfalls eine bedingte Belastung" sei[34]. Auf die Kritik etwa von Biermann[35] hin, daß damit eine „gleichmäßige Konstruktion sämtlicher Arten der Vormerkung" nicht möglich sei, vertrat Fuchs später die Auffassung, daß die Auflassungsvormerkung doch „bedingtes Eigentum" darstelle[36]. Die Vorschrift des § 925 BGB stehe „nicht im Wege; denn sie verbietet ... nur aus Zweckmäßigkeitsgründen die bedingte Auflassung, steht aber dem Begriffe eines bedingten Eigentums (insbesondere nicht-rechtsgeschäftlicher Art) nicht entgegen"[37].

---

[31] *Jaeger*$^{6/7}$, § 24 KO Anm. 2 (S. 432). Seit der 8., von *Lent* besorgten Auflage ist an dieser Stelle vom Anwartschaftsrecht allerdings nicht mehr die Rede.

[32] *Fuchs*, GrundbR, § 883 Anm. 6 f., 9 f. (S.110 ff., 115 ff.); *ders.*, Gruchot 46 (1902), 563; *ders.*, LZ 1914, Sp. 148 ff.; *ders.*, Grundbegriffe, § 12 VI (S. 79 ff.). Ebenso *Jaeger*$^{3/4}$, § 24 KO Anm. 2, 3 (S. 264); *Boehm*, § 883 Anm. III A (S. 44); *Stobbe/Lehmann*, § 150, 8 (S. 230); *Vervier*, § 5 (S. 40 f.), § 8 (S.73 ff., 89 f.).

[33] *Fuchs*, GrundbR, § 883 Anm. 9 bb) α) (S. 115). Ebenso *Boehm*, § 883 Anm. III A (S. 44).

[34] *Fuchs*, a.a.O.

[35] Widerspruch und Vormerkung, § 19 I (S. 169). Kritisch auch *Philipsen*, § 6 VII (S. 40 f.); *Reichel*, JhJb 46 (1904), 145.

[36] *Fuchs*, LZ 1914, Sp. 151 f.

[37] *Fuchs*, a.a.O., Sp. 152. Ähnlich *Jaeger*$^{3/4}$, § 24 KO Anm. 2: § 925 Abs. 2 BGB habe „nur formale Bedeutung".

Bedingung, von deren Eintritt die Rechtsänderung abhänge, ist – Fuchs zufolge – „die Liquidestellung des Anspruchs, die durch Anerkenntnis oder rechtskräftiges Urteil zu erfolgen hat“[38]. Es bedürfe „zwar zur Entstehung des endgültigen dinglichen Rechts noch der Rechtsformen, die für die dingliche Rechtsänderung gegeben sind (Auflassung und Eintragung ...). Ist aber der Anspruch liquide gestellt, so ist das Recht dem Berechtigten bereits so gut wie erworben ...“[39]. Boehm vertritt eine ähnliche Auffassung, indem er ausführt, der Vormerkungsberechtigte könne, „sobald die Voraussetzungen der endgültigen Eintragung nachgewiesen werden, dingliche Klage erheben“[40]. Stobbe / Lehmann[41] hingegen nehmen als Bedingung die „definitive Eintragung des vorgemerkten Rechts“ an.

Einen dogmatischen Erklärungsversuch für die Auffassung von der Vormerkung als bedingtem dinglichem Recht hat Vervier[42] unternommen, dem zufolge der Vormerkung eine „Transsubstantationswirkung“ eigen sei, kraft derer „der vorgemerkte Anspruch in seinem Wesen gänzlich umgestaltet, d.h. verdinglicht“ werde. Dies äußere sich darin, daß dem vorgemerkten Recht kraft Gesetzes Wirkungen zukämen, welche „die gewöhnliche Ausstattung dinglicher Rechte bilden“[43]. Daß die Wesensverwandlung nur eine bedingte sei, ergebe sich „einerseits aus dem Sicherungszweck der Vormerkung, andererseits aus ihrem Wesen; denn da sie nur ein interimistischer und kein endgültiger Bucheintrag ist, so kann sie auch noch nicht Vollrechte zur Entstehung bringen“[44]. Es sei zudem unverkennbar, daß „§ 883 Abs. 2 B.-G.-B. genau in demselben Sinne redigiert ist wie § 161“[45].

---

[38] *Fuchs*, LZ 1914, Sp. 149. Vgl. auch *dens.*, Grundbegriffe, S. 79. Unklar zuvor noch *Fuchs*, GrundbR, § 883 Anm. 7 a) cc) β) (S. 113), wo er die „Liquidstellung“ als „Umwandlung in ein definitives Recht an der Sache“ definiert.

[39] *Fuchs*, LZ 1914, Sp. 149. Hiergegen *Trapp*, S. 23 f., die ihm zu Recht vorwirft, daß er damit dem von ihm gesetzten Erfordernis einer genauen dogmatischen Subsumtion selbst nicht gerecht wird.

[40] § 883 Anm. III C (S. 44).

[41] § 150, 8 (S. 230). Ebenso *Jaeger*[3/4], § 24 KO Anm. 3; *Vervier*, § 8 II (S. 84 ff.).

[42] § 5 (S. 40 f.).

[43] *Vervier*, a.a.O. Ähnlich *Fuchs*, LZ 1914, Sp. 150, der aus der Rangwirkung des § 883 Abs. 3 BGB schließt, daß „in der Vormerkung schon ein Teil des Inhalts des endgültigen Rechts antizipiert“ sei.

[44] *Vervier*, § 8 I (S. 73).

[45] *Vervier*, a.a.O.; *Fuchs*, a.a.O., Sp. 151; vgl. auch *dens.*, GrundbR, § 883 § 883 Anm. 7 a) cc) β) (S. 112). Wenn *Fuchs* sich (in Gruchot 46 (1902), 562) zur Begründung seiner Auffassung auf § 1098 Abs. 2 BGB beruft, so ist dies demgegenüber bereits nicht nachvollziehbar; *Philipsen*, § 6 VII (S. 45 f.). Zu weiteren „Anhaltspunkten“ in Normen über die Vormerkung zugunsten der Annahme eines bedingten dinglichen Rechts s. *Vervier*, § 8 I (S. 74 ff.).

Die Auffassung von der Vormerkung als bedingtem dinglichem Vollrecht schließt sich zwar am engsten der Doktrin an, die „im Bayerischen und Württembergischen Recht für die dort allein in Betracht kommende Hypothekenvormerkung anscheinend ausschließlich, im Preußischen Recht jedenfalls überwiegend vertreten" wurde[46]. Wie Endemann jedoch zutreffend ausführt, ist die Berufung auf das vor Inkrafttreten des BGB geltende Recht „insofern unzulänglich, als die Vormerkung des BGB nach Begriff, Inhalt, Anwendunggebiet von der des bisherigen Rechtes durchaus abweicht"[47]. Denn mit Ausnahme des bayerischen, württembergischen und sächsischen Rechts existierte in den deutschen Partikularrechten des 18. / 19. Jahrhunderts für die jeweiligen Regelungsgehalte von Vormerkung und Widerspruch heutigen Begriffsverständnisses nur jeweils ein einziges, allumfassendes Rechtsinstitut – und dieses variierte auch noch von Partikularrecht zu Partikularrecht in Bezeichnung und inhaltlicher Ausprägung[48]. Zudem wies das alte Recht gerade bei der Regelung der „Vormerkung" manche Unklarheiten auf[49], wovon nicht zuletzt auch die Motive[50] in folgendem Satz künden: „Die vorhandenen Dunkelheiten und Zweifel in dieser Lehre sind nicht völlig gehoben."

Zur Begründung seiner Auffassung von der Vormerkung als bedingtem dinglichem Vollrecht stützt sich Fuchs[51] denn auch entscheidend auf folgenden Satz aus den Protokollen der 2. Kommission: „Der Gesetzgeber könne sich damit begnügen, dieselben Wirkungen wie bei einem bedingten Rechte anzunehmen"[52]. Um diese Stelle aus den Protokollen entstehungsgeschichtlich einordnen zu können, heißt es zurückzugehen bis in die Zeit der 1. Kommission zur Ausarbeitung des Entwurfs eines Bürgerlichen Gesetzbuches.

Die 1. Kommission hatte im September 1874 das Sachenrecht dem Kommissionsmitglied Johow als Redaktor überwiesen[53]. Johow legte der 1. Kom-

---

46 *Biermann*, Widerspruch und Vormerkung, § 19 I (S. 167). Vgl. zum preußischen Recht auch *Philipsen*, § 6 VII (S. 38); *Vervier*, § 8 I (S. 78).

47 *Endemann*, § 65, 1 b) (S. 400) Fn. 8. Ebenso *H. Heinrich*, § 2 (S. 22 f.); *Reichel*, JhJb 46 (1903), 63.

48 *Biermann*, Widerspruch und Vormerkung, § 7 (S. 56). Zu den partikularrechtlichen Vorläufern der Vormerkung s. die ausführliche Darstellung bei *Biermann*, a.a.O., §§ 1 ff. (S. 1 ff.); *Philipsen*, § 2 (S. 2 ff.); *Priester*, ArchBürgR. 22 (1903), 142 ff.; *U. Weber*, § 2 (S. 8 ff.). S. hierzu auch *Johow*, Begründung, Bd. I, S. 204 ff. bei *Schubert*, RedVorl SachenR I, S. 328 ff; Mot. III, S. 237 ff.

49 *Bendix*, Gruchot 49 (1905), 289.

50 Mot. III, S. 238.

51 LZ 1914, Sp. 151; schon in Gruchot 46 (1902), 562. Ebenso *Vervier*, § 8 I (S. 73).

52 Prot. (2. Komm.) III, S. 112 f.; *Mugdan* III, S. 564 f. Vgl. auch *Jakobs / Schubert*, SachenR I, S. 346.

53 Siehe Prot. der 5. Sitzung der 1. Kommission vom 24.9.1874 bei *Jakobs / Schubert*, Einführung, S. 217.

mission im März 1875 einen Vorentwurf in Gestalt einer „Textskizze ... Buch. Sachenrecht“[54] vor, der unter anderem auch die „Vormerkung“ zum Gegenstand hatte[55]. Wie aus der „Erläuterung zur Textskizze“ hervorgeht[56], war die „Vormerkung“ von Johow als Verfügungsbeschränkung konzipiert.

Seine Vorstellungen von der „Vormerkung“ präzisierte Johow in seinem 1880 fertiggestellten Teilentwurf zum Sachenrecht[57]. Johow zufolge umfaßt diese zum einen die vorläufigen Einschreibungen zum Schutze bestehender Rechte, zum anderen die zur „Sicherstellung der Erwerbung von Rechten“[58]. In Ansehung der letzteren – hier allein interessierenden – Klasse entschied sich Johows Entwurf für die Konzeption des „preußischen Rechts und des bayrischen Entwurfs“[59]:

---

[54] Sog. „VE-RedKonf“; s. hierzu *Schubert*, RedVorl SachenR I, S. XII f.

[55] Abschn. 1 Tit. 2 § 17 VE-RedKonf lautete: „[1] Zur Sicherung eines Anspruches auf Auflassung, auf Eintragung oder auf Löschung kann eine Vormerkung in das Grundbuch eingetragen werden. [2] Die Vormerkung hindert denjenigen, gegen dessen eingetragenes Recht sie gerichtet ist, über dasselbe zum Nachtheil des vorgemerkten Anspruches zu verfügen.“; *Jakobs / Schubert,* SachenR I, S. 7. Und Abschn. 3 Tit. 2 III. § 2 Abs. 1 VE-RedKonf lautete: „Vormerkungen zur Sicherung des Anspruchs auf Auflassung oder auf Eintragung des Eigenthumsüberganges, Bedingungen und Zeitbestimmungen, mit deren Eintritt das Eigenthum einem Andern zufallen soll, hindern den Eigenthümer, das Grundstück ohne Zustimmung des Berechtigten aufzulassen oder zu belasten.“; *Jakobs / Schubert*, a.a.O.

[56] Hier unter „Erster Abschnitt. Allgemeine Bestimmungen“, „Zweiter Titel. Allgemeine Bestimmungen des GrundbRechts“, Nr. 3; bei *Jakobs / Schubert,* SachenR I, S. 15. Vgl. auch „Dritter Abschnitt. Eigenthum“, „Zweiter Titel. Beschränkungen des Eigenthumsrechts an Grundstücken“, „III. Beschränkungen durch Ansprüche (Anwartschaften:) auf die Erwerbung des Eigenthums“, Nr. 2; bei *Jakobs / Schubert,* a.a.O., S. 25.

[57] § 37 TE-SachenR lautete wie folgt: „[1] Zur Erhaltung des Anspruches auf Einschreibung oder auf Bewilligung einer solchen kann eine Vormerkung in das Grundbuch eingetragen werden. [2] Derjenige, gegen dessen eingetragenes Recht die Vormerkung gerichtet ist, kann über dasselbe zum Nachtheil des vorgemerkten Anspruches nicht verfügen. Wird über sein Vermögen das Konkursverfahren eröffnet, so verliert dadurch die Vormerkung ihre Wirksamkeit nicht.“; *Johow*, TE-SachenR, S. 7 bei *Schubert*, RedVorl SachenR I, S. 21; Prot. (1. Komm.), S. 3689 bei *Jakobs / Schubert*, SachenR I, S. 319 f. Die „Besondere Begründung“ *Johows* zu § 37 TE-SachenR hebt den Charakter der Vormerkung als „Verfügungsbeschränkung“ hervor, indem vormerkungswidrige Verfügungen, „wenn sie getroffen sind, doch der Wirkung gegen das durch die Vormerkung gewahrte Recht entbehren“; *Johow*, Begründung, Bd. I, S. 304 f. bei *Schubert*, RedVorl SachenR I, S. 428 f. – Eine eigenständige Hypothekenvormerkung sah § 372 TE-SachenR vor: „[1] Durch Eintragung einer Vormerkung wird für die Hypothek die Stelle in der Reihenfolge der Eintragungen gesichert. [2] Zur endgültigen Eintragung an der Stelle einer Vormerkung genügt die Bewilligung desjenigen, gegen welchen die Vormerkung gerichtet war, auch wenn inzwischen ein Dritter als Eigenthümer eingetragen worden ist.“; *Johow*, TE-SachenR, S. 61 f., bei *Schubert*, RedVorl SachenR I, S. 75 f.; Prot. (1. Komm.), S. 4965 f. bei *Jakobs / Schubert,* SachenR I, S. 323 f. Der Abs. 1 der Vorschrift sollte nur klarstellenden Charakter haben; s. *Johow*, Begründung, Bd. III, S. 1581 bei *Schubert*, RedVorl SachenR II, S. 553.

[58] *Johow*, Begründung, Bd. I, S. 211 bei *Schubert*, RedVorl SachenR I, S. 335.

„Nach ihnen wird das Recht, auf dessen Erwerbung der obligatorische Anspruch abzielt, einstweilen in das Grundbuch eingetragen. Diese Eintragung ... ist nur eine provisorische, vorläufige, weil die endgültige Einschreibung die volle Liquidität ihrer gesetzlichen Voraussetzung erfordert, dieses Erforderniß aber nicht erfüllt ist. Die Eintragung erfolgt unter der Bedingung, daß ihre Voraussetzung später liquide gestellt werde. Sie hat die dinglichen Wirkungen der endgültigen Einschreibung, sofern die Bedingung eintritt, von Anfang an. Ein Verstoß gegen die Theorie des Gesetzbuchs von der Suspensivbedingung wird hierin nicht gefunden werden können, weil das Rechtsverhältniß nicht durch den Mangel eines wesentlichen Bestandtheils, sondern lediglich dadurch suspendirt ist, daß ein solcher Bestandtheil nicht sogleich hat klargestellt werden können. Für das Konsensprinzip indeß bedarf dies der näheren Bestimmung. Der Konsens des passiv Betheiligten ist eine wesentliche Voraussetzung für die Eintragung ... Aber es wird kaum als juristische Abnormität bezeichnet werden dürfen, wenn man den Konsens, der erst später thatsächlich ertheilt oder rechtlich ersetzt wird, auf den Zeitpunkt zurückbezieht, in welchem die Verpflichtung zur Ertheilung des Konsenses bereits begründet war, und dieser Zeitpunkt ist der, in welchem das Rechtsverhältniß vorläufig in das Grundbuch eingezeichnet wurde.“[60]

Diese Konzeption Johows von der Vormerkung wurde in der weiteren Entstehungsgeschichte der Vormerkung des BGB jedoch nicht weiterverfolgt. Vielmehr war Johows Gedanke von der Rückwirkung des Vollrechtserwerbs des Vormerkungsberechtigten für die 1. Kommission sogar mit ein Grund dafür, die Vormerkung zum Schutz obligatorischer Rechte abzulehnen: In der 311. Sitzung der 1. Kommission vom 7. April 1884 beschloß die 1. Kommission, „den Entwurf[61] und den Antrag 1[62] insoweit abzulehnen, als dieselben die Vormerkung von Ansprüchen auf Einräumung eines zu seiner Entstehung

[59] *Johow*, a.a.O., S. 212 f. = *Schubert*, a.a.O., S. 336 f. Mit „bayrischem Entwurf“ gemeint ist der als „Fortsetzung“ bezeichnete zweite Band des „Entwurfs eines bürgerlichen Gesetzbuchs für das Königreich Bayern“ (1864); *Johow*, a.a.O., S. 14 = *Schubert*, a.a.O., S. 138.

[60] *Johow*, a.a.O., S. 212 f. = *Schubert*, a.a.O., S. 336 f. Hervorhebung von mir.

[61] Gemeint war § 37 TE-SachenR in der ihm von Johow selbst neu zugewiesenen Gestalt des § o: „[1] Eine Einschreibung kann auch im Wege der Vormerkung geschehen. [2] Die Vormerkung hat die Wirkung der Einschreibung, wenn diese nachfolgt. [3] Der Anspruch des Berechtigten auf Bewilligung der Einschreibung bleibt wirksam, auch wenn in der Zwischenzeit für dritte Personen Einschreibungen geschehen oder über das Vermögen des Verpflichteten Konkurs eröffnet wird“; vgl. die „Anlage zum Protokoll vom 21. März 1884. Aenderungsvorschläge des Referenten“, Prot. (1. Komm.), S. 3577, 3580 bei *Jakobs / Schubert,* SachenR I, Anh. II zum 2. Abschn. des SachenR, S. 427, sowie Prot. (1. Komm.), S. 3689 f. bei *Jakobs / Schubert,* SachenR I, S. 320.

[62] Als „Antrag 1“ wurde der Antrag Johows (Nr. 49) bezeichnet, dem § o (s. vorherige Fn.) folgende Fassung zu geben: „[1] Der Anspruch auf Anerkennung oder auf Einräumung eines Rechtes an einem Grundstücke oder an einem eingetragenen Rechte kann im Grundbuche vorgemerkt werden. [2] Die Vormerkung hat die Wirkung der Eintragung des Rechtes, wenn diese Eintragung nachfolgt. Auch erlangt der Anspruch auf Einräumung des Rechtes durch die Vormerkung Wirksamkeit gegen Dritte, für welche in der Zwischenzeit Eintragungen erfolgen, und gegen die Konkursgläubiger des Verpflichteten.“; Prot. (1. Komm.), S. 3690 bei *Jakobs / Schubert*, SachenR I, S. 320.

der Eintragung bedürfenden Rechtes allgemein zulassen“[63]. Zur Begründung dieses ablehnenden Beschlusses wurde neben Erwägungen dergestalt, daß „die Kenntniß eines obligatorischen Rechtes keine mala fides erzeuge“ und der Vorschlag gegen die „Gleichstellung der Gläubiger im Konkurse“ verstoße, vorgebracht, es komme „entgegen dem Kommissions-Entw. § 129[64] zu einer wirklichen Rückbeziehung, indem das Verhältniß so angesehen werde, als wenn das Recht unter der aufschiebenden Bedingung seiner Liquidestellung gebucht wäre“[65].

Desungeachtet wirkt der Gedanke der Rückwirkung bis in die jüngste Zeit hinein weiter – etwa wenn Stürner[66] zur Rangwirkung des § 883 Abs. 3 BGB bemerkt: „Der Vormerkung, auch der Auflassungsvormerkung, kommt Rangwirkung gegenüber eingetragenen Rechten zu[67] ... Wird das vorgemerkte Recht eingetragen, so wird seine Wirksamkeit auf den Zeitpunkt der Vormerkung zurückbezogen, es rückt an die Rangstelle, die es eingenommen hätte, wenn es an Stelle der Vormerkung sofort eingetragen worden wäre. ... Der Eigentumserwerb wirkt auf diesen Zeitpunkt zurück.“ Stürner verweist in diesem Zusammenhang auf ein Urteil des OLG Dresden aus dem Jahre 1903[68], in dem – allerdings ohne dogmatische Begründung – ausgeführt wird: „Jedenfalls ist soviel klar, daß der Anspruch infolge der Eintragung der Vormerkung mit der Wirkung ausgestattet ist, daß, wenn das vorgemerkte Recht

---

[63] Prot. (1. Komm.), S. 3692 bei *Jakobs/Schubert,* SachenR I, S. 321; vgl. auch Mot. III, S. 239 f. Dies zog auch die Streichung des § 372 TE-SachenR (s.o. S. 12 Fn. 57) nach sich; Prot. (1. Komm.), S. 4965 ff. bei *Jakobs/Schubert*, SachenR I, S. 323 ff.; vgl. auch Mot. III, S. 241. Die Ablehnung der Vormerkung zum Schutz obligatorischer Rechte manifestierte sich letztendlich in der Fassung von § 844 Abs. 1 des 1. BGB-Entwurfs: „Zur Erhaltung des Rechtes auf Eintragung eines bestehenden Rechtes an dem Grundstücke oder auf Löschung eines aufgehobenen Rechtes kann ein Widerspruch in das Grundbuch eingetragen werden (Vormerkung).“; *Schubert*, Entwürfe, S. 895; *Mugdan* III, S. XIII. – In der 2. Kommission bestand Einigkeit darüber, daß diese in § 844 E I normierte „Vormerkung“ – welche dem heutigen Widerspruch entspricht – beizubehalten sei; Prot. (2. Komm.) III, S. 110 f.; *Mugdan* III, S. 563.

[64] § 129 KE 1884, der im KE 1885 unverändert blieb, lautete: „Ist einem Rechtsgeschäfte eine aufschiebende Bedingung beigefügt, so tritt die von der Bedingung abhängig gemachte rechtliche Wirkung mit dem Zeitpunkte ein, in welchem die Bedingung erfüllt ist.“; *Jakobs/Schubert*,AllgT II (§ 129 KE 1884), S. 846; *Schubert*, Entwürfe, S. 43 (§ 129 KE 1885). Dieser Wortlaut entsprach auch dem des § 128 E I – vgl. *Schubert*, Entwürfe, S. 694; *Mugdan* I, S. XCIII –, auf den Mot. III, S. 239 f., Bezug nehmen.

[65] Prot. (1. Komm.), S. 3692 f. bei *Jakobs/Schubert,* SachenR I, S. 321. Vgl. Mot. III, S. 240.

[66] In: Soergel[12], § 883 Rn. 38. Vgl. bereits OLG Kiel, Beschl. v. 27.10.1911 – W II. 142/11 = SeuffA 67 (1911) Nr. 155 (S. 272 f.); *Oberneck*, § 48, 4 (S. 251).

[67] Angemerkt sei hier lediglich, daß letzteres zu Recht bestritten wird: Denn seiner Funktion – der Rangwahrung – nach bezieht sich § 883 Abs. 3 BGB „nur auf Vormerkungen zur Sicherung von Ansprüchen, die auf Erwerb eines rangfähigen Rechts gerichtet sind“; s. hierzu *Rosien*, § 6 III (S. 53) m. umfangr. Nachw. zum Streitstand.

[68] III. Civilsenat, Urt. v. 19.6.1903 = ZBlFG 4 (1904), 258, 259 f.

endgültig eingetragen wird, seine Wirksamkeit zurückbezogen wird auf den Zeitpunkt der Eintragung der Vormerkung. Es läßt sich deshalb wohl sagen, daß in gewissem Sinne der vorgemerkte Eigentümer ein dem suspensiv bedingten Eigentum gleichartiges oder doch ähnliches Recht besitzt, das nur mit der Besonderheit ausgestattet ist, daß es im Falle des Eintritts der Bedingung auch gegen Dritte als vollgiltiges Eigentum vom Tage der Eintragung der Vormerkung an wirkt (vgl. dazu die Protokolle der 2. Kommission, Bd. III, S. 112)[69]. ... Bedingung seines Rechts mit der zuerst bezeichneten Wirkung, insbesondere der Rückbeziehung, ist die Eintragung des Rechts im Grundbuch."

Nach einer von Planck vertretenen Auffassung schließt eine eingetragene Vormerkung die Wirkungen des § 571 BGB deswegen aus, weil nach § 883 Abs. 3 BGB „die durch Vormerkung gesicherte Eigentumsübertragung so behandelt wird, wie wenn sie schon zur Zeit der Eintragung der Vormerkung erfolgt wäre, mithin ... so, wie wenn sie vor der Überlassung des Grundstücks an den Mieter stattgefunden hätte"[70].

Ebenfalls aus § 883 Abs. 3 BGB hat auch Fuchs die Rückwirkung des Vollrechtserwerbs hergeleitet – allerdings unter der Einschränkung, daß sich diese Vorschrift nur auf Belastungen, nicht aber auf das Eigentum als solches beziehen könne: „Bestimmt sich nun aber der Rang der Belastungen nach der Eintragung der Vormerkung, nicht erst nach der Eintragung des definitiven, liquid gestellten Rechts, so wird die Belastung schon durch die Vormerkung erworben, und zwar unter der aufschiebenden Bedingung der Liquidstellung des Anspruchs; entgegen der Vorschrift des § 158 kommt es zu einer wirklichen Rückbeziehung."[71] Damit stellt sich Fuchs allerdings in Widerstreit mit seinen eigenen Ausführungen, die Rechtsstellung des Vormerkungsberechtigten entspreche „völlig der eines unter aufschiebender Bedingung Berechtigten, und die Rechtsstellung des von der Vormerkung Betroffenen gleicht der Rechtsposition dessen, der während Schwebens der Bedingung verfügt, obwohl sein Recht mit dem Eintritt der Bedingung endet"[72]. Denn das BGB hat sich in § 158 Abs. 1 und Abs. 2 BGB („mit dem Eintritte der Bedingung") gegen die Rückwirkung kraft Bedingungseintritts entschieden[73]. Auch in

[69] Dieser Stelle aus den *Protokollen* (s. hierzu bereits o. S. 27 vor Fn. 52) läßt sich jedoch nicht mehr und nicht weniger entnehmen als daß der Gesetzgeber sich damit begnügen könne, „dieselbe Wirkung wie bei einem bedingten Rechte anzunehmen".

[70] *Planck-Planck*, § 571 Anm. 1 e) β) (S. 875).

[71] GrundbR, § 883 Anm. 8 b) (S. 113).

[72] *Fuchs*, a.a.O. Anm. 7 a) cc) β) (S. 112). Vgl. hierzu o. S. 25 f.

[73] BGH, Urt. v. 21.5.1953 – IV ZR 192/52 (Düsseldorf) = BGHZ 10, 69, 72; MünchKomm[3]-*H.P. Westermann*, § 159 Rn. 1; Staudinger[13]-*Bork*, § 158 Rn. 3, 20 f. sowie § 159 Rn. 1; *Flume*, AllgT II, § 39, 1 (S. 701); § 40, 2 a) (S. 723), zusätzlich unter Hinweis auf § 159 BGB. Ebenso *H. Hübner*, AllgT, Rn. 1142. Zur Ablehnung der Rückwirkung s. be-

§ 161 BGB wird eine dingliche Rückwirkung des Bedingungseintritts nicht angeordnet[74]. Abgesehen davon hat der BGH zutreffend ausgeführt, daß § 883 Abs. 3 BGB nicht mehr und nicht weniger als den Rang des einzutragenden Vollrechts bestimmt: § 883 Abs. 3 BGB besagt „nicht, daß, wenn das vorgemerkte Recht eingetragen wird, es als bereits bei Eintragung der Vormerkung entstanden behandelt werden müsse ... Der Eigentumserwerb wird in seinen Wirkungen also nicht auf den Zeitpunkt der Eintragung der Vormerkung zurückbezogen.“[75] § 883 BGB spricht eben „nur vom Range, nicht vom Rechte überhaupt“[76].

Während die 1. Kommission – wie oben bereits dargestellt[77] – die Konzeption einer „Vormerkung zum Schutz obligatorischer Rechte“ noch abgelehnt hatte, nahm die Mehrheit der 2. Kommission ausweislich der Protokolle den Standpunkt ein, daß für die Zulassung der Vormerkung zum Schutze obligatorischer Ansprüche ein dringendes praktisches Bedürfnis bestehe: Zum einen entspreche sie dem in einem großen Teil Deutschlands geltenden Recht. Zum anderen falle erheblich ins Gewicht, daß sich die Mehrzahl der Bundesregierungen sowie der überwiegende Teil der juristischen Literatur zugunsten des Rechtsinstituts ausgesprochen hätten[78]. Kontrovers diskutiert wurde allerdings, in welchem Umfang und unter welchen Voraussetzungen eine derartige Vormerkung zuzulassen sei. Diesbezüglich wurden insgesamt neun Anträge gestellt[79].

Das Ergebnis der Beratungen war folgendes[80]: „Einverständniß bestand darüber, daß die Vormerkung dingliche Wirkung in der Art eines Veräuße-

---

reits Prot. (1. Komm.), S. 283 f. bei *Jakobs/Schubert,* AllgT II, S. 832 f.; Mot. I, S. 252 f., 260; *Mugdan* I, S. 492, 497, sowie Prot. (2. Komm.) I, S. 180 f.; *Mugdan* I, S. 762 f.

[74] Soergel[12]-*M. Wolf*, § 161 Rn. 1; Staudinger[13]-*Bork*, § 161 Rn. 1. So auch bereits Prot. (1. Komm.), S. 283 f. bei *Jakobs/Schubert,* AllgT II, S. 832 f. (zu § 136 Abs. 2 TE-AllgT). Vgl. auch Mot. I, S. 260; *Mugdan* I, S. 496.

[75] BGH, Urt. v. 3.3.1954 – VI ZR 259/52 (Düsseldorf) = BGHZ 13, 1, 3; BGH, Urt. v. 30.1.1987 – V ZR 32/8 (Celle) = BGHZ 99, 385, 387. Ebenso Palandt[56]-*Bassenge*, § 883 Rn. 20; Staudinger[13]-*Gursky*, § 883 Rn. 164, 175; *Baur/Stürner*, § 20 IV 1 b) (S. 198); *K. Berger*, WM 1986, 873 f.; *Eichler II 2*, S. 409; *Paulus*, Verfügungsverbot, § 2 III (S. 83) Fn. 9; *Rosien*, § 6 III (S. 54), § 11 B IV 2 c) (S. 124), § 11 B IV 3 a) (S. 130 f.); *K. Schmidt*, JuS 1987, 989; *P. Schwerdtner*, Jura 1985, 321; Westermann-*Eickmann*, SachenR II, § 100 IV 3 a) (S. 146); *Wolff/Raiser*, § 48 III 1 (S. 160) Fn. 26. Gegen eine derartige „Rückziehungs“-Fiktion bereits *Reichel*, JhJb 46 (1904), 141; *Bendix*, Gruchot 49 (1905), 518.

[76] *Reichel*, a.a.O.

[77] S.o. S. 29 f.

[78] Prot. (2. Komm.) III, S. 114; *Mugdan* III, S. 565.

[79] Siehe *Jakobs/Schubert,* SachenR I, S. 343 ff.; Prot. (2. Komm.) III, S. 107 ff.

[80] Prot. (2. Komm.) III, S. 112 f.; *Mugdan* III, S. 564 f. Vgl. auch *Jakobs/Schubert,* a.a.O., S. 346.

rungsverbots haben müsse; die Unterschiede in den Anträgen 1 (§. 844 Abs. 2, 3)[81] und 3 (§. 844a Abs. 2, 3)[82] einerseits, den Anträgen 4 (Abs. 1, 2)[83] und 5 (§. 844a Abs. 2, §. 845b Abs. 2)[84] andererseits wurden für lediglich redaktionell erachtet. Zu der juristischen Konstruktion wurde von einer Seite bemerkt, daß man das Verhältniß ansehen müsse, ähnlich wie wenn ein resolutiv bedingtes Recht eingetragen sei. Von anderer Seite wurde dagegen ausgeführt: Für den Anspruch auf Einräumung des Eigenthums passe diese Auffassung nicht, da sie zur Folge haben müßte, daß der vorgemerkte Erwerber bereits jetzt als Eigenthümer gelte und das Grundstück veräußern könne;

[81] Antrag 1 von *Achilles* (Nr. 12, 39) bei *Jakobs/Schubert*, a.a.O., S. 343 f; vgl. Prot. (2. Komm.) III, S. 107 f.; *Mugdan* III, S. 562. Demnach sollten § 844 Abs. 2 und 3 E I (zu § 844 E I s.o. S. 30 Fn. 63) wie folgt gefaßt werden: „[2] Derjenige, gegen dessen eingetragenes Recht eine Vormerkung eingetragen ist, kann über dasselbe zum Nachtheile der Vormerkung nicht verfügen. Die Eröffnung des Konkurses über sein Vermögen ist auf die Wirksamkeit der Vormerkung ohne Einfluß. [3] Der Rang eines durch Vormerkung geschützten Rechtes bestimmt sich durch die Stelle oder das Datum der Vormerkung nach Maßgabe des § 840.“

[82] Antrag 3b von *Planck* (Nr. 14, 4) bei *Jakobs/Schubert,* a.a.O., S. 344; vgl. auch Prot. (2. Komm.) III, S. 108; *Mugdan* III, S. 562. Der Antrag sah für den neu zu schaffenden § 844a Abs. 2 und 3 folgenden Wortlaut vor: „[2] Derjenige, gegen dessen eingetragenes Recht die Vormerkung gerichtet ist, kann über dasselbe zum Nachtheile des vorgemerkten Anspruchs nicht verfügen. Wird über sein Vermögen der Konkurs eröffnet, so verliert die Vormerkung ihre Wirksamkeit nicht. [3] Der Rang eines durch Vormerkung geschützten Rechtes an einem Grundstücke bestimmt sich nach dem Datum, unter welchem die Vormerkung eingetragen ist.“

[83] Unterantrag Nr. 4 a) Abs. 1 und 2 *Jacubezkys* (Nr. 28, 4) bei *Jakobs/Schubert,* a.a.O., S. 344; vgl. auch Prot. (2. Komm.) III, S. 109; *Mugdan* III, S. 562 f. Demnach sollten die Abs. 2 und 3 des § 844a (vgl. o. Fn. 82) wie folgt gefaßt werden: „[2] Verfügungen über das von der Vormerkung betroffene Grundstück oder Recht sind insoweit unwirksam, als sie den durch die Vormerkung gesicherten Anspruch vereiteln oder beeinträchtigen würden. Der rechtsgeschäftlichen Verfügung steht eine Verfügung gleich, die durch Urtheil oder im Wege der Zwangsvollstreckung oder der Arrestvollziehung erfolgt. [3] Wird das Recht, auf dessen Einräumung der durch die Vormerkung gesicherte Anspruch gerichtet ist, eingetragen, so bestimmt sich der Rang desselben nach der Stelle oder dem Datum der Vormerkung.“

[84] Dem Antrag 5 a) *Börners* (Nr. 33, 1) – bei *Jakobs/Schubert,* a.a.O., S. 345; vgl. auch Prot. (2. Komm.) III, S. 109; *Mugdan* III, S. 563 – zufolge sollte der sich auf die „Vormerkung“ im Sinne des heutigen Widerspruchs beziehende § 844a Abs. 2 (der bei *Jakobs/Schubert*, a.a.O. drucktechnisch als § 844a Abs. 1 Satz 2 erscheint; richtig hingegen angesichts von Antrag 5 b) Abs. 3, der auch auf einen § 844a Abs. 3 verweist Prot. (2. Komm.) III, a.a.O.; *Mugdan* III, a.a.O.) wie folgt lauten: „Verfügungen über das von der Vormerkung betroffene Recht sind insoweit unwirksam, als sie … (wie Antrag 4a Abs. 1 [gemeint ist: wie § 844a Abs. 2 des Unterantrages Nr. 4 a); s.o. Fn. 82]).“ – Und nach dem Antrag 5 b) *Börners* (Nr. 33, 2) – bei *Jakobs/Schubert,* a.a.O.; vgl. auch Prot. (2. Komm.) III, a.a.O.; *Mugdan* III, a.a.O. – sollte Abs. 2 des neu zu schaffenden § 845b in bezug auf die Vormerkung nach heutigen Begriffsverständnis lauten: „Wird das Recht, auf dessen Einräumung der durch die Vormerkung gesicherte Anspruch gerichtet ist, eingetragen, so bestimmt sich der Rang desselben nach der Stelle oder dem Datum der Vormerkung.“ Nach § 845b Abs. 3 sollte auch auf diesen Fall die vorerwähnte Vorschrift des § 844a Abs. 2 Anwendung finden.

bei Hypotheken würde allerdings die Konstruktion eines resolutiv bedingten Rechtes möglich sein. Man werde eher an eine Suspensivbedingung zu denken haben. Zweifelhaft sei namentlich, ob man sagen könne, daß bereits die Eintragung eines Rechtes vor sich gegangen sei. In Wirklichkeit handele es sich kaum um etwas Anderes als um ein qualifizirtes Veräußerungsverbot. Im Einzelnen könnte allerdings eine Reihe von Zweifeln und Schwierigkeiten in der Richtung entstehen, welche Wirkung der Vormerkung beizulegen sei. Der Gesetzgeber könne sich damit begnügen, dieselbe Wirkung wie bei einem bedingten Rechte anzunehmen[85]. ... Das Ergebniß der Abstimmung war die Annahme des Antrags 2[86] mit dem ergänzenden Antrage 9[87].“ An dieser Stelle ist nun der von Fuchs[88] zur Begründung seiner Auffassung herangezogene Satz („Der Gesetzgeber könne sich damit begnügen, dieselben Wirkungen wie bei einem bedingten Rechte anzunehmen.“) gefallen.

Kupisch bezeichnet es zu Recht als „tragischen Irrtum“ von Fuchs, daß er aus diesem Satz nicht die richtigen Schlüsse gezogen hat: „Wurde dem Gesetzgeber empfohlen, bei der Vormerkung dieselben Wirkungen ‚wie‘ bei einem bedingten Recht anzunehmen, dann setzte man bei der Vormerkung gerade nicht den Tatbestand eines bedingten dinglichen Rechts. ... Begründung und Erwerb eines dinglichen Rechts sind im System des BGB tatbestandsmäßig feste Größen (siehe nur §§ 873, 929 ff., 1204 ff.). Allein wenn

[85] Hervorhebung von mir. – An anderer Stelle – zur Frage der Unverjährbarkeit des vorgemerkten Anspruchs (vgl. den heutigen § 902 BGB) – wird noch deutlicher, daß die 2. Kommission eine klare Definition der Rechtsnatur der Vormerkung nicht anstrebte: „Einerseits werde die Ansicht vertreten, daß der persönliche Anspruch durch die Eintragung [einer Vormerkung] dinglichen Karakter bekomme und wie jedes andere eingetragene Recht zu behandeln sei. Andererseits sei behauptet, daß der persönliche Anspruch auf Einräumung eines Rechtes, welches nur durch ein Veräußerungsverbot gesichert worden sei, nach wie vor der Verjährung unterworfen sein müsse. Welche Ansicht theoretisch als die richtige anzusehen sei könne dahin gestellt bleiben. Es handele sich für die Komm. nur um die Frage, ob es zweckmäßig sei, die Verjährung auch bei Vormerkungen auszuschließen.“ – Dies wurde letztendlich verneint; zum Ganzen s. Prot. (2. Komm.) III, S. 118; *Mugdan* III, S. 577.

[86] Unterantrag Künzels (Nr. 15, 3) zu Antrag 1 (s. hierzu o. S. 33 Fn. 81) – bei *Jakobs/Schubert*, a.a.O., S. 344; Prot. (2. Komm.) III, S. 108; *Mugdan* III, S. 562 –, dem zufolge § 844 Abs. 1 E I (s. hierzu o. S. 30 Fn. 63) wie folgt neu zu fassen war: „Zur Erhaltung des Rechtes auf Eintragung eines bestehenden Rechtes an dem Grundstück oder an einem eingetragenen Rechte oder auf Löschung eines nicht oder nicht mehr bestehenden Rechtes sowie auf Aufhebung eines Rechtes an dem Grundstück oder an einem eingetragenen Rechte kann eine Vormerkung in das Grundbuch eingetragen werden.“

[87] Der Antrag 9, der von Jacubezky (Nr. 34) stammte – bei *Jakobs/Schubert*, a.a.O., S. 346; Prot. (2. Komm.) III, S. 110; *Mugdan* III, S. 563 – ging dahin, „dem § 845 Abs. 3 des Antrags 1 (§ 845 Abs. 1 des Antrags 3 und § 845 b Abs. 1 des Antrags 5 [s. hierzu etwa *Jakobs/Schubert*, a.a.O., S. 343 ff.]) folgende Vorschrift hinzuzufügen: „Bei der Eintragung kann zur näheren Bezeichnung des Anspruchs auf die Eintragungsbewilligung Bezug genommen werden.“

[88] LZ 1914, Sp. 151; *ders.*, Gruchot 46 (1902), S. 562. Vgl. o. S. 27.

ein solcher Tatbestand gegeben ist, kann davon gesprochen werden, daß der Erwerber dinglich berechtigt ist, ein dingliches Recht hat bzw., wenn dem Tatbestand die Vereinbarung einer aufschiebenden Bedingung hinzugefügt worden sei, daß der Erwerber aufschiebend bedingt berechtigt ist, etwa aufschiebend bedingtes Eigentum hat."[89]

Biermann zufolge vollzieht sich die Umwandlung der Vormerkung in das definitive Recht „auf ganz andere Weise als diejenige des bedingten Rechts in das unbedingte. Das bedingte Recht wird zum unbedingten einfach dadurch, daß die Vormerkung wegfällt. Soll dies auch im Grundbuch zum Ausdruck kommen, so ist der gewiesene Weg der der Berichtigung des Grundbuchs. Die Umwandlung der Vormerkung in das definitive Recht erfolgt dagegen nicht anders als die Neubegründung des Rechts. Es bedarf also der Einigung der Beteiligten in der im § 873 angegebenen Weise."[90]

Überhaupt liegt Hans Heinrich[91] zufolge die „Schwäche" der Auffassung von der Vormerkung als bedingtem dinglichem Vollrecht im Begriff der „Bedingung" selbst. Wie oben bereits dargelegt, wird als solche einerseits die „Liquidestellung des Anspruchs", andererseits der Eintritt der beanspruchten Rechtsgestaltung gesehen[92]. Was nun zunächst die „Liquidstellung" betrifft – für die sich als Bedingung aus dem Gesetz keinerlei Anhaltspunkte ergeben[93] –, so würde eine derartige Bedingung „den Erwerb eines Sachenrechts von andern und zwar einfacheren Erfordernissen abhängig … machen als dies das dritte Buch des BGB bestimmt: man käme auf grund einer V. [Vormerkung] und eines rechtskräftigen Urteils, das den Schuldner zur Hypothekenbestellung verurteilt, in den Besitz des Hypothekenrechts"[94]. Auch in der Eintragung kann keine Bedingung gesehen werden, „denn die Eintragung ist die gesetzliche Voraussetzung des Entstehens des dinglichen Rechts"[95]. Zudem

---

[89] *Kupisch*, JZ 1977, 492. Ebenso MünchKomm^2-*Wacke*, § 883 Rn. 3; *J.F. Baur/Riede*, JuS 1987, 385 Fn. 67; *Deppert*, S. 14; *H. Heinrich*, § 11 (S. 208).

[90] *Biermann*, Widerspruch und Vormerkung, § 19 I (S. 175). Ebenso *Jaeger*$^{6/7}$, § 24 KO Anm. 2 (S. 432); *Krauthausen*, S. 15; *Philipsen*, § 6 VII (S. 39 f.). Durch die Vormerkung wird „zwar die Rechtsposition des Gläubigers insgesamt erheblich verstärkt, aber nicht die Forderung in ihrer rechtlichen Natur verändert"; *Wunner*, NJW 1969, 115; *H. Heinrich*, § 4 (S. 62 f., 67). Der Vormerkung kommt somit keine „Transsubstantationswirkung" (vgl. o. S. 26) zu; *H. Heinrich*, a.a.O.

[91] § 11 (S. 208).

[92] Vgl. o. S. 26.

[93] *Rottenfußer*, S. 44; ebenso *H. Müller*, S. 14. *Othmer*, § 14 (S. 78), hält das Erfordernis der „Liquidstellung" für „abnorm".

[94] *H. Heinrich*, § 11 (S. 208). Ebenso *Biermann*, Widerspruch und Vormerkung, § 19 I (S. 175 f.); *Philipsen*, § 6 VII (S. 39 f.).

[95] *Philipsen*, § 6 VII (S. 39 f.). Vgl. auch MünchKomm^2-*Wacke*, § 873 Rn. 43; *Deppert*, S. 15. – *Biermann*, Widerspruch und Vormerkung, § 19 I (S. 175 f.); *H. Müller*, S. 14; *Rottenfußer*, S. 44; *Sekler*, § 13 II 4 (S. 121); *G. Weber*, S. 15; *Weiland*, S. 42 sehen die

bleibt, folgte man der Auffassung von Fuchs, das Wesen der Vormerkung gespalten, da die Konstruktion gerade für den wichtigen Fall der Auflassungsvormerkung nicht paßt. Denn die Auflassungsvormerkung kann nicht als bedingtes Eigentum angesehen werden, da wegen § 925 Abs. 2 BGB kein bedingtes Eigentum an Grundstücken begründet werden kann[96].

2. Wertungsmäßige Gleichstellung des Vormerkungsberechtigten mit dem Berechtigten aus aufschiebend bedingter Verfügung?

Kupisch[97] ist der Auffassung, der Vormerkungsberechtigte sei zwar nicht aufschiebend bedingt Berechtigter, wohl aber stehe er wertungsmäßig einem aufschiebend bedingt Berechtigten gleich. Zum einen deute der von Fuchs hervorgehobene Satz („Der Gesetzgeber könne sich damit begnügen, dieselben Wirkungen wie bei einem bedingten Rechte anzunehmen.")[98] unzweifelhaft auf eine Analogie hin[99]. Des weiteren enthielten die Protokolle der 2. Kommission sowie auch die Denkschrift zum Sachenrecht den Hinweis, daß die Vormerkung die Funktion einer nach BGB nicht zulässigen bedingten Eigentumsübertragung an Grundstücken erfülle[100]. Ein Vergleich der §§ 883 Abs. 2 und 161 Abs. 1 BGB ergebe, daß sich die Analogie „nicht auf die Rechtsfolge des (definitiven) Eigentumserwerbs, sondern auf die Rechtsfolge der Sicherung" erstrecke: Während § 161 Abs. 1 BGB von weiteren Verfügungen „während der Schwebezeit" spreche, sei in § 883 Abs. 2 BGB von Verfügungen „nach Eintragung der Vormerkung" die Rede[101]. Was die Auflassungsvormerkung im speziellen betreffe, so lasse § 925 Abs. 2 BGB zwar

---

Eintragung als Rechtsbedingung an. Hiergegen zu Recht *Hieber*, DNotZ 1959, 350; *Hoche*, NJW 1955, 652; *Ronke*, FS Nottarp, S. 95 f., da die Eintragung das zweite Erfordernis eines mehraktigen Veräußerungsvorgangs darstellt.

[96] *Rottenfußer*, S. 44 f.; *Sekler*, § 13 II 4 (S. 121); *Voß*, JhJb 60 (1912), 346; *Weiland*, S. 42. Zu weiteren Argumenten gegen die Auffassung vom bedingten dinglichen Recht s. etwa *Rottenfußer*, S. 45; *Weiland*, S. 42 f. Ablehnend auch Palandt[56]-*Bassenge*, § 883 Rn. 2.

[97] JZ 1977, 493; ihm folgend *Tiedtke*, Jura 1981, 362; *Wacke*, NJW 1981, 1578. Ähnlich *Jaeger*[6/7], § 24 KO Anm. 2 (S. 432); *Jaeger*8-*Lent*, § 24 KO Anm. 2 (S. 362); *J.F. Baur / Riede*, JuS 1987, 385. Auch *Matthiaß*[3/4], § 11 II E 2 (S. 39), zufolge ist die Wirkung der Vormerkung „in gewissen Richtungen so geregelt, als wäre das vorgemerkte Recht durch die Vormerkung schon als bedingtes begründet". Diese Auffassung vertritt *Matthiaß* in der 5. Aufl., § 154 IV 2 (S. 446 f.), jedoch nicht mehr.

[98] S. hierzu o. S. 27, 34.

[99] *Kupisch*, JZ 1977, 491. Ebenso *J.F. Baur/Riede*, JuS 1987, 385; *Tiedtke*, Jura 1981, 362.

[100] *Kupisch*, a.a.O. (hier auch Fn. 51). Ebenso *J.F. Baur/Riede*, JuS 1987, 385; *Tiedtke*, Jura 1981, 362 unter Bezugnahme auf Prot. (2. Komm.) III, S. 183; *Mugdan* III, S. 614, sowie Denkschrift, S. 118, 127, bei *Mugdan* III, S. 970, 975.

[101] *Kupisch*, a.a.O., 492. Ebenso *J.F. Baur/Riede*, a.a.O.

eine aufschiebend bedingte Übereignung von Grundstücken nicht zu. Diese Zurückhaltung des Gesetzes beruhe allerdings lediglich auf der Erwägung, das Grundbuch solle „den gegenwärtigen Eigentümer klar und bestimmt erkennen lassen"[102]. Dieser Zielsetzung stehe „offensichtlich nicht entgegen, bei der Auflassungsvormerkung den Gläubiger wertungsmäßig so anzusehen, als habe er das Grundstückseigentum aufschiebend bedingt erworben ... Die Vorschrift des § 925 Abs. 2 BGB verlangt nur die Einschränkung: wenn es die bedingte Eigentumsübertragung von Grundstücken gäbe"[103]. Hiergegen wendet Rottenfußer jedoch zu Recht ein, daß dies „mit dem Gesetzeswortlaut nicht vereinbar" ist[104]. Kupisch muß sich daher entgegenhalten lassen, daß die Analogie zur aufschiebend bedingten Verfügung wegen § 925 Abs. 2 BGB gerade den wichtigsten Fall der Vormerkung – die Auflassungsvormerkung – nicht bewältigt[105].

Zwar hat die von der Vormerkung ausgehende Bindungswirkung durchaus „eine gewisse Ähnlichkeit mit den Rechtsfolgen einer bedingten Verfügung"[106]. Es existiert jedoch ein entscheidender Unterschied: „Die in § 161 BGB zum Ausdruck kommende Beschränkung der Verfügungsmacht beruht einfach darauf, daß hier der gesamte rechtsgeschäftliche Verfügungstatbestand bereits einmal vollzogen worden ist. Wer aber etwa eine Auflassungsvormerkung bestellt, leitet damit die zur Erfüllung des gesicherten Anspruchs notwendige Verfügung nicht einmal ein: Durch die Vormerkung wird ja kein Stück des Erwerbsvorgangs vorweggenommen oder ersetzt."[107] Aus diesem Grunde besteht „keine Ähnlichkeit zwischen Vormerkung und aufschiebend bedingter dinglicher Verfügung, die eine Analogie rechtfertigen würde"[108].

---

[102] *Kupisch*, a.a.O., 493, unter Hinweis auf Mot. III, S. 318 f.; *Mugdan* III, S. 176 f.

[103] *Kupisch*, a.a.O., 493 f.

[104] *Rottenfußer*, S. 61.

[105] *Rottenfußer*, a.a.O.; *Weiland*, S. 42. – Wegen § 925 Abs. 2 BGB fehlt auch für eine im Wege eines Analogieschlusses erfolgende Erstreckung des Bedingungsschutzes etwa von § 160 BGB auf die Vormerkung – so etwa *Vervier*, § 10, 2) (S. 102) – die erforderliche Regelungslücke; *Paulus*, JZ 1993, 558. Die Nachteile des § 925 Abs. 2 BGB können lediglich dadurch vermieden werden, daß der obligatorische Auflassungsanspruch, der gemäß § 883 Abs. 1 Satz 2 BGB auch durch eine Vormerkung gesichert werden kann, mit einer Bedingung verknüpft wird; *Paulus*, a.a.O.; *Rimmelspacher*, KreditsicherungsR, Rn. 643: „Der Schutz vor Beeinträchtigungen durch den Verpflichteten ist dann nach § 160 BGB der gleiche wie beim Vorbehaltskäufer!"; *Paulus*, a.a.O.

[106] Staudinger[13]-*Gursky*, § 883 Rn. 207; *ders.*, SachenR, S. 27; *Rottenfußer*, S. 59, 61.

[107] Staudinger[13]-*Gursky*, a.a.O.; *ders.*, SachenR, a.a.O. Ebenso MünchKomm[2]-*Wacke*, § 883 Rn. 3; *Canaris*, FS Flume, S. 383; *Hager*, JuS 1990, 439; *G. Schneider*, DNotZ 1982, 532.

[108] *G. Schneider*, a.a.O. Zu weiteren Argumenten gegen *Kupisch* s. *Hager*, JuS 1990, 439; *Rosien*, § 11 VI 3 c) dd) (2) (S. 165) Fn. 384; *Rottenfußer*, S. 61.

III. Anwartschaftsrecht kraft erfolgter bindender Auflassung?

Die erfolgte Auflassung für sich genommen bewirkt, selbst wenn sie bereits gemäß 873 Abs. 2 BGB bindend ist, keine Verfügungsbeschränkung des Verkäufers[109]. Daher liegt auch in diesem Stadium des Grundstückserwerbs – entgegen einer Mindermeinung, welche die Bindungswirkung des § 873 Abs. 2 BGB für hinreichend hält[110] – noch kein Anwartschaftsrecht nach der BGH-Formel vor[111], geschweige denn ein „sonstiges Recht" im Sinne des § 823 Abs. 1 BGB[112] oder gar ein Recht, das über § 823 Abs. 2 i.V.m. § 909 BGB geschützt würde. Dasselbe gilt für den Fall, daß der Veräußerer zugunsten des Auflassungsempfängers Eintragungsantrag gestellt hat, da er diesen trotz materiell-rechtlicher Bindung an die Auflassung (§ 873 Abs. 2 BGB) jederzeit wieder zurücknehmen kann (vgl. § 31 GBO)[113].

---

[109] S. nur BGH, Urt. v. 25.2.1966 – V ZR 129/63 (Celle) = BGHZ 45, 186, 190; BGH, Beschl. v. 18.12.1967 – V ZB 211/82 (Nürnberg) = BGHZ 49, 197, 201; BGH, Urt. v. 30.4.1982 – V ZR 104/81 (Hamm) = BGHZ 83, 395, 398; Erman-*Hagen*, § 925 Rn. 41; MünchKomm²-*Wacke*, § 873 Rn. 43; Soergel¹²-*Stürner*, § 925 Rn. 44.; Staudinger¹²-*Ertl*, § 925 Rn. 133 f.; *ders.* in: *K/E / H / E*⁴, Einl. Rn. M 15; *Baur/Stürner*, § 19 B I 2 c) aa) (S. 181); *Dieckmann*, FS Schiedermair, S. 98.

[110] K/E / H / E³-*Ertl*, Einl. Rn. M 16; *Hoche*, NJW 1955, 652; *J. Lange*, S. 51; *Reinicke/Tiedtke*, NJW 1982, 2282 f.; *Sponer*, S. 108 ff., 112 ff.; *Wolff / Raiser*, § 2 II 3 a) (S. 11), § 38 III 1 (S. 122).

[111] S. die Nachweise in Fn. 105 sowie BGH, Urt. v. 1.12.1988 – V ZB 10/88 (Frankfurt a.M.) = BGHZ 106, 108, 111 f.; MünchKomm²-*Kanzleiter*, § 925 Rn. 31, 34; Staudinger¹²-*Schäfer*, § 823 Rn. 91; *Goetzke/Habermann*, JuS 1975, 86; *Medicus*, DNotZ 1990, 279; *K. Müller*, SachenR³, Rn. 1020, 1024; *Prinz*, S. 204 f.; *Rosien*, § 11 VI 3 c) aa) (S. 152 f.); *Schapp*, SachenR, Rn. 325; *Schramm*, NJW 1966, 2154; *Werner*, FS E. Wolf, S. 675; *Wilhelm*, SachenR, Rn. 509.

[112] BGH, Urt. v. 25.2.1966 – V ZR 129/63 (Celle) = BGHZ 45, 186, 192, in Abgrenzung zu *Röwer*, NJW 1961, 540, welcher dem Auflassungsempfänger einen Anspruch nach § 823 Abs. 1 BGB zubilligt, wenn der Dritterwerber – entsprechend § 892 BGB – positive Kenntnis davon hat, daß das Grundstück zuvor bereits an einen anderen aufgelassen war. *Ronke*, FS Nottarp, S. 98, hingegen geht davon aus, daß dem Auflassungsempfänger bis zum Entstehen eines Anwartschaftsrechts ein „Vermögensrecht" zustehe, das „zumindest nach § 823 I BGB geschützt" sei. Ebenso wie der BGH jedoch Palandt⁵⁶-*Bassenge*, § 925 Rn. 24; RGRK-*Augustin*, §§ 925, 925a Rn. 82; Soergel¹²-*Stürner*, § 873 Rn. 14 a; § 925 Rn. 41; *Baur/Stürner*, § 19 B I 2 c) bb) γ) (S. 182); *K. Müller*, SachenR³, Rn. 1024; *Rosien*, § 11 VI 3 c) aa) (S. 152 f.).

[113] Vgl. BGH, a.a.O., 190; BGH, Beschl. v. 18.12.1967 – V ZB 211/82 (Nürnberg) = BGHZ 49, 197, 201; BGH, Urt. v. 30.4.1982 – V ZR 104/81 (Hamm) = BGHZ 83, 395, 398; MünchKomm²-*Mertens*, § 823 Rn. 122; Soergel¹²-*Stürner*, § 873 Rn. 14; Staudinger¹²-*Schäfer*, § 823 Rn. 91; *Medicus*, BR, Rn. 468; *Prinz*, S. 206; *Rosien*, § 11 VI 3 c) bb) (S. 153 f.); *Schapp*, Rn. 325.

IV. Deliktsschutz eines Anwartschaftsrechts aus Auflassung plus Erwerberantrag?

Ein Anwartschaftsrecht des Auflassungsempfängers entsprechend der BGH-Formel ist jedoch dann zu bejahen, wenn jener selbst den Antrag auf Eintragung als Eigentümer gestellt hat (§ 13 Abs. 2 GBO). Denn gemäß § 17 GBO muß das Grundbuchamt diesen Antrag vor zeitlich nachfolgenden Eintragungsanträgen erledigen, so daß der Erwerber vor anderweitigen Verfügungen des Veräußerers geschützt ist[114].

Zwar ist § 17 GBO „nur eine Ordnungsvorschrift, bei einem Verstoß gegen ihn ist daher ein das Recht des Auflassungsempfängers beeinträchtigender Rechtserwerb eines Dritten nicht ausgeschlossen"[115]. Zudem kann ein Antrag auch durch Zurückweisung (§ 18 Abs. 1, 1. Fall GBO) im Sinne von § 17 GBO erledigt werden – was ebenfalls dazu führt, daß der Schutz des Käufers zusammenbricht[116]. Das Erfordernis einer gesicherten Rechtsposition als Voraussetzung für das Bestehen eines Anwartschaftsrechts bedeutet jedoch „nicht, daß ihre Zerstörung unter allen Umständen ausgeschlossen sein muß – in diesem Sinn ist nicht einmal das Eigentum selbst gesichert, da es durch gutgläubigen Erwerb eines Dritten zerstört werden kann –; auch für ein Anwartschaftsrecht genügt es, wenn die Beeinträchtigung der Rechtsposition nach dem normalen Verlauf der Dinge ausgeschlossen ist. Das trifft aber we-

---

[114] BGHZ 45, 186, 190 f.; BGHZ 49, 197, 201 f.; BGH, Urt. v. 10.1.1975 – V ZR 110/73 = WM 1975, 255, 256; BGHZ 83, 395, 399; BGH, Urt. v. 1.12.1988 – V ZB 10/88 (Frankfurt a.M.) = BGHZ 106, 108, 111; AK-*L. v. Schweinitz*, § 925 Rn. 49; Erman-*Hagen*, § 925 Rn. 42; MünchKomm[2]-*Kanzleiter*, § 925 Rn. 34; Palandt[56]-*Bassenge*, § 925 Rn. 25; RGRK-*Augustin*, §§ 925, 925a Rn. 84; Soergel[12]-*Stürner*, § 873 Rn. 14; Staudinger[13]-*Seiler*, Einl. zu §§ 854 ff. Rn. 46; Staudinger[12]-*Ertl*, § 925 Rn. 125 ff.; Staudinger[13]-*Pfeifer*, § 925 Rn. 137; *Baur/Stürner*, § 19 B I 2 c) bb) (S. 181); *Goetzke / Habermann*, JuS 1975, 86; *Larenz*, AllgT, § 13 II 9 (S. 224); *K. Müller*, SachenR[3], Rn. 1026; *Ronke*, FS Nottarp, S. 97; *Schapp*, Rn. 325; *Schwab/Prütting*, § 29 VI 1 b) (S. 157); *H.P. Westermann*, BGB-SachenR, Rn. 320; *M. Wolf*, SachenR, Rn. 344. – Ob allerdings im Ausgangsfall BGHZ 114, 161 ff. (s.o. S. 19 ff.), zum Zeitpunkt des Eintritts der Gebäudeschäden bereits ein derartiges Anwartschaftsrecht der Kläger vorlag, läßt sich aus der Entscheidung zwar nicht erschließen, erscheint jedoch zweifelhaft, da ansonsten der BGH wohl – in Anlehnung an BGHZ 49, 197, 201 (vgl. u. S. 40 Fn. 119) – bereits aus diesem Grund einen Deliktsschutz der Kläger angenommen hätte und ein Rückgriff auf ein Anwartschaftsrecht aus Auflassung plus Vormerkung mithin entbehrlich gewesen wäre.

[115] Dies räumt BGHZ 45, 186, 191 ein. Dahin geht in erster Linie auch die das Vorliegen eines Anwartschaftsrechts verneinende Kritik von Erman-*Schiemann*, § 823 Rn. 42; MünchKomm[2]-*Mertens*, § 823 Rn. 122; MünchKomm[2]-*Wacke*, § 873 Rn. 43; Soergel[11]-*Zeuner*, § 823 Rn. 51; *Dieckmann*, FS Schiedermair, S. 102 ff.; *Löwisch/Friedrich*, JZ 1972, 305; *Medicus*, DNotZ 1990, 280 f.; *dems.*, BR, Rn, 469; *Rosien*, § 11 VI 3 c) cc) (S. 154 ff.); *P. Schwerdtner*, Jura 1980, 613; Westermann-*Eickmann*, SachenR II, § 92 I 6 (S. 99); *Wieling*, SachenR[2], § 20 I 2 d) aa) (S. 257); *Wilhelm*, SachenR, Rn. 509.

[116] BGHZ 45, 186, 191 f.; 49, 197, 201; Erman-*Schiemann*, § 823 Rn. 42; *Medicus*, BR, Rn. 469.

gen § 17 GBO auf die Stellung des Auflassungsempfängers bei schwebendem eigenem Umschreibungsantrag zu."[117]

Das Anwartschaftsrecht des Auflassungsempfängers, der selbst Eintragungsantrag gestellt hat, ist in entsprechender Anwendung von § 925 BGB durch bloße Auflassung – d.h. ohne zusätzliche Eintragung – übertragbar, in der Form der §§ 1274 Abs. 1, 925 BGB auch verpfändbar und nach §§ 857, 828 ZPO pfändbar[118].

Entgegen einer teilweise vertretenen Auffassung[119] rechtfertigt diese Position des Auflassungsempfängers jedoch keinen Deliktsschutz über § 823 Abs. 1 BGB[120]. Denn der Auflassungsempfänger kann sich „nicht aus eigener Kraft gegen den unter Verstoß gegen § 17 GBO oder nach Zurückweisung des Eintragungsantrags zustande gekommenen Rechtserwerb Dritter durchsetzen"[121]. Wenn dem aber so ist, so muß dies seinen Niederschlag auch auf den deliktsrechtlichen Schutz finden: „Wollte man nämlich [– dies wird durch die Anwendung von § 823 Abs. 1 BGB impliziert –] den Auflassungsempfänger gegen jeden [tatsächlichen wie rechtlichen] Eingriff durch Dritte schützen, würde man dem Auflassungsempfänger über §§ 823 Abs. 1, 249 BGB einen stärkeren Schutz geben, ... als der, der dem Auflassungsempfänger ‚faktisch' – materielle Wirkungen kann diese Verfahrensvorschrift ja nicht entfalten – nach § 17 GBO zukommt"[122]. Auch muß berücksichtigt werden, daß der Auflassungsempfänger, der den Eintragungsantrag selbst gestellt

[117] BGHZ 49, 197, 201 f.; Erman-*Hagen*, § 925 Rn. 42; Staudinger[12]-*Schäfer*, § 823 Rn. 91; *K. Müller*, SachenR[3], Rn. 1025; *Prinz*, S. 206 ff. – Unzutreffend ist es daher, wenn etwa Staudinger[13]-*Gursky*, § 873 Rn. 174, noch zusätzlich die Eintragungsbewilligung des Verfügenden verlangt.

[118] S. hierzu BGHZ 49, 197, 202 ff.; 83, 395, 399. Zustimmend u.a. RGRK-*Augustin*, §§ 925, 925a Rn. 85 f.; Soergel[12]-*Stürner*, § 873 Rn. 14; § 925 Rn. 45 m.w.N. auch zu abweichenden Auffassungen. Zum ganzen s. eingehend *Schlegel*, S. 139 ff. m. umfangr. Nachw.

[119] BGHZ 49, 197, 201 (obiter); Erman-*Hagen*, § 925 Rn. 54; RGRK-*Augustin*, §§ 925, 925a Rn. 84; Staudinger[13]-*Pfeifer*, § 925 Rn. 137. Differenzierend Palandt[56]-*Bassenge*, § 925 Rn. 25; Staudinger[12]-*Ertl*, § 925 Rn. 137; *M. Wolf*, SachenR, Rn. 346: Schadensersatzanspruch gegen den Dritterwerber aus § 823 Abs. 1 BGB nur bei Kenntnis des Dritterwerbers von Auflassung und Antrag (arg. § 892 Abs. 1 Satz 1 BGB). Diese Beschränkung gelte nicht bei Schadensersatzansprüchen gegen einen sonstigen Dritten, weil insoweit § 892 BGB nicht entgegenstehe; *M. Wolf*, a.a.O.

[120] Ebenso MünchKomm[2]-*Mertens*, § 823 Rn. 122; Soergel[11]-*Zeuner*, § 823 Rn. 51; Soergel[12]-*Stürner*, § 873 Rn. 14 a; *Dieckmann*, FS Schiedermair, S. 108 ff.; *Löwisch/Friedrich*, JZ 1972, 305; *Rosien*, § 11 VI 3 c) cc) (S. 155 ff.). – Gegen einen Automatismus einer Ableitung von Deliktsschutz aus dem bloßen Begriff des „Anwartschaftsrechts" s. bereits o. S. 22 f.

[121] *Rosien*, a.a.O. (S. 155 f.); ebenso *Stürner*, a.a.O. – *Rosien*, a.a.O. (S. 155), glaubt deswegen gar, „insbesondere im Hinblick auf den Deliktschutz" darauf schließen zu können, daß bereits kein Anwartschaftsrecht vorliege.

[122] *Rosien*, a.a.O. (S. 156); *Stürner*, a.a.O.

hat, nur obligatorisch Berechtigter ohne Herrschaftsbefugnisse in Ansehung des Grundstücks selbst ist[123]: D.h. in seinem Vermögen befindet sich nicht mehr und nicht weniger als der schuldrechtliche Anspruch auf Eigentumsverschaffung, der durch faktische Einwirkungen auf das Grundstück nicht beeinträchtigt werden kann[124]. Damit rechtfertigt sich auch kein Schutz über die gegenüber § 823 Abs. 1 BGB speziellere[125] Regelung von § 823 Abs. 2 i.V.m. § 909 BGB[126].

---

[123] Vgl. hierzu u. S. 71.

[124] Aus diesem Grund ist auch – mit *Dieckmann*, a.a.O., S. 108 – ein Schutz über § 826 BGB nur in den Fällen „*rechtlicher* Einwirkungen auf die Stellung des Auflassungsempfängers" (s. hierzu *Dieckmann*, a.a.O., S. 108 ff.) zu gewähren, nicht aber in den Fällen faktischer Einwirkungen: Zwar genügt zu einer Schadenszufügung im Sinne von § 826 BGB „jede nachteilige Einwirkung auf die Vermögenslage in ihrer Gesamtheit, auch die Beeinträchtigung einer bloß tatsächlichen Erwerbsaussicht"; RG, Urt. v. 11.1.1912 – Rep. VI. 442/11 (Berlin) = RGZ 79, 55, 58; RG, Urt. v. 25.6.1925 – IV 39 / 25 (Hamburg) = RGZ 111, 151, 156; OLG Saarbrücken, Urt. v. 7.1.1987 – 1 U 165 / 8 = NJW-RR 1987, 500; MünchKomm²-*Mertens*, § 826 Rn. 71 m.w.N. Im Vermögen des Auflassungsempfängers, der den Eintragungsantrag selbst gestellt hat, befindet sich jedoch – wie beeits erwähnt – nur der schuldrechtliche Anspruch auf Eigentumsverschaffung, der durch faktische Einwirkungen nicht beeinträchtigt werden kann.

[125] Der Anspruch aus § 823 Abs. 2 BGB i.V.m. § 909 BGB geht einem Anspruch gemäß § 823 Abs. 1 BGB wegen desselben Sachverhalts vor: Denn „im Bereich des nachbarrechtlichen Schutzes gegen unzulässige Vertiefungen grenzt grundsätzlich § 909 BGB die rechtmäßige von der rechtswidrigen Benutzung eines Grundstücks ab und entscheidet damit zwangsläufig über den Anwendungsbereich des § 823 BGB"; BGHZ 114, 161, 165 f. m. umfangr. Nachw., sowie Jauernig-*Jauernig*, § 909 Anm. 2 b); MünchKomm²-*Säcker*, § 909 Rn. 22; RGRK-*Augustin*, § 909 Rn. 14.

[126] Ist der Auflassungsempfänger jedoch – anders als im Ausgangsfall – bereits Besitzer des Grundstücks, so kann er sich allerdings unter dem Aspekt des berechtigten Besitzes auf den Schutz des § 823 Abs. 1 BGB (s.u. S. 46) bzw. des § 826 BGB berufen, „wenn die Besitzbeeinträchtigung gegen die guten Sitten verstößt"; vgl. *Kollhosser*, JuS 1992, 572. Was allerdings den Aspekt der unzulässigen Vertiefung im besonderen betrifft, so wurde im Ausgangsfall vom BGH die Frage – zu Recht – offen gelassen, ob auch der „bloße Besitzer" in den Schutzbereich des § 909 BGB einbezogen ist; s. BGH, a.a.O., 164. Bejaht wird diese Frage von Erman-*Hagen*, § 909 Rn. 4; Jauernig-*Jauernig*, § 909 Anm. 2 a); Soergel¹²-*J.F. Baur*, § 909 Rn. 13; Staudinger¹³-*Roth*, § 909 Rn. 35; enger RGRK-*Augustin*, § 909 Rn. 14: Eigenbesitzer (§ 872 BGB). Verneint wird sie von Palandt⁵⁶-*Bassenge*, § 909 Rn. 9, sowie *Planck-Strecker*, § 909 Anm. 3 a) (S. 287). Für die letztgenannte Auffassung scheint zu sprechen, daß für den (berechtigten) Besitzer keine – etwa mit den §§ 1065 BGB, 11 Abs. 1 ErbbRVO, 1027, 1090 Abs. 2 BGB vergleichbaren – gesetzlichen Sondervorschriften existieren, welche ihm eine eigentümerähnliche Schutzposition (vgl. BGH, a.a.O.) verleihen könnten. Entscheidend gegen diese Auffassung fällt jedoch die vom BGH, a.a.O., 166, in anderem Zusammenhang ausgesprochene Erwägung ins Gewicht, daß andernfalls wegen der Spezialität der Regelung von § 823 Abs. 2 i.V.m. § 909 BGB (s. vorherige Fn.) der Deliktsschutz – hier: des im übrigen über § 823 Abs. 1 BGB geschützten berechtigten Besitzers – in diesem Teilbereich „leerliefe". Hieran kann „auch die Gesetzesauslegung zum Schutzbereich des § 909 BGB" in bezug auf die Person des Ersatzberechtigten „nicht vorbeigehen"; vgl. BGH, a.a.O., 164.

V. Deliktsschutz eines Anwartschaftsrechts aus Auflassung plus Vormerkung?

Wie steht es nun mit der Rechtsposition des Auflassungsempfängers, zu dessen Gunsten eine Vormerkung eingetragen wurde? Seit seinem Urteil vom 30. April 1982[127] vertritt der BGH die Rechtsauffassung, daß dem Grundstückskäufer ein Anwartschaftsrecht dann zustehe, wenn die Auflassung erklärt und eine Vormerkung zur Sicherung seines Anspruches auf Verschaffung des Eigentums in das Grundbuch eingetragen worden sei. Sei dies geschehen, dann schade es nichts, daß der Käufer noch keinen Eintragungsantrag gestellt habe. Denn die einseitige Zerstörung der Rechtsposition des Auflassungsempfängers durch den Veräußerer sei „auch dann nicht mehr möglich, wenn zugunsten des Auflassungsempfängers eine Vormerkung im Grundbuch eingetragen ist, die nach § 883 II, 888 BGB Schutz vor einer anderweitigen Verfügung des Veräußerers gewährt“[128].

Noch weiter übrigens als diese Entscheidung des BGH geht ein Beschluß des OLG Düsseldorf vom 12. November 1980[129], der als Entstehungszeitpunkt des Anwartschaftsrechts zugunsten des Auflassungsempfängers nicht erst die Eintragung der Vormerkung, sondern bereits den Antrag auf Eintragung der Vormerkung ansieht. Selbst für diesen Fall wird vom OLG Düsseldorf das Vorliegen eines Antrags auf Eintragung des Eigentumsüberganges nicht für erforderlich gehalten. Denn „mit Rücksicht auf §§ 17, 18 Abs. 2 GBO, die auch für Vormerkungsanträge gelten …, ist dann für den Auflassungsempfänger eine Rechtsposition entstanden, die gegen anderweitige Verfügungen des Veräußerers gesichert ist und dem Erwerber die Vollendung des Eigentumsüberganges ohne weitere Mitwirkung des Veräußerers ermöglicht“[130].

---

[127] BGH, Urt. v. 30.4.1982 – V ZR 104/81 (Hamm) = BGHZ 83, 395, 399.

[128] BGH, a.a.O.; BGHZ 89, 41, 45; BGHZ 106, 108, 111; BGHZ 114, 161, 166; BGH, Versäumnis-Urt. v. 14.5.1992 – IX ZR 241/91 (Frankfurt) = NJW-RR 1992, 1178, 1180; vgl. auch (obiter) BGH, Urt. v. 10.3.1995 – V ZR 7/94 (Hamm) = BGHZ 129, 103, 106 f. Ebenso bereits OLG Hamm, Beschl. v. 17.1.1975 – 15 Wx 190/74 = NJW 1975, 879, 880 im Anschluß an *Bergermann*, MittRhNotK 1969, 692; OLG Düsseldorf, Beschl. v. 12.11.1980 – 3 W 298/80 = Rpfleger 1981, 199, 200; LG Düsseldorf, Urt. v. 29.1.1985 – 25 T 536, 538/8 = Rpfleger 1985, 305, 306; RGRK-*Augustin*, §§ 925, 925a Rn. 84. Dem BGH zustimmend K/E/H/E[4]-*Ertl*, Einl. Rn. M 20 ff.; MünchKomm[2]-*Kanzleiter*, § 925 Rn. 34; Palandt[56]-*Bassenge*, § 925 Rn. 25; *Larenz / Canaris*, SchuldR II / 2, § 76 II 4 a) (S. 393) Fn. 63; *Ludwig*, DNotZ 1982, 622; *Prinz*, S. 209 ff., 247; Soergel[12]-*Stürner*, § 873 Rn. 14. Ebenso *Gerhardt*, § 5, 3 b) (S. 53); *Goetzke/Habermann*, JuS 1975, 86; *Medicus*, DNotZ 1990, 282 f.; *Rosien*, § 11 VI 3 c) dd) (1) (S. 158 ff.); *Schwab/Prütting*, § 29 VI 1 c) (S. 157); *Trapp*, S. 19; *M. Wolf*, SachenR, Rn. 344.

[129] Rpfleger 1981, 199, 200 (s. vorherige Fn.).

[130] OLG Düsseldorf, a.a.O. Zustimmend Erman-*Hagen*, § 925 Rn. 42; *Gerhardt*, § 5, 3 b) (S. 53) Fn. 17; MünchKomm[2]-*Kanzleiter*, § 925 Rn. 34; *Prinz*, S. 210; *Weirich*, Grund-

Einigen Stimmen aus dem dem BGH folgenden Schrifttum zufolge wird man gar „auch für das Anwartschaftsrecht des vormerkungsgesicherten Auflassungsempfängers die Anwendbarkeit des § 823 Abs. 1 BGB bejahen können, auch wenn dieser noch nicht Besitz an dem Grundstück erlangt hat"[131]. Gegen die Annahme eines Anwartschaftsrechts aus Auflassung plus Vormerkung – und damit implizite auch gegen ein Anwartschaftsrecht aus Auflassung plus Vormerkungsantrag – hat sich jedoch ein nicht unerheblicher Teil des Schrifttums ausgesprochen[132].

Eickmann weist zu Recht darauf hin, daß die Vormerkung keine andere Aufgabe hat, als den schuldrechtlichen Anspruch aus dem Verpflichtungsgeschäft zu sichern: „Mit der Rechtsstellung, die aus der Auflassung fließt, hat sie nichts zu tun; sie ist vor der Auflassung ebenso wirksam wie nachher, eine Aufhebung der Auflassung berührt sie nicht"[133]. Auch Stürner[134], welcher der Linie des BGH zustimmt, muß einräumen, daß die §§ 883 Abs. 2, 888 BGB auch dann eingreifen, „wenn eine wirksame Auflassung nicht vorliegt".

Zudem kann bei Vorliegen lediglich von Auflassung und Vormerkung – d.h. ohne daß seitens des Auflassungsempfängers Eintragungsantrag gestellt wäre – keinesfalls davon die Rede sein, es seien „von dem mehraktigen Entstehungstatbestand eines Rechts schon so viele Erfordernisse erfüllt ..., daß von einer gesicherten Rechtsposition des Erwerbers gesprochen werden kann, die der andere an der Entstehung des Rechts Beteiligte nicht mehr durch einseitige Erklärung zu zerstören vermag"[135]. Denn die Vormerkung ist selbst nicht Teil des Entstehungstatbestands des Grundstückeigentums, ist „keine notwendige Vorstufe zum Eigentumserwerb"[136]. Wenn Prinz hiergegen einwendet, der vormerkungsberechtigte Auflassungsempfänger befinde sich „bei Betrachtung seiner Rechtsposition in der Gesamtheit durch die Vormerkung

stücksR, Rn. 144, 146. Ablehnend *Eickmann*, Rpfleger 1981, 200 f.; *Rosien*, § 11 VI 3 c) dd) (1) (a) (S. 159 f.).

[131] *Prinz*, S. 247; MünchKomm²-*Kanzleiter*, § 925 Rn. 35; Staudinger¹²-*Schäfer*, § 823 Rn. 91.

[132] AK-*L. v. Schweinitz*, § 925 Rn. 65 ff.; Jauernig-*Jauernig*, § 873 Anm. III 3 b); MünchKomm²-*Wacke*, § 873 Rn. 43; Staudinger¹³-*Gursky*, § 873 Rn. 174; Staudinger¹²-*Ertl*, § 925 Rn. 140 ff.; *ders.* in: *K/E/H/E*³, Einl. Rn. M 19; Staudinger¹³-*Pfeifer*, § 925 Rn. 140; *Eickmann*, Rpfleger 1981, 200, f.; *Münzberg*, FS Schiedermair, S. 456; *Wilhelm*, SachenR, Rn. 1228, 1231.

[133] Rpfleger 1981, 200. Ebenso Staudinger¹²-*Ertl*, § 925 Rn. 140; Staudinger¹³-*Pfeifer*, § 925 Rn. 140; *Flume*, AcP 161 (1962), 387; *Medicus*, BR, Rn. 469; *Münzberg*, FS Schiedermair, S. 456; *Rimmelspacher*, KreditsicherungsR, Rn. 250, bezeichnet dies gar als „Überkonstruktion".

[134] In: Soergel¹², § 873 Rn. 14.

[135] So aber die BGH-Formel (s.o. S. 22). Hervorhebung von mir.

[136] Staudinger¹³-*Pfeifer*, § 925 Rn. 120, 142; s. hierzu auch AK-*L. v. Schweinitz*, § 925 Rn. 66.

in einer gesicherten Rechtsstellung und durch die Auflassung in einem Durchgangsstadium zum Vollrecht“[137], so verläßt er – entgegen eigener Beteuerung – mit dieser Gesamtbetrachtung ebenso die BGH-Formel wie dies der BGH selbst im vorliegenden Zusammenhang seit seinem Urteil vom 30. April 1982 getan hat[138]. D.h. im Unterschied zum OLG Hamm[139], welches sich ausdrücklich hierzu bekennt, stellen Prinz wie auch der BGH im Fall des vormerkungsgesicherten Auflassungsempfängers unterschwellig ausschließlich auf die zweite Komponente der BGH-Formel ab: die hinreichende Sicherung der Rechtsposition des Erwerbers.

Doch nicht nur die Aufweichung der BGH-Formel ist zu kritisieren, sondern auch die Konsequenz, die entsteht, wenn Auflassung, Eintragungsbewilligung, Erwerberantrag und Vormerkung gleichzeitig vorliegen. Dann existierten nämlich, worauf Ertl[140] zutreffend hingewiesen hat, kurioserweise gleichzeitig zwei Anwartschaftsrechte: ein „abstraktes“ Anwartschaftsrecht kraft Auflassung plus Erwerberantrag[141], dem jede schuldrechtliche Abhängigkeit fehlte, sowie ein „anspruchs-akzessorisches“ Anwartschaftsrecht kraft Auflassung plus Vormerkung. Das letztere der beiden Anwartschaftsrechte wäre deswegen akzessorisch, weil der Vormerkungsschutz das Bestehen des gesicherten Anspruchs voraussetzt; mit dessen Erlöschen würde daher außer der Vormerkung auch der rechtliche Schutz durch das Anwartschaftsrecht erlöschen[142].

Diese beiden ungleichen Anwartschaftsrechte ließen sich auch nicht zu einem einzigen „abstrakt-akzessorischen Anwartschaftsrecht“ zusammenfassen. Denn dies würde „zur Anspruchsabhängigkeit des ganzen Rechts und damit praktisch zu einer Schwächung der Rechtsstellung des Auflassungsempfängers führen. Als Inhaber zweier miteinander verbundener Anwartschaftsrechte könnte er nicht das eine allein übertragen, ohne das andere zu zerstören, weil beide die gleiche Auflassung zur Voraussetzung haben.“[143]

Überhaupt wirft die Übertragbarkeit eines Anwartschaftsrechtes aus Auflassung plus Vormerkung erhebliche Probleme auf: Prinz[144] konstruiert gar einen Übertragungsvorgang aus drei Komponenten: So fordert er nicht nur die Auflassung gemäß § 925 BGB analog und zusätzlich auch die Abtretung

---

[137] *Prinz*, S. 213. Hervorhebung von mir.

[138] S. BGHZ 83, 395, 399, sowie die Nachw. o. S. 42 Fn. 128.

[139] NJW 1975, 879, 880 (o. S. 42 Fn. 128).

[140] In: Staudinger[12], § 925 Rn. 141. Ebenso *Reinicke / Tiedtke*, NJW 1982, 2285.

[141] Vgl. o. S. 39 f.

[142] Staudinger[12]-*Ertl*, § 925 Rn. 141; *ders.* in: *K / E / H / E*[3], Einl. Rn. M 19. Ebenso AK-*L. v. Schweinitz*, § 925 Rn. 66; *Medicus*, BR, Rn. 482.

[143] Staudinger[12]-*Ertl*, a.a.O.; ähnlich Staudinger[13]-*Pfeifer*, § 925 Rn. 141.

[144] S. 216 f.

des vormerkungsgesicherten Anspruchs, um über § 401 BGB analog den Übergang der akzessorischen Vormerkung zu erzielen[145], sondern außerdem die Eintragung der Vormerkung für den neuen Berechtigten. Nicht zuletzt am Übertragungsfall sieht man, „wohin man kommt, wenn man sich von den klaren sachenrechtlichen Regeln entfernt“[146].

Zudem wäre ein Anwartschaftsrecht aus Auflassung plus Vormerkung überhaupt nicht übertragbar, wenn die Übertragbarkeit des vormerkungsgesicherten Anspruchs nach § 399 BGB ausgeschlossen wäre, da dann mangels Abtretbarkeit der Forderung auch die Vormerkung nicht übergehen könnte[147].

Nach alledem kommt dem vormerkungsgeschützten Auflassungsempfänger kein Anwartschaftsrecht nach der BGH-Formel zu.

Auch aus der vom BGH angestellten Erwägung, daß „im Falle mehraktiger Eigentumsübertragung der objektive Sachwert bereits auf zwei Personen verteilt“ sei[148], läßt sich kein deliktischer Schutz ableiten: „Denn dem liegt letztlich nichts anderes zugrunde, als daß der Kaufpreis bereits ganz oder teilweise bezahlt worden ist. Das ist aber nicht nur beim Vorbehaltskäufer und dem vormerkungsgesicherten Auflassungsempfänger häufig der Fall, sondern ebenso bei einem ungesicherten Mobiliarkäufer oder dem Inhaber einer bloßen Auflassungsanwartschaft“[149]. Deliktsrechtliche Ansprüche können jedoch „nicht allein auf die Verteilung des Sachwertinteresses gestützt werden; vielmehr ist zusätzlich zumindest eine unmittelbare Sachzuständigkeit des Erwerbers zu fordern“[150]. Im Gegensatz zu dem vormerkungsgesicherten Auflassungsempfänger ist nun aber der bedingt Berechtigte aus Vorbehaltskauf in der Regel bereits Besitzer und Nutzungsberechtigter der betreffenden Sache. Anders als dieser hat der Vorbehaltskäufer damit „eine Rechtsstellung inne, die sich durch eine Verbindung aus positivem relativen Zuweisungsgehalt und gegen Dritte wirkendem Abwehrrecht auszeichnet“[151].

---

[145] Diese beiden Komponenten lassen *Reinicke / Tiedtke*, NJW 1982, 2285, sowie K / E / H / E[4]-*Ertl*, Einl. Rn. M 22, hinreichend sein. Der BGH hingegen läßt das Schicksal der Vormerkung gänzlich außer acht und gibt sich sogar mit der bloßen Auflassung nach § 925 BGB zufrieden; s. BGH, Urt. v. 30.4.1982 – V ZR 104 / 81(Hamm) = BGHZ 83, 395, 399; BGH, Versäumnis-Urt. v. 14.5.1992 – IX ZR 241 / 91 (Frankfurt) = NJW-RR 1992, 1178, 1180.

[146] *Wilhelm*, SachenR, Rn. 1231 Fn. 113 a.

[147] Staudinger[12]-*Ertl*, § 925 Rn. 140; Staudinger[13]-*Pfeifer*, § 925 Rn. 140, jeweils mit weiteren Argumenten.

[148] BGHZ 114, 161, 164 (s.o. S. 21).

[149] *Rosien*, § 11 VI 3 c) dd) (2) (S. 167).

[150] *Rosien*, a.a.O.

[151] *Rosien*, § 11 VI 3 c) dd) (2) (S. 163 f.); *Paulus*, JZ 1993, 558. – Daher ist der Schutz des Anwartschaftsrechts des Vorbehaltskäufers aus aufschiebend bedingter Übereignung als „sonstiges Recht“ im Sinne von § 823 Abs. 1 BGB in Rechtsprechung und Schrifttum zu

Ist dem vormerkungsgesicherten Grundstückserwerber hingegen – was im BGH-Fall nicht der Fall war – das Grundstück schon zum Besitz überlassen[152], so ergibt sich zu seinem Schutz die Anwendbarkeit von § 823 Abs. 1 BGB bereits unter dem Aspekt des berechtigten Besitzes[153]. Denn jedenfalls der berechtigte unmittelbare Besitz[154] bzw. – nach anderer Auffassung – das obligatorische Recht zum Besitz[155] ist ein „sonstiges Recht" im Sinne von § 823 Abs. 1 BGB[156]. Der berechtigte Besitzer kann allerdings „nur den Schaden ersetzt verlangen ..., der sich aus der Störung seiner Befugnisse ergibt, in der Regel also nicht den Substanzschaden"[157].

Recht anerkannt; s. etwa RG, Urt. v. 1.7.1942 – III 2/42 (München) = RGZ 170, 1, 6 f.; BGH, Urt. v. 25.1.1957 – VI ZR 319/55 (Bamberg) = LM § 823 (Ad) BGB Nr. 1; BGH, Urt. v. 25.2.1966 – V ZR 129/63 (Celle) = BGHZ 45, 186, 189; BGH, Urt. v. 11.11.1970 – VIII ZR 242/68 (Berlin) = BGHZ 55, 20, 25 f. (Sonderfall eines besitzlosen Vorbehaltseigentums). Zustimmend etwa Erman-*Schiemann*, § 823 Rn. 42; MünchKomm²-*Mertens*, § 823 Rn. 120; Palandt⁵⁶-*Bassenge*, § 929 Rn. 43; Soergel¹¹-*Zeuner*, § 823 Rn. 50; Staudinger¹²-*Schäfer*, § 823 Rn. 89; *Baur/Stürner*, § 59 V 5 a) (S. 658); *K. Müller*, SachenR³, Rn. 2439; *Schapp*, SachenR, Rn. 252; *Schwab/Prütting*, § 33 II 7 (S. 177); *Serick I*, § 11 V 2 u. V 3 b) (S. 274, 277); Westermann-*H.P. Westermann*, SachenR I, § 39 III 2 b) (S. 267); *Wilhelm*, SachenR, Rn. 1248; *M. Wolf*, SachenR, Rn. 509; *Wolff/Raiser*, § 2 II 3 b) (S. 12). Zum Ganzen s. ausführlich *Diederichs*, §§ 1 ff. (S. 4 ff.). – Es besteht lediglich Streit darüber, ob der Anwartschaftsberechtigte „vor Beendigung der Schwebezeit allein oder nur als Gesamtberechtigter neben dem Vorbehaltsverkäufer (etwa § 432 BGB analog) Ersatz beanspruchen kann und wie sich dieser Anspruch der Höhe nach berechnet"; BGHZ 114, 161, 165 m. umfangr. Nachw.; zum Streitstand s. den Überblick bei *Müller-Laube*, JuS 1993, 529 ff.

[152] *Rosien*, § 11 VI 3 c) dd) (2) (S. 165) Fn. 385, nennt als Beispiel den Fall einer Sicherungsübereignung, bei welcher der Rückübereignungsanspruch vormerkungsgesichert ist.

[153] *Prinz*, S. 247 Fn. 35; vgl. auch S. 238 Fn. 2: „Abwehr- und Ersatzansprüche aus den besitzrechtlichen und deliktischen Vorschriften schon wegen der Stellung als Besitzer". Ebenso *Hager*, JuS 1991, 7; *Paulus*, JZ 1993, 558; *L. Raiser*, S. 41; *Rosien*, § 11 VI 3 c) dd) (2) (S. 165); *Schramm*, NJW 1966, 2154. Zum Besitzschutz s. ausführlich *Kollhosser*, JuS 1992, 567.

[154] So etwa Erman-*Schiemann*, § 823 Rn. 43; *Kollhosser*, a.a.O., 572. Ob bereits der bloße unmittelbare Besitz eine durch § 823 Abs. 1 BGB geschützte Rechtsposition darstellt (so etwa *M. Fraenkel*, S. 176 ff.; *K. Müller*, SachenR³, Rn. 180 ff.), kann hier dahingestellt bleiben.

[155] So MünchKomm²-*Mertens*, § 823 Rn. 123; Soergel¹¹-*Zeuner*, § 823 Rn. 53; *Larenz/Canaris*, SchuldR II/2, § 76 II 4 f) (S. 396 f.) m.w.N. zum Streitstand.

[156] Bei unzulässiger Vertiefung greift zugunsten des berechtigten Besitzers die speziellere Regelung von § 823 Abs. 2 BGB i.V.m. § 909 BGB ein (s. hierzu o. S. 41 Fn. 126 mit Fn. 125).

[157] Erman-*Schiemann*, § 823 Rn. 43. Zur Art des ersatzfähigen Schadens des Besitzers s. *Wieser*, JuS 1970, 557 ff. Zur Lösung für den Fall einer Konkurrenz zwischen Ansprüchen des Eigentümers und des Besitzers – einem „rechtsähnlichen Problem" wie beim Eigentumsvorbehalt, *Baur/Stürner*, § 9 V 1 (S. 80) – s. *Medicus*, BR, Rn. 609; *Wieser*, FS Laufke, S. 135 ff.

VI. Deliktischer Schutz über § 823 Abs. 2 BGB i.V.m. § 909 BGB?

Da ein Anwartschaftsrecht aus Auflassung plus Vormerkung zu verneinen ist, geht die auf die Anwartschaftsberechtigung gestützte Auffassung des BGH[158] fehl, wonach zugunsten des vormerkungsgesicherten Auflassungsempfängers die Regelung des § 823 Abs. 2 BGB i.V.m. § 909 BGB eingreife. Paulus[159] hat noch darauf hingewiesen, daß der BGH, wenn er den vormerkungsgesicherten Auflassungsempfänger in den Schutzbereich des § 909 BGB mit einbeziehe, diesem auch die Rechtsposition eines „Nachbarn" zubillige. Wie Paulus jedoch zutreffend ausführt, steht dem jedoch entgegen, daß für den Vormerkungsberechtigten – anders als etwa für die vom BGH[160] in diesem Zusammenhang exemplarisch genannten Nießbraucher, Erbbau- und Dienstbarkeitsberechtigten in Gestalt der §§ 1065 BGB, 11 Abs. 1 ErbbauRVO, 1027, 1090 Abs. 2 BGB – keine gesetzliche Sondervorschriften existieren, die ihm eine eigentümerähnliche Schutzposition verleihen könnten[161]. Der Vormerkungsberechtigte, dem noch kein Gebrauchs- und Nutzungsrecht am Grundstück eingeräumt worden ist, hat eben nur den Verschaffungsanspruch aus dem Kaufvertrag: „Wollte man diese Rechtsposition für die Definition des Nachbarn im Sinne des bürgerlich-rechtlichen Nachbarrechts der §§ 906 ff. BGB genügen lassen, hätte das eine unkontrollierbare Ausweitung dieser Rechtsmaterie auf Käufer und andere, bloß schuldrechtlich Berechtigte ohne eigene Besitzposition zur Folge, die wohl auch der BGH selbst nicht durchsetzen wollte."[162]

Da nach alledem festzustellen ist, daß die Lösung des BGH auf der von ihm eröffneten Argumentationsebene nicht greift, muß der nächste Schritt dahin gehen, eine Lösung aus der Rechtsstellung des Vormerkungsberechtigten als solcher heraus zu versuchen.

Hierbei sollen im folgenden – zunächst losgelöst vom BGH-Fall – die dem Vormerkungsberechtigten überhaupt zur Verfügung stehenden Schutzmöglichkeiten ermittelt werden, um danach zur konkreten Fallösung[163] überzugehen.

---

[158] BGHZ 114, 161, 165 f. (vgl. o. S. 21).

[159] JZ 1993, 558.

[160] A.a.O., 164 (vgl. o. S. 20 vor Fn. 4).

[161] *Paulus*, JZ 1993, 558.

[162] *Paulus*, a.a.O.

[163] S. hierzu u. S. 86 f.

Teil II

Schutz des Vormerkungsberechtigten im Wege einer direkten oder analogen Anwendung der §§ 883 Abs. 2, 888 Abs. 1 BGB?

Eine direkte Anwendung der §§ 883 Abs. 2, 888 Abs. 1 BGB auf Einwirkungen tatsächlicher Art ist nicht möglich, da sich diese nicht unter den Begriff der „Verfügung" in § 883 Abs. 2 BGB subsumieren lassen[1]. Und wie die Regelung des § 888 Abs. 1 BGB mit ihrer Zustimmungsverpflichtung zeigt, ist der „Rechtsfolgenverbund der §§ 883 Abs. 2, 888 Abs. 1 BGB" auf rechtsgeschäftliche Verfügungen „zugeschnitten"[2]: Die „Unwirksamkeit" gemäß § 883 Abs. 2 BGB ist „ungeeeignet, Einwirkungen tatsächlicher Art abzuwehren oder zu sanktionieren"[3]. Auch aus § 888 Abs. 1 BGB kann kein Anspruch auf Schadensersatz hergeleitet werden[4]. Dieser Norm kommt lediglich verfahrensrechtliche Bedeutung zu: Die Zustimmung des Dritterwerbers ist nur erforderlich, um dem Bewilligungsgrundsatz des § 19 GBO Genüge zu tun[5].

---

[1] *Rosien*, § 7 III (S. 68): Der Begriff „Verfügung" steht für Rechtsgeschäfte, „durch die die Rechtslage an einem Rechtsgegenstand unmittelbar geändert wird, und der vom Gesetz üblicherweise auch in diesem Sinne verwendet wird". S. hierzu auch MünchKomm[2]-*Wakke*, § 883 Rn. 41; *K. Müller*, SachenR[3], Rn. 1167a; *Rosenberg*, § 883 Anm. IV 1 (S. 309).

[2] *Rosien*, a.a.O. (S. 69) Fn. 25.

[3] *Rosien*, a.a.O. (S. 68 f.).

[4] *Rosien*, § 10 II 3 b) (S. 92).

[5] BayObLG, Beschl. v. 8.3.1990 – BReg. 2 Z 9/90 = NJW-RR 1990, 722, 724; AK-*B. v. Schweinitz*, § 888 Rn. 1 f.; Erman-*Hagen*, § 888 Rn. 1; Jauernig-*Jauernig*, § 888 Anm. 4; MünchKomm[2]-*Wacke*, § 888 Rn. 1, 3; Palandt[56]-*Bassenge*, § 888 Rn. 4; Soergel[12]-*Stürner*, § 888 Rn. 1; Staudinger[13]-*Gursky*, § 883 Rn. 163, 203, u. § 888 Rn. 16; *Baur/Stürner*, § 20 IV 1 b) (S. 198); *Canaris*, FS Flume, S. 382; *Eichler* II 2, S. 408; *Hager*, JuS 1990, 439; *Knöpfle*, JuS 1981, 162 f.; *Paulus*, Verfügungsverbot, § 2 I 2 (S. 61 f.); *Rosenberg*, § 883 Anm. IV 1 e) β) (S. 313); *Rosien*, § 6 I 5 a) (S. 41 ff.), § 10 II 3 c) (S. 92 ff.); *Schapp*, Rn. 357; *Schwab/Prütting*, § 18 IV 2 (S. 83 f.); *Sekler*, § 18 II 4 a) (S. 196 f.); *U. Weber*, § 4 I c) α) (S. 36 f.); *H. Westermann*, SachenR, § 84 IV 4 c) (S. 424); Westermann-*Eickmann*, SachenR II, § 100 IV 4 c) (S. 148); *Wieling*, SachenR[2], § 22 IV 1 b) bb) (S. 308 f.). Vgl. bereits Prot. (2. Komm.) III, S. 746. – Wegen dessen rein verfahrensrechtlicher Bedeutung kann zudem aus § 888 Abs. 1 BGB kein zwischen Vormerkungsberechtigtem und Dritterwerber bestehendes gesetzliches Schuldverhältnis konstruiert werden, dessen Verletzung durch tatsächliche Einwirkung auf das Grundstück etwa eine Haftung des Dritterwerbers aus pFV nach sich zöge; *Rosien*, § 10 II 3 b) (S. 91 f.) Fn. 19. –

An dem Umstand, daß die Rechtsfolge der §§ 883 Abs. 2, 888 Abs. 1 BGB auf ein Schadensersatzbegehren nicht paßt, muß auch eine Analogie zu diesen Vorschriften scheitern, selbst wenn man Einwirkungen tatsächlicher Art und vormerkungswidrige rechtliche „Verfügungen" im Sinne von § 883 Abs. 2 BGB für wertungsmäßig vergleichbar hielte[6]. Auch scheidet eine Gesamtanalogie zu den übrigen Vorschriften über die Vormerkung „mangels einer gemeinsamen, übertragbaren Rechtsfolge aus"[7].

Nicht zuletzt nehmen auch die Protokolle der 2. Kommission keine Stellung zu einem „Eingriffsschutz" des Vormerkungsberechtigten aus der Konzeption der Vormerkungsvorschriften des BGB heraus. Wohl aber setzen sie sich mit der Frage eines Schutzes nach den Vorschriften des Eigentümer-Besitzer-Verhältnisses auseinander.

Des weiteren können §§ 883 Abs. 2, 888 Abs. 1 BGB im Verhältnis Vormerkungsberechtigter – Dritterwerber weder für sich genommen noch in ihrer Gesamtheit als Schutzgesetz im Sinne des § 823 Abs. 2 BGB anerkannt werden. Denn aus ihnen läßt sich keine Verhaltensanweisung entnehmen, die Einwirkungen tatsächlicher Art auf das Grundstück verbietet; *Rosien*, § 18 III (S. 201 f.). Gegen eine Schutzgesetzeigenschaft von § 883 Abs. 2 BGB spricht sich auch Soergel[12]-*Stürner*, § 883 Rn. 2, aus.

[6] *Rosien*, § 7 III (S. 69).

[7] *Rosien*, § 8 II (S. 75).

Teil III

Schutz des Vormerkungsberechtigten im Wege einer Anwendung der Vorschriften des Eigentümer-Besitzer-Verhältnisses?

Kapitel 1

Die Stellungnahme der Protokolle der 2. Kommission

Wie oben bereits dargelegt, war durch die Mehrheit der 2. Kommission die Zulassung der „Vormerkung zum Schutze obligatorischer Ansprüche" beschlossen worden[1].

Diese hatte dann in der „Vorläufigen Zusammenstellung der Beschlüsse" der 2. Kommission erstmals eine eigenständige Normierung gefunden – in Gestalt des § 844a E I-VorlZust[2]. Diese „Vorläufige Zusammenstellung der Beschlüsse" stammte vom Generalreferenten Planck, der hierzu anmerkte: „Die Zusammenstellung beschränkt sich auf die sachlichen Beschlüsse. Die Fassung derselben soll durch die Redaktionskommission erfolgen. Die in der Zusammenstellung aufgenommene Fassung ist nur ein vorläufiger Vorschlag."[3] Durch die Redaktionskommission wurde die Gesamtkommission entlastet, die sich so verstärkt dogmatischen und rechtspolitischen Fragen widmen konnte[4]. Die Aufgaben der systematischen Gliederung und der sprachlichen Fassung der Beschlüsse der Gesamtkommission übernahm damit

---

[1] Vgl. o. S. 32 ff.

[2] § 844a E I-VorlZust lautete: „[1] Zur Sicherung des Anspruchs auf Einräumung eines Rechtes an dem Grundstück oder an einem eingetragenen Rechte kann eine Vormerkung in das Grundbuch eingetragen werden. [2] Verfügungen über das von der Vormerkung betroffene Grundstück sind insoweit unwirksam, als sie den durch die Vormerkung gesicherten Anspruch vereiteln oder beeinträchtigen würden. Der rechtsgeschäftlichen Verfügung steht eine Verfügung gleich, die durch Urtheil oder im Wege der Zwangsvollstreckung oder der Arrestvollziehung erfolgt. [3] Wird das Recht, auf dessen Einräumung der durch die Vormerkung gesicherte Anspruch gerichtet ist, eingetragen, so bestimmt sich der Rang desselben nach der Stelle oder dem Datum der Vormerkung. [4] Diese Vorschriften finden auf die Sicherung eines Anspruchs auf Aufhebung eines eingetragenen Rechtes entsprechende Anwendung."; *Jakobs / Schubert,* SachenR I, S. 349.

[3] *Jakobs / Schubert,* a.a.O., S. XI sub 3. Vgl. auch *Planck-Knoke*, Einl., II. (S. XXXIII).

[4] *Jakobs / Schubert,* Einführung, S. 57; *Schubert*, Entstehung, S. 48.

in erster Linie die Redaktionskommission[5]. Obwohl jedoch die Redaktionskommission schließlich in Gestalt des § 834d E I-ZustRedKom[6] eine Textfassung zur Normierung der Vormerkung vorgelegt hatte, befaßte sich die Gesamtkommission daraufhin nochmals mit der „Vormerkung zum Schutz obligatorischer Ansprüche".

Anlaß dafür waren drei Anträge Jacubezkys zu § 834d E I-ZustRedKom[7]. Dem Antrag 1 zufolge sollten die Vorschriften über die Vormerkung, „welche bei Grundstücken eine der Sicherungshypothek, bei Rechten eine dem Pfandrecht ähnliche Belastung ist", einen besonderen Abschnitt bilden[8]. Nach Jacubezkys Vorstellung sollte damit die Vormerkung „den Karakter einer selbständigen dinglichen Belastung des Grundstücks erhalten"[9]. Die 2. Kom-

---

[5] *Jakobs / Schubert,* a.a.O., S. 59.

[6] § 834d E I-ZustRedKom lautete: „[1] Zur Sicherung des Anspruchs auf Einräumung oder Aufhebung eines Rechtes an einem Grundstück oder an einem eingetragenen Rechte kann eine Vormerkung in das Grundbuch eingetragen werden. [2] Eine Verfügung, die nach der Eintragung der Vormerkung über das Grundstück oder das Recht getroffen wird, ist insoweit unwirksam, als sie den Anspruch vereiteln oder beeinträchtigen würde. Der rechtsgeschäftlichen Verfügung steht eine Verfügung gleich, die durch Urtheil oder im Wege der Zwangsvollstreckung oder der Arrestvollziehung erfolgt. [3] Der Rang des Rechtes, auf dessen Einräumung der Anspruch gerichtet ist, bestimmt sich nach der Stelle oder dem Datum der Vormerkung."; *Jakobs / Schubert,* SachenR I, S. 350.

[7] Nr. 256, I; bei *Jakobs / Schubert,* a.a.O., S. 351 ff.; vgl. auch Prot. (2. Komm.) III, S. 740 ff.; *Mugdan* III, S. 567 ff.

[8] *Jakobs / Schubert,* a.a.O., S. 351; Prot. (2. Komm.) III, S. 740; *Mugdan* III, S. 567.

[9] Vgl. Prot. (2. Komm.) III, S. 744; *Mugdan* III, S. 569. – In diesem Sinne lautete § a Abs. 1 des Antrages 1: „Ein Grundstück kann zur Sicherung einer auf Einräumung eines anderen Rechtes an demselben gerichteten Forderung in der Weise belastet werden, daß dem Gläubiger das Recht auf Befriedigung mittelst des Grundstücks auch Dritten gegenüber zusteht (Vormerkung)."; *Jakobs / Schubert,* a.a.O.; Prot. (2. Komm.) III, S. 740; *Mugdan* III, S. 567. – Und § c des Antrages 1 lautete: „[1] Wird das belastete Grundstück veräußert, so kann der Gläubiger von dem neuen Eigenthümer die Verschaffung des Rechtes verlangen, auf dessen Verschaffung die Forderung gerichtet ist. Andere Verfügungen über das belastete Grundstück sind dem Gläubiger gegenüber insoweit unwirksam, als sie das dem Gläubiger zu verschaffende Recht beeinträchtigen würden. Der rechtsgeschäftlichen Verfügung steht eine Verfügung gleich, die durch Urtheil oder im Wege der Zwangsvollstreckung oder der Arrestvollziehung erfolgt. [2] Ist die Forderung auf Einräumung eines das Grundstück belastenden Rechtes gerichtet, so bestimmt sich der Rang des Rechtes nach der Stelle oder dem Datum der Vormerkung."; *Jakobs / Schubert,* a.a.O.; Prot. (2. Komm.) III, S. 740 f.; *Mugdan* III, a.a.O. – Nach dem beigefügten Eventualantrag 1 soll für den Fall, daß §§ a und c des Antrages 1 nicht gebilligt werden sollten, „dem § 834d im Eingange des Abs. 2 hinzugefügt werden: Geht der Anspruch auf Uebertragung des Eigenthums an dem Grundstücke, so kann der Berechtigte im Falle der Veräußerung des Grundstücks von dem neuen Eigenthümer die Uebertragung des Eigenthums verlangen. Der neue Eigenthümer haftet nur während der Dauer seines Eigenthums. Andere Verfügungen über das Grundstück sind dem Gläubiger gegenüber insoweit unwirksam, als etc."; Prot. (2. Komm.) III, S. 742; *Mugdan* III, S. 568 (*Jakobs / Schubert,* a.a.O., S. 352, geben bei ansonsten gleichem Wortlaut versehentlich § „e" statt § „c" wieder).

mission nahm jedoch unter Ablehnung dieser Konzeption den Antrag 3 an[10]. Dieser ging dahin, „statt der §§ a und c des Antrags 1 dem § 843 der Zus. d. Red. Komm.[11] hinzuzufügen: Ist ein eingetragenes Recht einer Vormerkung oder einem Veräußerungsverbote gegenüber unwirksam, so kann derjenige, dessen Anspruch durch die Vormerkung oder das Veräußerungsverbot gesichert ist, von dem eingetragenen Berechtigten die Zustimmung zur Eintragung des Rechtes verlangen, auf dessen Verschaffung der durch die Vormerkung oder das Veräußerungsverbot gesicherte Anspruch gerichtet ist."[12] Hierzu führen die Protokolle aus[13]:

> „Die Mehrheit hatte erwogen: Es sei möglich, den im Antrag 1 vorgeschlagenen Standpunkt einzunehmen. Aber es liege kein Bedürfniß vor, die Vormerkung in der beantragten Weise auszugestalten. Man werde bei der Normirung der Vormerkung nicht über das hinauszugehen haben, was der Zweck der Einrichtung, nämlich die Sicherung des persönlichen Anspruchs, erfordere. Letzteres lasse sich aber auch erreichen, wenn man sich auf den Boden der bisherigen Beschlüsse stelle und lediglich ausspreche, daß zwar der Anspruch, wegen dessen die Vormerkung eingetragen sei, gegen den ursprünglichen Schuldner geltend gemacht werden müsse, daß aber der jeweilige Eigenthümer seine grundbuchmäßige Zustimmung zur Verschaffung des in Rede stehenden Rechtes zu geben habe. Der im Antrag 1 eingeschlagene Weg führe dazu, dem Gläubiger neben dem ursprünglichen Anspruche von Gesetzeswegen einen weiteren Anspruch gegen den jeweiligen Eigenthümer zu geben, den er wahlweise wie bei einem Gesammtschuldverhältnisse geltend machen könne. Es schließe das eine Begünstigung des ursprünglichen Schuldners in sich, die namentlich dann völlig ungerechtfertigt sei, wenn die Vormerkung nicht freiwillig, sondern auf Grund einer einstweiligen Verfügung eingetragen worden sei. …
>
> Im Interesse der Praxis werde es sich allerdings empfehlen, eine Entscheidung im Gesetze zu geben, in welcher Weise der Gläubiger sein Recht gegen den eingetragenen Eigenthümer zur Durchführung zu bringen habe. … Den bisherigen Be-

---

[10] Die Annahme des Antrages 3 erfolgte, nachdem die 2. Kommission die §§ a und c des Antrags 1 sowie der Eventualantrag 1 (s. vorherige Fn.) abgelehnt hatte und der Antrag 2a zurückgezogen worden war; *Jakobs/Schubert,* a.a.O., S. 353; Prot. (2. Komm.) III, S. 743; *Mugdan* III, S. 569. Dem Antrag 2a zufolge sollte § 834d Abs. 2 E I-ZustRedKom (s.o. S. 51 Fn. 6) durch folgende Vorschrift ersetzt werden: „Wird das Grundstück oder das eingetragene Recht veräußert, so kann der Gläubiger verlangen, daß der neue Eigenthümer in die Einräumung oder Aufhebung des Rechtes, zu welcher der Schuldner auf Grund des vorgemerkten Anspruchs verpflichtet ist, die Einwilligung (in der zur Bewirkung einer Eintragung erforderlichen Form) ertheile. Andere Verfügungen über das Grundstück oder das eingetragene Recht etc. wie §. c Abs. 1 des Antrags 1."; Prot. (2. Komm.) III, S. 742; *Mugdan* III, S. 568 (*Jakobs/Schubert,* a.a.O., S. 352, geben bei ansonsten gleichem Wortlaut „§ e Abs. 1 des Antrags 1" wieder).

[11] Bei § 843 E I-ZustRedKom handelte es sich um einen entstehungsgeschichtlichen Vorläufer des § 894 BGB. Zum Wortlaut der Vorschrift s. *Jakobs/Schubert,* a.a.O., S. 408; Prot. (2. Komm.) III, S. 743 Fn. 2.

[12] *Jakobs/Schubert,* a.a.O., S. 352 f.; Prot. (2. Komm.) III, S. 743; *Mugdan* III, S. 569.

[13] Prot. (2. Komm.) III, S. 746; *Mugdan* III, S. 570.

schlüssen entspreche es, den Berichtigungsanspruch des §. 843[14] in dem Sinne zu erweitern, daß der Gläubiger von dem eingetragenen Eigenthümer die grundbuchmäßige Zustimmung zur Realisirung seines Rechtes, dessen Verschaffung übrigens von dem persönlichen Schuldner zu verlangen sei, fordern könne.

Um Mißverständnisse abzuschneiden, werde man aber diesen Satz nicht nur für die Vormerkung, sondern überhaupt für jedes Veräußerungsverbot, soweit dasselbe ein im Grundbuch eingetragenes Recht betreffe, auszusprechen haben. Dementsprechend sei der Antrag 3 anzunehmen."

Trotz der Ablehnung der §§ a und c des Antrages 1 wurde von der 2. Kommission anschließend noch der hier relevante § d des Antrages 1 beraten. Dieser lautete: „Ist das Grundstück in den Besitz des neuen Eigenthümers oder eines Dritten gelangt, der ein zum Besitze berechtigendes Recht an dem Grundstück erworben hat, so bestimmen sich die Ansprüche des Gläubigers gegen den neuen Eigenthümer oder den sonstigen Berechtigten auf Herausgabe oder Vergütung von Nutzungen sowie auf Schadensersatz wegen Unterganges oder Verschlechterung und der Anspruch des neuen Eigenthümers oder des sonstigen Berechtigten auf Ersatz von Verwendungen nach den Vorschriften, welche für das Rechtsverhältniß zwischen dem Eigenthümer und dem Besitzer vom Eintritte der Rechtshängigkeit des Eigenthumsanspruchs an gelten."[15]

Dieser § d wurde jedoch von der 2. Kommission ebenfalls abgelehnt[16]. Hierzu führen die Protokolle der 2. Kommission aus[17]:

„Der im Antrag 1 vorgeschlagene §. d wurde abgelehnt.

Zur Begründung bemerkte der Antragsteller: Der §. d entspreche dem §. 957[18], welcher den Anspruch des Gläubigers gegen den Eigenthümer wegen Verschlechterungen und den Anspruch des Eigenthümers auf Ersatz von Verwendungen speziell für das Vorkaufsrecht regele. Durch die eingetragene Vormerkung sei der Anspruch dem Erwerber des Grundstücks bekannt geworden und derselbe müsse

---

[14] Gemeint ist § 843 E I-ZustRedKom (vgl. o. S. 52 Fn. 11).

[15] *Jakobs/Schubert*, a.a.O., S. 351; Prot. (2. Komm.) III, S. 741; *Mugdan* III, S. 568.

[16] *Jakobs/Schubert*, a.a.O., S. 353; Prot. (2. Komm.) III, S. 747; *Mugdan* III, S. 571.

[17] Prot. (2. Komm.) III, a.a.O.; vgl. auch *Mugdan* III, a.a.O.

[18] Gemeint ist § 957 E I – eine Vorschrift über das dingliche Vorkaufsrecht –, dessen im vorliegenden Zusammenhang allein relevanter Abs. 3 wie folgt lautete: „Der Anspruch des Dritten auf Erstattung von Verwendungen und die Haftung desselben für Erhaltung und Verwahrung des Grundstückes bestimmen sich nach den Vorschriften, welche für das Rechtsverhältniss zwischen dem Eigenthümer und dem Besitzer gelten, mit der Massgabe, dass anstelle des Zeitpunktes, in welchem der Eigenthumsanspruch rechtshängig geworden ist, der Zeitpunkt tritt, in welchem die Ausübung des Vorkaufsrechtes gegenüber dem Dritten erklärt ist"; *Schubert*, Entwürfe, S. 927; *Mugdan* III, S. XXXVIII f. – Der 2. BGB-Entwurf – hier: § 1009 E II als korrespondierende Vorschrift – sah eine derartige Haftung nicht mehr vor, ebensowenig § 1084 E II rev., § 1083 E III (zum Wortlaut s. *Mugdan* III, S. XXXVIII f.) sowie § 1100 BGB der endgültigen Gesetzesfassung.

darnach auf das Recht des Gläubigers dieselbe Rücksicht nehmen wie der Besitzer auf das Recht des Eigenthümers während der Dauer des Vindikationsprozesses.

Demgegenüber wurde darauf hingewiesen, daß der Erwerber nicht mit der Realisirung des Anspruchs des Gläubigers zu rechnen brauche, solange derselbe nicht geltend gemacht sei. Nehme man keine Vorschrift auf, so ergebe sich, daß der Gläubiger den persönlichen Schuldner unbedingt für etwaige Verschlechterungen oder eine sonstige Vereitelung seines Anspruchs verantwortlich machen könne, den jeweiligen Eigenthümer des Grundstücks dagegen nur soweit, als demselben ein Verschulden zur Last falle.

Die Mehrheit der Komm. erachtete die vorgeschlagene Vorschrift für entbehrlich."

Was die Auffassung der Antragsgegner betrifft, so geht Rosien zu Recht davon aus, daß „mit der unbedingten Haftung des Schuldners wohl die vertraglichen Ansprüche, insbesondere die verschuldensunabhängigen Sachmängelgewährleistungsansprüche bezeichnet werden sollten"[19]. Was die verschuldensabhängigen Ansprüche gegen „den jeweiligen Eigenthümer des Grundstücks", d.h. den Dritterwerber, betrifft, so könnte Rosien zufolge damit „eine Haftung aus § 989 BGB gemeint gewesen sein; aber auch eine Haftung gemäß § 823 Abs. 1 BGB käme theoretisch in Betracht"[20] – jedoch wohl auch eine Haftung nach § 826 BGB, falls die Voraussetzungen dieser Ausnahmevorschrift gegeben sein sollten[21].

Eindeutig läßt sich jedenfalls nur sagen, daß die 2. Kommission eine direkte Haftung des Dritterwerbers gegenüber dem Vormerkungsberechtigten aus den Vorschriften des Eigentümer-Besitzer-Verhältnisses für den Zeitraum zwischen Dritterwerb und Vollrechtserwerb für entbehrlich gehalten und daher abgelehnt hat[22]. Während in der Literatur etwa eine Analogie zu den §§ 989, 990 BGB zum Teil bereits deswegen für unzulässig gehalten wird, weil die 2. Kommission eine Verweisung auf die Vorschriften des Eigentümer-Besitzer-Verhältnisses abgelehnt habe[23], ist Rosien[24] zufolge „den Gesetzesberatungen ... jedenfalls hinsichtlich einer Rechtshängigkeitshaftung keine Rechtsfortbildungssperre zu entnehmen". Rosien weist darauf hin, daß auch eine weitergehende Haftung, die bereits mit dem Zeitpunkt des Erwerbs einsetzt, nicht unbedingt unzulässig sein müsse, wenn sich teleologische Aspekte finden ließen, die „eine Gleichstellung des Dritterwerbers im Ver-

---

[19] *Rosien*, § 4 (S. 19, 21).

[20] *Rosien*, § 4 (S. 19).

[21] S. hierzu u. S. 73 f.

[22] *Rosien*, § 4 (S. 21), § 12 III 1 (S. 175).

[23] AK-*B. v. Schweinitz*, § 888 Rn. 18; Staudinger[13]-*Gursky*, § 888 Rn. 61; *Canaris*, FS Flume, S. 386 Fn. 63; *Kohler*, NJW 1984, 2850; vgl. auch *dens.*, Verfügungsverbot, S. 102 f.

[24] § 12 III 1 (S. 175).

hältnis zu dem Vormerkungsberechtigten mit einem unberechtigten, bösgläubigen Besitzer im Verhältnis zu dem Eigentümer rechtfertigten"[25].

Kapitel 2

Direkte oder analoge Anwendung der Vorschriften des Eigentümer-Besitzer-Verhältnisses?

Gegen eine direkte Anwendbarkeit der §§ 989, 990 BGB zugunsten des aus Auflassungsvormerkung Berechtigten gegenüber dem vormerkungswidrigen Dritterwerber wird zu Recht eingewendet, daß die hierfür erforderliche Vindikationslage nicht gegeben ist. Denn der Auflassungsvormerkungsberechtigte ist vor der Durchsetzung seines Übereignungsanspruchs gerade noch nicht Eigentümer des vormerkungsbetroffenen Grundstücks[26].

Ein Teil der Literatur will jedoch im Verhältnis Vormerkungsberechtigter – Dritterwerber die Ansprüche aus dem Eigentümer-Besitzer-Verhältnis entsprechend anwenden und dem Vormerkungsberechtigten daher insbesondere auch Schadensersatzansprüche wegen Verschlechterung des Grundstücks nach §§ 989, 990 BGB analog zubilligen[27]. Dabei wird eine Haftung zum Teil be-

---

[25] *Rosien*, a.a.O. (S. 175 f.).

[26] *Rosien*, § 4 (S. 20), § 12 II 1 a) (S. 170); *Canaris*, FS Flume, S. 386; *Gursky*, JR 1984, 4; *K. Müller*, SachenR^2, Rn. 1167d; *Trapp*, S. 94. Vgl. auch OLG Hamburg, Beschl. v. 2.10.1961 – 8 U 56/61 = NJW 1961, 2350. – Weitere Argumente bei *Rosien*, § 12 II 1 a) (S. 170 ff.).

[27] MünchKomm^2-*Wacke*, § 888 Rn. 17; *Biermann*, Widerspruch und Vormerkung, § 21 IV (S. 219); *Fuchs*, GrundbR, § 883 Rn. 14 (S. 118 f.); *K. Müller*, SachenR^3, Rn. 1171 i ff.; *Raape*, Veräußerungsverbot, § 12, 2 (S. 66); *Wilhelm*, SachenR, Rn. 1215; vgl. auch Rn. 1176 Fn. 11. – Für eine analoge Anwendung der §§ 989 ff. BGB, nicht aber des § 987 BGB: *Wieling*, SachenR^2, § 22 IV b) gg) (S. 310). – Für eine analoge Anwendung lediglich der §§ 994 ff. BGB, nicht aber der §§ 987–993 BGB: AK-*B. v. Schweinitz*, § 888 Rn. 20; Erman-*Hagen*, § 888 Rn. 5; Staudinger^{13}-*Gursky*, § 888 Rn. 61 (vgl. auch *dens.*, JR 1984, 5 f.); *Baur/Stürner*, § 20 IV 1 e) (S. 200); *Hager*, JuS 1990, 435 f., sowie *Kohler*, NJW 1984, 2857 (vgl. auch *dens.*, Verfügungsverbot, S. 101 ff., 151 ff.): Die Vormerkung bleibe „ein Sicherungsmittel, das lediglich vorhandenes (obligatorisches) Recht vor gewissen rechtlich veranlaßten Beeinträchtigen schützen soll, dieses aber nicht inhaltlich erweitert". – Der BGH hat zu einer entsprechenden Anwendbarkeit der §§ 989, 990 BGB bislang noch nicht Stellung genommen. Er bejaht jedoch in analoger Anwendung der §§ 994 ff. BGB Verwendungsersatzansprüche des Dritterwerbers gegenüber dem Berechtigten sowohl beim eingetragenen Wiederkaufsrecht (§ 20 RSiedlG), dem „durch die Grundbucheintragung die Bedeutung einer Vormerkung ... zur dinglichen Sicherung des Rückübereignungsanspruches" zukommt (s. BGH, Urt. v. 5.10.1979 – V ZR 71/78 (Frankfurt a.M.) = BGHZ 75, 288 mit 291 f.), als auch beim dinglichen Vorkaufsrecht, welches gemäß § 1098 Abs. 2 BGB Dritten gegenüber die Wirkung einer Vormerkung hat (s. BGH, Urt. v. 20.5.1983 – V ZR 291/81 [Düsseldorf] = BGHZ 87, 296, 297 f.). In der letztge-

reits ab dem Zeitpunkt des Grundstückserwerbs des Dritterwerbers[28], zum Teil erst ab Rechtshängigkeit des Anspruchs aus § 888 Abs. 1 BGB befürwortet[29].

Für die analoge Anwendbarkeit der §§ 989, 990 BGB werden verschiedene Begründungsansätze gewählt:

Klaus Müller zufolge rechtfertigt sich eine analoge Anwendung der §§ 989, 990 BGB im Verhältnis Vormerkungsberechtigter – Dritterwerber daraus, „daß der aus § 888 BGB Verpflichtete zur ordnungsgemäßen Erfüllung des § 888 BGB für den Zustand des Grundstücks in gleicher Weise verantwortlich ist, wie der unrechtmäßige Besitzer gegenüber dem Eigentümer“[30]. Der aus § 888 BGB Verpflichtete müsse „aus dem Gesichtspunkt der schuldhaften Vereitelung des Leistungszwecks des § 888 BGB auf Schadensersatz haften, wenn er das Grundstück verschlechtert und dadurch die ordnungsgemäße Erfüllung des vorgemerkten Anspruchs beeinträchtigt“[31].

Gegen diesen Begründungsansatz wendet jedoch Rosien zu Recht ein, daß sich dem § 883 Abs. 2 BGB keinesfalls ein „Gebot“ entnehmen läßt, „für dessen Verletzung haftungsrechtliche Konsequenzen in Aussicht gestellt werden“[32]. Zudem lassen sich Zweck und Inhalt des § 888 Abs. 1 BGB „nicht über die ... bloß grundbuchrechtliche Mitwirkungsverpflichtung hinaus erweitern“[33]. Der letztgenannte Grund spricht auch gegen die Lösung von Fuchs[34], welcher aus § 888 Abs. 1 BGB nicht nur einen Zustimmungs-, son-

---

nannten Entscheidung bejaht der BGH in entsprechender Anwendung der „§§ 987 ff. BGB“ auch Nutzungsherausgabeansprüche; BGHZ 87, 296, 301.

[28] *Fuchs*, GrundbR, § 883 Rn. 14 (S. 118 f.); *Raape*, a.a.O., § 12, 2 (S. 66), vgl. auch § 11 I 3 (S. 59).

[29] *Biermann*, Widerspruch und Vormerkung, § 21 IV (S. 219), unter Hinweis auf die im allgemeinen restriktive Handhabung der Rechtshängigkeitshaftung.

[30] *K. Müller*, SachenR³, Rn. 1171 i. (Präzisierung gegenüber der 2. Aufl., Rn. 1167b ff., in der *K. Müller* aus der „schuldhaften Vereitelung des Leistungszwecks des § 888 BGB“ einen Schadensersatzanspruch des Dritterwerbers hergeleitet hatte, ohne hierfür eine Anspruchsgrundlage zu nennen, was wiederum von *Rosien*, § 10 II 3 b) [S. 91 f.] [vgl. auch Staudinger¹³-*Gursky*, § 888 Rn. 61], kritisiert worden war).

[31] *K. Müller*, SachenR³, Rn. 1171g. – Verschulden des „Vormerkungsverpflichteten“ (so bezeichnet *K. Müller* den vormerkungswidrigen Dritterwerber) liege dann vor, wenn dieser erkenne oder „zumindest bei Anspannung der erforderlichen Sorgfalt“ erkennen könne, „daß er durch die Verschlechterung des Grundstücks den Anspruch aus § 888 BGB zwar noch formal erfüllen kann, er aber durch diese Erfüllung des Anspruchs nicht mehr dem Leistungszweck des Anspruchs genügt, das Grundstück zur ordnungsgemäßen Erfüllung des vorgemerkten Anspruchs zur Verfügung zu stellen“; so *K. Müller*, a.a.O.

[32] *Rosien*, § 10 II 2 (S. 89).

[33] *Rosien*, § 10 II 3 c) bb) (S. 95).

[34] GrundbR, § 883 Rn. 14 (S. 118 f.).

dern auch einen Herausgabeanspruch des Vormerkungsberechtigten gegen den Dritterwerber ableiten und hierauf gestützt bereits vom Zeitpunkt des Dritterwerbs an die §§ 989, 990 BGB anwenden will[35].

Auch ein Herausgabeanspruch gegen den Dritterwerber analog § 1100 BGB[36] ist bei vormerkungsgesicherten Übereignungsansprüchen allgemein abzulehnen: Denn bei der „Vormerkungslage“ ist „schon die von § 1100 BGB bezweckte unmittelbare Kaufpreisabrechnung zwischen den Prätendenten fehl am Platze“[37]. Der Vormerkungsberechtigte hat somit keinen Herausgabeanspruch – und auch keinen damit vergleichbaren Anspruch – gegen den vormerkungswidrigen Dritterwerber[38]. Daher gelangt man auch weder in unmittelbarer Anwendung des § 292 BGB[39] noch in analoger Anwendung dieser Norm zu einer Anwendung der Rechtshängigkeitshaftung nach § 989 BGB[40].

Des weiteren liegt keine Vergleichbarkeit des Verhältnisses zwischen Vormerkungsberechtigtem und Dritterwerber mit der Rechtsstellung des „Bucheigentümers“ im Verhältnis zu dem materiell Berechtigten vor, welche gegebenenfalls eine analoge Anwendung der Vorschriften des Eigentümer-Besitzer-Verhältnisses rechtfertigen könnte[41]. Denn eine Parallele existiert „nur für die Passivseite der Vindikation, weil die Bewilligungen gem. § 894 BGB und § 888 I BGB hinsichtlich ihres grundbuchrechtlich veranlaßten, auf Eintragungsbewilligung gerichteten Inhalts vergleichbar sein mögen.

Auf der Aktivseite der Vindikation muß dagegen der Vorgemerkte die für die Vindikationsfolgeansprüche vorausgesetzte dingliche Rechtsstellung erst erwerben, die der auf Verwendungsersatz in Anspruch Genommene in den Fällen des § 894 BGB notwendig schon inne hat“[42]. Denn der Vormerkungs-

---

[35] *Rosien*, § 12 III 2 b) (S. 177); vgl. auch § 10 II 3 c) (S. 96) Fn. 38.

[36] Vgl. BGHZ 75, 288, 293 (eingetragenes Wiederkaufsrecht nach § 20 RSiedlG; s. hierzu o. S. 55 f. Fn. 27); zustimmend *Räfle*, LM § 888 BGB Nr. 3 (Bl. 1).

[37] *Kohler*, NJW 1984, 2851; *Rosien*, § 12 II (S. 174). Kritisch auch Palandt[56]-*Bassenge*, § 888 Rn. 9.

[38] Dies spricht – wie *Rosien*, § 12 III 2 b) (S. 177 f.), dargelegt hat – auch gegen die Auffassung *Raapes*, Veräußerungsverbot, § 12, 2 (S. 66), von der Haftung des Dritterwerbers nach den Vorschriften des Eigentümer-Besitzer-Verhältnisses, der zufolge „der kollidierende Erwerber von Anfang an mit der Durchsetzung des geschützten Anspruchs zu rechnen und danach sein Verhalten einzurichten hat“ und deswegen „sogleich für die schuldhafte Vereitelung seiner Herausgabepflicht einzustehen“ habe.

[39] *Raape*, a.a.O., weist auf diese Vorschrift hin.

[40] *Rosien*, a.a.O. Vgl. auch *Kohler*, Verfügungsverbot, S. 101 ff., 105 f.

[41] So aber BGHZ 75, 288, 292 (eingetragenes Wiederkaufsrecht nach § 20 RSiedlG; s. hierzu o. S. 55 f. Fn. 27), sowie BGHZ 87, 296, 297 (dingliches Vorkaufsrecht); *Räfle*, LM § 888 BGB Nr. 3 (Bl. 1); *Trapp*, S. 102 f.; zustimmend auch *K. Müller*, SachenR[3], Rn. 1171k.

[42] *Kohler*, NJW 1984, 2851.

berechtigte ist – im Unterschied zu den dem § 894 BGB zugrundeliegenden Fällen – gerade nicht materiell Berechtigter, da er noch nicht Eigentümer des Grundstücks ist[43]: „Die Vormerkung verleiht dem Berechtigten noch keine aktuelle Herrschaftsbefugnis über das Grundstück, sie weist das Grundstück dem Vormerkungsberechtigten noch nicht zu.“[44] Dies muß auch der BGH anerkennen, wenn er ausführt, daß das Eigentum dem Vormerkungsberechtigten nur „gebührt“[45].

Wacke[46] zufolge sind dem Vormerkungsberechtigten gegen den Dritterwerber Schadensersatz- und Unterlassungsansprüche wegen Verschlechterung des Grundstücks „analog §§ 989 f. BGB, hilfsweise §§ 823 Abs. 1, 1004, 1134 ... zuzubilligen“. Denn mit der Eintragung der Vormerkung in das Grundbuch sei „die konkursfeste Rechtsstellung des Vormerkungsberechtigten genügend verdinglicht, um sie gemäß § 823 Abs. 1 als ‚sonstiges Recht‘ anzusehen“. Es seien jedoch die §§ 989 ff. BGB „als speziellere Regelung vorzuziehen, denn der vormerkungswidrige Erwerber darf ... nicht schlechter stehen als der bloße Eigenbesitzer aus unwirksamer Übereignung“[47]. Bei Einwirkungen durch sonstige Dritte hingegen seien dem Vormerkungsberechtigten bei Gefährdung seines Anspruchs lediglich Unterlassungsansprüche analog § 1134 Abs. 1 BGB, bei „gegen den Eigentümer gerichteter Besitzentziehung oder Besitzstörung auch die Klagerechte aus § 869“ zuzubilligen[48].

Dem Ansatz Wackes ist jedoch entgegenzuhalten, daß ein allgemein anerkannter Grad „genügender Verdinglichung“ nicht existiert[49]. Will man der Vormerkung „dingliche Wirkungen“ zusprechen, „weil sie wie die dinglichen Rechte ‚konkursfest‘ ist, so ist zu berücksichtigen, daß die dinglichen Rechte zur Aussonderung und Absonderung berechtigen, während die Vormerkung den Konkursverwalter zunächst ‚nur‘ zur Erfüllung verpflichtet und erst mit-

---

[43] *Rosien*, § 12 III 2 d) (S. 181); *Gursky*, JR 1984, 4; *Kohler*, a.a O.

[44] *Rosien*, a.a.O. Vgl. auch OLG Hamburg, Beschl. v. 2.10.1961 – 8 U 56/61 = NJW 1961, 2350 f.; *Kohler*, NJW 1984, 2851 f.; *dens.*, Verfügungsverbot, S. 101 (hier auch Fn. 227). – Weitere Argumente bei *Rosien*, a.a.O.

[45] BGHZ 75, 288, 292 (eingetragenes Wiederkaufsrecht nach § 20 RSiedlG; s. hierzu o. S. 55 f. Fn. 27).

[46] In: MünchKomm^2, § 888 Rn. 17.

[47] *Wacke*, a.a.O. Für das Verschulden des Dritterwerbers genüge „nicht schon die Kenntnis von der eingetragenen Vormerkung; ebensowenig wie ihn eine fehlende Kenntnis von der eingetragenen Vormerkung entlastet (vgl. § 1128 Abs. 3 S. 2). Entscheidend ist vielmehr, ob der Erwerber seine Einwirkung mit der verkehrserforderlichen Sorgfalt dem vorgemerkten Anspruch gegenüber für erlaubt halten durfte, insbesondere mit welchem Wahrscheinlichkeitsgrad er mit der Entstehung des vorgemerkten Rechts rechnen mußte“; *Wakke*, a.a.O.

[48] *Wacke*, a.a.O.

[49] *Rosien*, § 11 B III 2 (S. 109).

telbar zur Aussonderung oder Absonderung führt. Eine Identität der Erscheinungen liegt also nicht vor."[50]

[50] *Rosien*, § 11 B III 1 (S. 107). – Zu weiteren Argumenten gegen die Lösung *Wackes* s. *Rosien*, § 12 III 2 c) (S. 179).

Teil IV

Deliktischer Schutz der Vormerkung als dingliches oder „verdinglichtes" Recht (Schutz gemäß § 823 Abs. 1 BGB)?

Im Schrifttum überwiegt die Auffassung, welche die Rechtsstellung des Vormerkungsberechtigten gegenüber dem vormerkungswidrigen Dritterwerber als „sonstiges Recht" im Sinne des § 823 Abs. 1 BGB begreift und daher einen „Eingriffsschutz" gegenüber dem Dritterwerber über Schadensersatzansprüche gemäß § 823 Abs. 1 BGB sowie Beseitigungs- und Unterlassungsansprüche gemäß § 1004 Abs. 1 BGB analog befürwortet[1].

---

[1] AK-*B. v. Schweinitz*, § 888 Rn. 19; Erman-*Schiemann*, § 823 Rn. 42; Erman-*Hagen*, § 888 Rn. 5; Jauernig-*Jauernig*, § 888 Anm. 4; MünchKomm[2]-*Mertens*, § 823 Rn. 129 f.; Soergel[11]-*Zeuner*, § 823 Rn. 52; Soergel[12]-*Stürner*, § 883 Rn. 2, 29, § 888 Rn. 4; *Baur/Stürner*, § 20 VI 1 e) (S. 200); *Canaris*, FS Flume, S. 383 ff.; *Dörner*, § 3 II 1 (2) (S. 94 f.); *Hager*, JuS 1990, 437; *Larenz*, AllgT, § 13 III (S. 230); *Larenz/Canaris*, SchuldR II/2, § 76 II 4 h (S. 398 f.); *M.Wolf*, SachenR, Rn. 364; *Trapp*, S. 35 ff.; *Weiland*, S. 40; *H. Westermann*, SachenR, § 84 IV 4 c) (S. 424); Westermann-*Eickmann*, SachenR II, § 100 IV 4 d) (S. 149); *Wieling*, SachenR[2], § 22 I 2 (S. 299). – Einschränkend Palandt[56]-*Bassenge*, § 888 Rn. 9: erst nach Fälligkeit des Auflassungs- und Zustimmungsanspruchs. – Einschränkend auch *Tiedtke*, Jura 1981, 366: Bei Vormerkungen, welche bedingte oder künftige Ansprüche sichern (§ 883 Abs. 1 Satz 2 BGB), sei ein Schutz über §§ 823 Abs. 1, 1004 BGB erst nach Entstehung des Anspruchs möglich; dann aber könne der Berechtigte von dem Dritterwerber „auch Ersatz des Schadens verlangen, der vor diesem Zeitpunkt eingetreten ist." – *Rosien*, § 8 III 2 (S. 78 f.), hingegen ist der Auffassung, daß § 823 Abs. 1 BGB dem Vormerkungsberechtigten selbst dann keinen Schutz gewähren könne, wenn sich seine Rechtsstellung als „sonstiges Recht" einstufen ließe. Denn auch im Hinblick auf den haftungsbegründenden Tatbestand des § 823 Abs. 1 BGB sei ein spezifischer Schutzbereich zu bestimmen, der nach dem – aus den sachenrechtlichen Wertungen zu erschließenden – Zweck der Vormerkung zu definieren sei und daher nicht den Schutz vor Einwirkungen tatsächlicher Art umfasse. *Rosien* muß jedoch selbst einräumen, daß der „funktionale Standort der Schutzzwecklehre nach wie vor heftig umstritten ist und überwiegend im Rahmen der Schutzgesetzverletzung gemäß § 823 Abs. 2 BGB, der Amtspflichtverletzung gemäß § 839 BGB, Art. 34 GG und des haftungsausfüllenden Tatbestands des § 823 Abs. 1 BGB angesiedelt wird"; *Rosien*, § 8 III 2 (S. 78), auch m.w.N. zum Stand der Diskussion. Letztendlich setzt sich daher auch *Rosien*, § 11 B (S. 101 ff.), trotz des von ihm eingenommenen Standpunktes inhaltlich mit den unterschiedlichen Begründungsansätzen auseinander, auf die der deliktsrechtliche „Eingriffsschutz" des Vormerkungsberechtigten von seinen Befürwortern gestützt wird.

Eine Qualifizierung der Vormerkung bzw. der Rechtsstellung des Vormerkungsberechtigten als „sonstiges Recht" im Sinne von § 823 Abs. 1 BGB setzt jedoch einen Blick auf die Rechtsnatur der Vormerkung voraus. Wie oben bereits deutlich wurde, hat die 2. Kommission eine eindeutige Klassifizierung der Rechtsnatur der Vormerkung unterlassen[2]; auch erwiesen sich die verschiedentlich vorgeschlagenen Qualifizierungen der Vormerkung als bedingtes dingliches Vollrecht bzw. in Analogie zum bedingten dinglichen Vollrecht als unzutreffend[3]. Reichel[4] hat das Wesen der Vormerkung treffend mit folgenden Worten beschrieben: „Die V. [Vormerkung] ist ein Januskopf. Sie sichert einen persönlichen Anspruch, aber sie sichert ihn mit den dinglichen Mitteln des Grundbuches ... Ein Gesicht hat sie dem Obligationenrecht, ein anderes dem Sachenrechte zugewandt."

Die heute h.M.[5] verzichtet denn auch auf eine abschließende Einordnung der Vormerkung in eine bereits geläufige Kategorie: Sie geht – mit einzelnen Schwankungen in der Nomenklatur – davon aus, daß die Vormerkung ein „besonders geartetes Sicherungsmittel"[6] sei, das zwischen obligatorischen und dinglichen Rechten stehe[7]. D.h. davon, „daß die Vormerkung zwar kein dingliches Recht ist, aber als besonders geartetes Sicherungsmittel dem durch sie geschützten schuldrechtlichen Anspruch ... in beträchtlichem Umfang dingliche Wirkungen im Sinn einer dinglichen Gebundenheit des Grundstücks verleiht"[8]. Die BGH-Formel bedeutet jedoch „mehr eine Umschreibung als

[2] Vgl. o. S. 33 f. (hier auch Fn. 85).

[3] Zum Ganzen s.o. S. 34 ff. – Zu der ebenfalls abzulehnenden Auffassung *Othmers* s.o. S. 24 Fn. 29.

[4] JhJb 46 (1904), 145. Ähnlich *Wörbelauer*, DNotZ 1963, 580.

[5] RG, Urt. v. 26.6.1936 – VII 16/36 (Breslau) = RGZ 151, 389, 392; BGH, Urt. v. 15.12.1972 – V ZR 76/71 (Hamm) = BGHZ 60, 46, 49 (m.w.N. zu früheren Entsch.); OLG Saarbrücken, Beschl. v. 16.1.1995 – 5 W 331 / 94-186 = MittRhNotK 1995, 25, 26; Erman-*Hagen*, § 883 Rn. 3; MünchKomm[2]-*Wacke*, § 883 Rn. 3; Palandt[56]-*Bassenge*, § 883 Rn. 2; RGRK-*Augustin*, § 883 Rn. 10; Soergel[12]-*Stürner*, § 883 Rn. 2; Staudinger[13]-*Gursky*, § 883 Rn. 202; *Baur/Stürner*, § 20 VI 1 (S. 203); *Canaris*, JuS 1969, 81; *ders.*, FS Flume, S. 383; *Gerhardt*, § 6, 7 (S. 82 f.); *Görmer*, JuS 1991, 1012; *Haegele*, BWNotZ 1971, 1; *Hager*, JuS 1990, 439; *Lohr*, S. 74; *G. Schneider*, DNotZ 1982, 533; *Tiedtke*, Jura 1981, 370; *H. Westermann*, SachenR, § 84 I 2 b), c) (S. 415); Westermann-*Eickmann*, SachenR II, § 100 I 2 b), c) (S. 139); *Wolff/Raiser*, § 48 VII (S. 163 f.). Ebenso bereits *Güthe / Triebel*, § 25 GBO Rn. 14 (S. 605); *J. Neumann*, JW 1902, 455. Ähnlich auch *H. Heinrich*, § 4 (S. 72).

[6] So RG, a.a.O.

[7] Kritisch zu dieser Zwischenstellung *Deppert*, S. 55 f.

[8] BGH, a.a.O. – Nicht zuletzt diese Charakterisierung der Vormerkung, die sie „in manchen Beziehungen einem dinglichen Recht annähert"; BGH, a.a.O., 50; hat dazu geführt, daß vom BGH verschiedene für dingliche Rechte geltende Rechtssätze – etwa §§ 875; 878; 892, 893; 894, 899 BGB; § 53 GBO – auf die Vormerkung analog angewendet werden; BGH, a.a.O., sowie jüngst BGH, Beschl. v. 1.3.1994 – XI ZR 149/93 (Köln) = NJW 1994, 1475, jeweils m.w.N.

eine Erklärung“[9], bringt daher nicht weiter auf der Suche nach einer Antwort auf die Frage, ob die Vormerkung als „sonstiges Recht“ im Sinne des § 823 Abs. 1 BGB Deliktsschutz genießt[10].

Kapitel 1

Die Vormerkung als absolutes / als dingliches Recht?

Von einigen Autoren, welche die Vormerkung mit der h.M. für ein zwischen Schuld- und Sachenrecht stehendes „ius sui generis“ halten, wird – allerdings ohne nähere Begründung – die Auffassung vertreten, die Vormerkung sei deswegen als „sonstiges Recht“ im Sinne des § 823 BGB zu schützen, weil sie ein „absolutes Recht“ sei[11].

„Absolutheit“ (des Klageschutzes) ist jedoch – neben „unmittelbarer Herrschaftsbeziehung“ zwischen Berechtigtem und Gegenstand – Wesensmerkmal dinglicher Rechte[12]; und „Absolutheit der Zuordnung“ ist – wie Canaris[13]

---

[9] Soergel[12]-*Mühl*, Einl. SachenR, Rn. 24. Ebenso *Rottenfußer*, S. 55; *Sandweg*, BWNotZ 1994, 6. Dies räumt auch *Hager*, JuS 1990, 439, ein.

[10] Dies gilt gleichermaßen für die Auffassungen (von denen hier jeweils nur ein Vertreter genannt werden soll), welche die Vormerkung als bloßen „Grundbuchvermerk“ ohne Rechtscharakter (*Biermann*, Widerspruch und Vormerkung, § 19 IV [S. 184]; hiergegen *Rottenfußer*, S. 32 f.), als „Schutz vor bestimmten Einwendungen des Schuldners“ (*Trupp*, JR 1990, 188), als „ius ad rem“ (*Hedemann*, § 13 III d) [S. 71]; hiergegen Staudinger[13]-*Kohler*, § 135 Rn. 89; *Deppert*, S. 19 ff.; vgl. auch Prot. [2. Komm.] III, S. 114; *Mugdan* III, S. 565) oder gar in Anlehnung an das römischrechtliche Institut der „obligatio in rem scripta“ (*Oberneck*, § 48, 4 [S. 448 ff.]; hiergegen *Sekler*, § 13 II 2 [S. 116 ff.]) deuten wollen. – Ebensowenig reicht die Qualifizierung der Vormerkung als „Verfügungsbeschränkung“ (*Knöpfle*, JuS 1981, 167; hiergegen *Rottenfußer*, S. 38 f.) oder als „Veräußerungsverbot“ (OLG Dresden, 6 ZS., Beschl. v. 12.7.1926 – 6 Reg 98/26 = JW 1927, 1010, 1011; MünchKomm[3]-*Mayer-Maly*, § 135 Rn. 17; hiergegen: *Trapp*, S. 10) zu einer Erklärung sämtlicher Wirkungen der Vormerkung und damit auch nicht zu einer Qualifizierung der Rechtsnatur der Vormerkung aus; *Hager*, JuS 1990, 439. – Was die Deutung der Vormerkung als „Veräußerungsverbot“ betrifft, so ist insbesondere darauf hinzuweisen, daß § 888 BGB deutlich zwischen den Fällen des durch Vormerkung gesicherten Anspruchs (Abs. 1) sowie des durch Veräußerungsverbot gesicherten Anspruchs (Abs. 2) unterscheidet; *Biermann*, Widerspruch und Vormerkung, § 19 IV (S. 182); *Deppert*, S. 23; *Friedemann*, § 9 (S. 34); *Heinrich*, § 11 (S. 210); *Lang*, S. 64; *Philipsen*, § 6 1 (S. 25); *Rottenfußer*, S. 36. In diesem Sinne sprechen Prot. (2. Komm.) III, S. 112 f.; *Mugdan* III, S. 564 f. (vgl. auch *Jakobs / Schubert*, SachenR I, S. 346), auch nur von „dinglicher Wirkung in der Art eines Veräußerungsverbots“ (s.o. S. 32 f.).

[11] Erman-*Hagen*, § 888 Rn. 5; *H. Westermann*, SachenR, § 84 IV 4 c) (S. 424); Westermann-*Eickmann*, SachenR II, § 100 IV 4 d) (S. 149). Vgl. auch *Tiedtke*, Jura 1981, 366: Die Vormerkung werde im Rahmen der §§ 823 Abs. 1, 1004 BGB „wie ein absolutes Recht behandelt“.

[12] *Baur / Stürner*, § 2 I 1 a) (S. 5 f.), § 4 I (S. 27 ff.); *Rottenfußer*, S. 51; *Schwab / Prütting*, § 3 I (S. 8); *Weiland*, S. 40. Die genannten Kriterien wurden vor allem früher für

nachgewiesen hat – geradezu entscheidendes Merkmal der Dinglichkeit. Was diese „Absolutheit der Zuordnung" betrifft, so lassen sich Canaris[14] zufolge die Wirkungen der Absolutheit „im wesentlichen in drei Gruppen zusammenfassen":

- An erster Stelle ist der *„umfassende Klageschutz* gegenüber jedem beliebigen Dritten" zu nennen – d.h. Herausgabeanspruch (soweit das Recht zum Besitz berechtigt), Beseitigungs- und Unterlassungsanspruch sowie Deliktsschutz aus § 823 Abs. 1 BGB, „da jedes absolute Recht anerkanntermaßen ein ‚sonstiges Recht' im Sinne dieser Vorschrift darstellt".
- Die zweite Gruppe umfaßt den *„Verfügungs-*, insbesondere den *Sukzessionsschutz*": „Denn da der fragliche Gegenstand dem Vermögen der betreffenden Person mit Wirkung gegen jedermann zugeordnet ist, kann ein anderer, insbesondere der bisherige Berechtigte oder der Inhaber des Vollrechts grundsätzlich nicht mehr mit Wirkung zu Lasten des dinglich Geschützten darüber verfügen, wohingegen dies bei einer nur relativen Bindung grundsätzlich ohne weiteres möglich ist."
- Die dritte und letzte Gruppe bildet die *„Konkurs- und Zwangsvollstreckungsfestigkeit*": „Die Zuordnung des betreffenden Gegenstandes mit Wirkung gegenüber jedermann findet nämlich ihren Ausdruck auch und nicht zuletzt darin, daß sie zur Gewährung von Aus- oder Absonderungsrechten im Konkurs bzw. zur Drittwiderspruchsklage oder zu einem Recht auf bevorzugte Befriedigung in der Einzelzwangsvollstreckung führt."

Legt man diese Kriterien einer Würdigung der Rechtsstellung des Vormerkungsberechtigten zu Grunde, so trägt diese „dingliche Züge" insofern, „als sie gemäß §§ 883 II und III, 888 BGB Verfügungs- und Sukzessionsschutz genießt und gemäß §§ 24 KO, 48 ZVG grundsätzlich Konkurs- und Zwangsvollstreckungsbeständigkeit aufweist"[15]. Lediglich „im Fehlen eines – neben

---

alternativ maßgeblich erachtet, während sie heute „kumulativ als Wesenszüge der dinglichen Rechte" aufgefaßt werden; s. hierzu *Rosien*, § 11 B V 2 b) cc) (1) (S. 140) m.w.N.

[13] FS Flume, S. 373 ff.; ebenso *Waltermann*, Jura 1993, 525. – Den Gedanken der „Zuordnungsfunktion" hat bereits *H. Westermann* für das regulative Prinzip des Sachenrechts gehalten: Ihm zufolge sind „Absolutheit des Klageschutzes" und „Unmittelbarkeit der Sachbeziehung" nur Ausflüsse der „Zuordnungsfunktion" der dinglichen Rechte und können daher weder allein noch zusammen eine befriedigende Erklärung geben; *H. Westermann*, SachenR, § 2 II 1 (S. 7 f.). „Zuordnung" bedeute die „Zugehörigkeit des betr. Gegenstands zum Vermögen des Berechtigten, wobei der Umfang jeweils durch die Art des Rechts bestimmt wird"; *H. Westermann*, a.a.O., § 2 II 3 (S. 9). Zur „Zuordnungsfunktion" der dinglichen Rechte s. auch *M. Wolf*, SachenR, Rn. 1 ff.; *Schwab-Prütting*, § 2 II (S. 7); *K. Müller*, SachenR[3], Rn. 1. Kritisch hierzu etwa *Eichler* I, S. 9 ff.; *L. Raiser*, S. 59. Zu dieser Diskussion s. ausführlich *U. Weber*, § 9 (S. 65 ff.).

[14] Zum folgenden s. *Canaris*, a.a.O., S. 373 f. Ebenso *Waltermann*, Jura 1993, 525.

[15] *Canaris*, a.a.O., S. 381.

der gesicherten Forderung stehenden – dinglichen Anspruchs auf Schaffung des vorgemerkten Rechts“ liegt „der wesentliche und … nahezu einzige Unterschied der Vormerkung gegenüber einem echten dinglichen Recht“[16].

Denn bei § 888 Abs. 1 BGB handelt es sich nur um einen unselbständigen Hilfsanspruch, der allein wegen des formellen Konsensprinzips im Grundbuchrecht erforderlich ist[17]. Lediglich Trapp[18] und Ernst Wolf[19] nehmen bei der Vormerkung das Bestehen eines dem schuldrechtlichen Anspruch inhaltlich entsprechenden dinglichen Anspruchs an[20], wobei Ernst Wolf davon ausgeht, daß dieser Anspruch nicht auf Verschaffung, sondern auf Duldung gerichtet sein soll. Dies steht jedoch im Widerspruch zum „gesetzlichen Regelungsmechanismus der §§ 883 Abs. 2, 888 Abs. 1 BGB“, wonach sich der vormerkungsgesicherte Anspruch nicht gegen einen etwaigen Dritterwerber, sondern weiter gegen den ursprünglichen Schuldner richtet[21].

Einen weiteren Aspekt hat Dörner in die Diskussion eingebracht: Ihm zufolge schränkt eine Vorschrift, welche – wie etwa §§ 883 Abs. 2 bzw. 138 Abs. 1 BGB[22] – „ein Veräußerungsgeschäft unter bestimmten Voraussetzungen im Verhältnis zu einem oder zu allen für unwirksam erklärt … die allgemeine Handlungsfreiheit ein. … Bezeichnet man einen Rechtsschutz, der mit Hilfe genereller Normen durchgeführt wird, als absoluten Schutz, dann stellt auch der Sukzessionsschutz eine Form des absoluten Schutzes dar“[23]. Von diesem für „absolut“ gehaltenen „Sukzessionsschutz“ will Dörner auf das Vorliegen absoluten deliktischen „Sanktionsschutzes“ gegen „vom Sukzessionsschutz nicht erfaßte *Verletzungshandlungen*“ schließen[24].

Auf diese Weise kommt Dörner zu dem Ergebnis, daß sich der Vormerkungsberechtigte „gegen tatsächlich nachteilige Einwirkungen des vormerkungswidrigen Rechtserwerbers auf das Grundstück mit Ansprüchen aus

---

[16] *Canaris*, a.a.O., S. 382 (vgl. auch S. 391). Ebenso MünchKomm²-*Wacke*, § 883 Rn. 3; Staudinger¹³-*Gursky*, § 883 Rn. 203; *Görmer*, JuS 1991, 1012; *Hager*, JuS 1990, 439. Vgl. auch *Weiland*, S. 40.

[17] S. die Nachw. o. S. 48 Fn. 5.

[18] S. 31 f., 40 f.

[19] SachenR, § 13 A II a, c und d (S. 575 ff.). *E. Wolf* sieht – im Unterschied zu *Trapp* – die Vormerkung als dingliches Recht an; a.a.O., § 13 A II e (S. 577 f.).

[20] Auch *Cosack*, § 177 IV 8 (S. 25), zufolge erwirbt der Gläubiger durch die Vormerkung ein „eigentümliches dingliches Recht“, das „dem vorgemerkten Anspruch schirmend zur Seite tritt“.

[21] *Rosien*, § 11 B V 2 b) cc) (2) (S. 142) Fn. 245. Kritisch zu *E. Wolfs* Auffassung auch *Canaris*, FS Flume, S. 391 f.; *Paulus*, Verfügungsverbot, § 2 I 1 (S. 52).

[22] *Dörner*, § 3 I 4 (S. 90).

[23] *Dörner*, a.a.O. (S. 91 f.).

[24] *Dörner*, § 3 II 1 (2) (S. 94).

§§ 823 I, 1004 BGB zur Wehr setzen darf"[25]. Dem wird jedoch zu Recht entgegengehalten, daß „Sukzessionsschutz" zwar „allen dinglichen Rechten gemeinsam ist, aber allein nicht geeeignet, die Dinglichkeit eines Rechts zu belegen, da auch anerkanntermaßen nicht-dingliche Rechte einen solchen Schutz genießen"[26]. Daher läßt sich „mit dem in §§ 883 Abs. 2, 888 Abs. 1 BGB gewährten Schutz nicht die Dinglichkeit der Vormerkung nachweisen"[27], wie auch generell die Entscheidung für einen Sukzessionsschutz nicht als Entscheidung für einen Sanktionsschutz – also Deliktsschutz – angesehen werden kann[28].

Die Vormerkung ist daher nicht unter dem Gesichtspunkt einer „Absolutheit" über § 823 Abs. 1 BGB zu schützen.

Desungeachtet wurde und wird die Vormerkung nicht selten als eigenständiges dingliches Recht charakterisiert[29].

Wunner etwa will die Vormerkung deswegen als beschränkt dingliches Recht ansehen, weil sie ein „negatives Herrschaftsrecht" sei[30]. Bei der Vormerkung sei „eine durch ihre Sicherungsfunktion *beschränkte* Zuordnung" anzunehmen, die sich als „beschränktes Herrschaftsrecht am belasteten Rechtsobjekt" darstelle: Dessen „vorherrschender Inhalt ist negativ, weil es dem Belasteten die Befugnis nimmt, rechtsgeschäftliche Verfügungen zum Nachteile des Vormerkungsinhabers vorzunehmen. Die Minderung der Rechtsstellung des Belasteten erfolgt jedoch zu dem positiven Zweck, die Erfüllung der zugrunde liegenden Forderung vor beeinträchtigenden Verfügungen zu sichern. Insoweit hat der Vormerkungsinhaber ein absolut ge-

[25] *Dörner*, a.a.O. (S. 94 f.). Der vormerkungswidrige Rechtserwerber sei insoweit auch nicht schutzwürdig, da er wisse oder zumindest wissen können müsse, daß „ihm die mit dem erworbenen Recht übergehenden Verhaltensbefugnisse im Verhältnis zum Vormerkungsberechtigten von der Rechtsordnung nicht zugewiesen worden sind".

[26] *Rosien*, § 11 B V 2 b) bb) (S. 139). Ebenso bereits *Rottenfußer*, S. 52. Exemplarisch ist in diesem Zusammenhang der Schutz für Mieter und Pächter gemäß §§ 571, 581 Abs. 2 BGB zu nennen; *Rosien*, a.a.O.; *Rottenfußer*, a.a.O.; *Trapp*, S. 38; *U. Weber*, § 9 II 3 (S. 79 f.).

[27] *Rosien*, a.a.O.

[28] S. hierzu *Löwisch*, § 2 III (S. 30 f.); *Rosien*, § 11 B III 3 (S. 112). Zu weiteren Argumenten gegen *Dörner* s. *Rosien*, a.a.O. (S. 112 f.).

[29] *Jaeger*[6/7], § 24 KO Anm. 3 (S. 433); *Jaeger*[8]*-Lent*, § 24 KO Anm. 3 (S. 362 f.); *Cosack*, § 177 IV 8 (S. 25); *Endemann*, § 65, 2 b) (S. 402 ff.); *Heck*, § 47 IV 3 (S. 204), § 111 I (S. 445 f.); *Hellwig*, Rechtskraft, § 37 II 2 (S. 254 f.); *Kempf*, JuS 1961, 24 f.; *Kreuz*, S. 35, 51 f.; *J. Neumann*, JW 1902, 455; *Sekler*, § 13 III (S. 124 ff.); *Wieling*, SachenR[2], § 22 I 2 (S. 299); *E. Wolf*, SachenR, § 13 A II e) (S. 577 f.); *Wunner*, NJW 1969, 114 ff. Tendenzen hierzu finden sich auch bei *Schwab / Prütting*, § 18 VIII 3 (S. 87).

[30] *Wunner*, NJW 1969, 115 (hier auch Fn. 29). Von der Vormerkung als „negativem Herrschaftsrecht" gehen u.a. auch *Wolff / Raiser*, § 48 VII 2 (S. 164) aus – allerdings ohne die Vormerkung deswegen als dingliches Recht anzusehen.

schütztes, in seinem Bestand vom Willen des Belasteten unabhängiges dingliches Recht."[31] Entgegen Wunner ist jedoch bei der Vormerkung eine Unmittelbarkeit der Sachherrschaft nicht gegeben. Vielmehr setzt die Vormerkung lediglich kraft des „Verfügungsschutzes" der §§ 883 Abs. 2, 888 Abs. 1 BGB an der Rechtsmacht des Schuldners des Vormerkungsberechtigten an und beschneidet diese[32]. Auch aus § 24 KO[33] kann keine unmittelbare Sachherrschaft hergeleitet werden[34]. Denn durch diese Vorschrift wird lediglich die unbedingte Durchsetzbarkeit des vormerkungsgesicherten Anspruchs im Konkurs gesichert[35].

In diesem Zusammenhang ist jedoch noch ein weiterer Aspekt zu berücksichtigen: Nach der Auffassung Pflügers sind nämlich diejenigen Rechte dinglich, die vom Konkurs der Gegenpartei nicht berührt werden[36]. Pflüger[37] bezeichnet den Konkurs gar als „Prüfstein der Dinglichkeit".

Doch auch unter diesem Gesichtspunkt kann keine Dinglichkeit der Vormerkung hergeleitet werden: Zwar bleibt nach § 24 KO der vorgemerkte Anspruch auch gegen den Konkursverwalter durchsetzbar, d.h. die Vormerkung ist – ebenso wie die dinglichen Rechte – „konkursfest". Gegen die Eigenschaft der Vormerkung als dingliches Recht spricht jedoch, daß diese „Konkursfestigkeit" nicht mittels der für dingliche Rechte typischen Aus- bzw. Absonderungsbefugnis realisiert wird[38]. Zudem sind durchaus nicht alle „konkursfesten" Rechte auch dingliche Rechte[39]. Als Gegenbeispiel kann etwa die Rechtsstellung des Mieters oder Pächters nach der Überlassung des vermieteten bzw. verpachteten Objekts (§ 21 Abs. 1 KO) genannt werden[40].

---

[31] *Wunner*, a.a.O. Ähnlich bereits *Hellwig*, Rechtskraft, § 37 II 2 (S. 254 f.).

[32] Vgl. *Gernhuber*, § 3 III 4 a) (S. 48). S. hierzu auch *Rosien*, § 11 B IV 2 b) bb) (S. 121), § 11 B V 2 b) cc) (2) (b) (S. 144); *Schönewerk*, S. 10; *U. Weber*, § 10 II (S. 92 f.), § 12 (S. 114 f.); *Weiland*, S. 39.

[33] Das Nachstehende gilt entsprechend auch für §§ 9 Abs. 1 Satz 3 GesO, 106 InsO.

[34] So aber *Wunner*, a.a.O., 115.

[35] *Schönewerk*, a.a.O. Vgl. auch *Rosien*, § 11 B V 2 b) cc) (2) (b) (S. 144).

[36] *Pflüger*, AcP 79 (1892), 424 m. 414 ff. Vgl. auch *Baur/Stürner*, § 20 IV 2 a) (S. 200): „Der einem dinglichen Recht ähnliche Charakter der Vormerkung zeigt sich *im Konkurs des Schuldners*."

[37] A.a.O., 424.

[38] *Rottenfußer*, S. 54; *Weiland*, S. 41.

[39] *Rosien*, § 11 B V 2 b) aa) (S. 138). S. auch *Diederichsen*, § 6 (S. 38) Fn. 112; *Knöpfle*, JuS 1981, 159 Fn. 31; *Rahn*, BWNotZ 1970, 27; *U. Weber*, § 9 II 6 (S. 82).

[40] *Rosien*, a.a.O., mit einem weiteren – auch bei *Knöpfle*, a.a.O., und *Rahn*, a.a.O., zu findenden – Beispiel.

Gegen eine dingliche Rechtsnatur der Vormerkung spricht auch die Entstehungsgeschichte des BGB[41]. Denn die 2. Kommission lehnte – wie oben bereits erwähnt[42] – die Konzeption Jacubezkys von der „selbständigen dinglichen Belastung des Grundstücks“ ab. Des weiteren ergibt sich aus der Systematik des Gesetzes, daß der Gesetzgeber die Vormerkung nicht in die beschränkten dinglichen Rechte einreihen wollte: Die Vorschriften über die Vormerkung befinden sich nämlich im Zweiten Abschnitt „Allgemeine Vorschriften über Rechte an Grundstücken“ des Dritten Buches des BGB und nicht – wie die beschränkten dinglichen Rechte – in einem besonderen Abschnitt des Dritten Buches[43].

Auch aus einer Gesamtschau derjenigen Vorschriften, welche die Vormerkung ausdrücklich dinglichen Rechten gleichstellen, ergibt sich, daß die Vormerkung vom Gesetz nicht als dingliches Recht angesehen wird. Denn ansonsten hätte es dieser Gleichsetzung nicht bedurft[44]. Bei diesen Vorschriften handelt es sich um § 885 Abs. 2 BGB, § 1971 Satz 2 BGB sowie § 48 ZVG. Und auch § 24 KO wäre verzichtbar, wenn die Vormerkung ein dingliches Recht wäre. Denn dann wäre sie bereits über §§ 43 ff. KO durchsetzbar[45].

Kapitel 2

„Verdinglichung“ der Rechtsstellung des Vormerkungsberechtigten?

Da die Vormerkung nicht als dingliches Recht unter den Begriff des „sonstigen Rechts“ im Sinne des § 823 Abs. 1 BGB subsumiert werden kann, wird teilweise versucht, eine Qualifizierung der Rechtsstellung des Vormerkungsberechtigten als „sonstiges Recht“ mit deren angeblicher „Verdinglichung“ zu begründen[46].

---

[41] *Canaris*, FS Flume, S. 391; *Philipsen*, § 6 vor I (S. 25); *Rahn*, a.a.O., 25 f.; *Rosien*, § 11 B V 2 (S. 137); *Rottenfußer*, S. 48; *G. Schneider*, DNotZ 1982, 529 f.; *Schönewerk*, S. 11. A.A. zu Unrecht *Wunner*, NJW 1969, 114.

[42] Vgl. o. S. 51 ff.

[43] *Dettmar*, S. 69; *H. Heinrich*, § 1 (S. 6 f.); *Rahn*, a.a.O., 26; *Rottenfußer*, a.a.O.; *G. Schneider*, a.a.O., 529; *Weiland*, S. 37.

[44] *Biermann*, Widerspruch und Vormerkung, § 19 III (S. 180); *H. Heinrich*, § 11 (S. 206); *Krauthausen*, S. 20 f.; *Philipsen*, § 6 VI 2 (S. 34); *Rosien*, a.a.O.; *Rottenfußer*, S. 48 f.; *G. Schneider*, a.a.O., 531; *Schönewerk*, S. 9; *Weigelt*, § 47 (S. 83); *Weiland*, a.a.O.

[45] Zu weiteren Argumenten gegen eine Dinglichkeit der Vormerkung s. etwa *Biermann*, Widerspruch und Vormerkung, § 19 III (S. 180); *Deppert*, S. 46 ff.; *Krauthausen*, S. 13 ff.; *Rahn*, a.a.O., 26; *Rosien*, a.a.O.; *Rottenfußer*, S. 50; *G. Schneider*, a.a.O., 528 ff.

[46] *Canaris*, FS Flume, S. 381 ff. Ihm folgend MünchKomm²-*Mertens*, § 823 Rn. 111, 129 f.; *Larenz*, AllgT, § 13 III (S. 230).

Die Theorie der „Verdinglichung" nahm ihren Ausgang von der grundlegende Untersuchung Dulckeits über die „Verdinglichung obligatorischer Rechte". Zum „vorgemerkten Anspruch" bemerkte Dulckeit, daß hiermit einer der Fälle vorliege, „in denen eine Forderung sich *auf dem Wege* ihrer *Verwandlung* in ein dingliches Recht befindet"[47].

In dogmatischer Weiterentwicklung der vagen Verwandlungsthese Dulckeits[48] hat es dann Canaris unternommen, die Frage einer „Verdinglichung" der Rechtsstellung des Vormerkungsberechtigten konkret an den von ihm postulierten drei Gruppen von Wirkungen der „Absolutheit der Zuordnung"[49] zu überprüfen. Canaris zufolge kann von einer „Verdinglichung obligatorischer Rechte" „sinnvollerweise dann und nur dann gesprochen werden, wenn einem seiner Grundstruktur nach obligatorischen Recht einzelne dingliche Wirkungen zuerkannt werden"[50]: Es gehe nämlich „dogmatisch darum, ob eine bestimmte Eigenschaft einer obligatorischen Rechtsstellung wirklich als dinglich zu qualifizieren ist, und praktisch darum, ob und gegebenenfalls inwieweit aus der Zuerkennung einer einzelnen dinglichen Rechtsfolge auf weitere dingliche Wirkungen geschlossen werden kann"[51].

Was nun die Rechtsstellung des Vormerkungsberechtigten betrifft, so ist Canaris der Auffassung, diese sei wegen ihrer Konkursbeständigkeit gemäß § 24 KO „noch stärker verdinglicht als die des berechtigten Besitzers, und es wäre daher ein nicht zu rechtfertigender Wertungswiderspruch, wenn man jenen deliktsrechtlich schlechter stellen würde als diesen – zumal man unterstützend auf die Analogie zwischen Sachbesitz und ‚Buchbesitz' hinweisen kann"[52].

Canaris betont in diesem Zusammenhang jedoch, der Schutzbereich der unter § 823 Abs. 1 BGB fallenden Rechte und Rechtsgüter sei „nicht bei allen so umfassend wie z.B. beim Eigentum, sondern ... jeweils gesondert zu bestimmen"[53]. Wie sich aus der Wertung von § 883 Abs. 2 und 3 BGB ergebe, sei das vorgemerkte Recht dem Vormerkungsinhaber im Verhältnis zum vormerkungswidrigen Dritterwerber bereits zugeordnet; die „Erkennbarkeit dieser Rechtsstellung und die darin liegende Warnfunktion für den potentiellen Schädiger" sei auf Grund der Grundbucheintragung gewährleistet[54].

---

[47] *Dulckeit*, S. 27.

[48] Kritisch hierzu zu Recht *Weitnauer*, FS Larenz, S. 707 f.

[49] S. hierzu o. S. 63.

[50] *Canaris*, a.a.O., S. 372; *Waltermann*, Jura 1993, 525.

[51] *Canaris*, a.a.O.

[52] *Canaris*, a.a.O., S. 384.

[53] *Canaris*, a.a.O., S. 385.

[54] *Canaris*, a.a.O., S. 384. Ebenso MünchKomm^2-*Mertens*, § 823 Rn. 129 f., der zusätzlich auf eine Zuordnungswirkung von § 883 Abs. 1 BGB abstellt.

Und gemäß §§ 24 KO, 48 ZVG liege auch eine Zuordnung im Verhältnis zu den Konkurs- und Zwangsvollstreckungsgläubigern des „Bestellers der Vormerkung" vor[55].

Da es im Verhältnis zu sonstigen – außenstehenden – Dritten „an einer mit einem dinglichen Recht vergleichbaren Zuweisung des vorgemerkten Rechts" fehle, stelle die Rechtsposition des Vormerkungsberechtigten jenen gegenüber kein „sonstiges Recht" im Sinne des § 823 Abs. 1 BGB dar[56]. Hier sei der Vormerkungsberechtigte zu schützen, indem er „analog § 869 BGB auf Leistung an den Inhaber des mit der Vormerkung ‚belasteten' Rechts oder, wenn dieser die Leistung nicht annehmen will, sogar auf Leistung an sich selbst klagen sowie auch etwaige Unterlassungsansprüche geltend machen" könne[57]. Zwar sei der Vormerkungsberechtigte in aller Regel nicht mittelbarer Besitzer des Grundstücks. Gleichwohl sei seine Beziehung zum Grundstück „nicht schwächer als die des mittelbaren Besitzers; denn die Stellung des Vormerkungsberechtigten ist immerhin teilweise verdinglicht und im Grundbuch verlautbart, während die Stellung des mittelbaren Besitzers u.U. lediglich auf einem obligatorischen Rechtsverhältnis (in Verbindung mit dem Willen des unmittelbaren Besitzers) beruht und nach außen nicht ohne weiteres erkennbar ist. Es wäre daher ein nicht zu rechtfertigender Wertungswiderspruch, den Vormerkungsberechtigten weniger weitgehend zu schützen als den mittelbaren Besitzer."[58]

Die Lösung von Canaris begegnet jedoch bereits methodischen Bedenken. Denn Canaris geht methodisch so vor, „daß aus der ungewöhnlich großen Reichweite der im Gesetz ausdrücklich angeordneten Verdinglichung im Zweifel auf die Anwendbarkeit dinglicher Rechtsgrundsätze auch in den gesetzlich nicht geregelten Fragen geschlossen und dann lediglich geprüft wird, ob sich triftige Gründe gegen diese finden lassen"[59]. Ein derartiges Vorgehen reduziert „die Bedeutung der Zuerkennung einzelner dinglicher Wirkungen für die Rechtsfortbildung auf eine Art Vermutungswirkung" – was wiederum zu „unangemessenen praktischen Konsequenzen" führen würde, denn man könnte dann etwa „mit gleichem Recht fordern, dem Vormerkungsberechtigten einen Herausgabeanspruch gemäß § 985 BGB analog zuzugestehen"[60].

Auch haben die von Canaris – wie auch von Mertens – genannten Normen, durch welche dem Vormerkungsberechtigten das vorgemerkte Recht im

---

[55] *Canaris*, a.a.O., S. 386 f.; *Mertens*, a.a.O. Rn. 130.

[56] *Canaris*, a.a.O., S. 387.

[57] *Canaris*, a.a.O.; *Larenz/Canaris*, SchuldR II / 2, § 76 II 4 h) (S. 399). Zustimmend: Erman-*Schiemann*, § 823 Rn. 42; *Mertens*, a.a.O.; *Hager*, JuS 1990, 437 Fn. 141.

[58] *Canaris*, FS Flume, S. 387.

[59] *Canaris*, a.a.O., S. 388.

[60] *Rosien*, § 11 B III (S. 108). Kritisch auch *Baur/Stürner*, § 3 II 4 (S. 23).

Verhältnis zu einem Dritterwerber bereits insoweit „zugeordnet“ sein soll, daß daraus deliktsrechtliche Schadensersatzansprüche abgeleitet werden können, nicht diesen ihnen beigelegten Zuordnungscharakter:

Der von Mertens[61] genannte § 883 Abs. 1 BGB macht nur Aussagen über Gegenstand und Anwendungsbereich der Vormerkung[62]. Auch der von Canaris[63] und Mertens[64] gleichermaßen vorgebrachte § 883 Abs. 2 BGB kann eine „Zuordnung“ nicht belegen: Da „Angriffspunkt“ des § 883 Abs. 2 BGB die Verfügungsmacht des Schuldners ist, schafft die Vormerkung über § 883 Abs. 2 BGB keine „besondere Beziehung“ zwischen dem Berechtigten und dem Grundstück[65]. Es wird „nur die weitere Erfüllbarkeit der Obligation garantiert“[66]; insbesondere erfolgt noch keinerlei Vorwegnahme der Erfüllung selbst[67].

Des weiteren kommt dem von Canaris[68] und Mertens[69] zusätzlich genannten § 883 Abs. 3 BGB – welcher lediglich eine Konkretisierung der Sicherungswirkung des § 883 Abs. 2 BGB darstellt[70] – keine über die Rangwahrung hinausgehende Funktion zu – und somit auch keine „Zuordnungswirkung“[71].

Die Vorschrift des § 48 ZVG, welche Canaris[72] und Mertens[73] als Beleg für eine „zuordnende Wirkung“ im Verhältnis zu den Vollstreckungsgläubigern anführen, dient lediglich dazu, angesichts von § 52 ZVG die Erfüllbarkeit der gesicherten Ansprüche zu gewährleisten, nicht aber dazu, die Erfüllung vorwegzunehmen[74]. Ebenso wie § 48 ZVG dient auch § 24 KO[75] – dem

---

[61] A.a.O. Rn. 129.

[62] *Rosien*, § 11 B IV 2 a) (S. 118 f.).

[63] A.a.O., S. 384.

[64] A.a.O., Rn. 130.

[65] *Knöpfle*, JuS 1981, 159; *Paulus*, Verfügungsverbot, § 2 IV (S. 86); *Rosien*, § 11 B IV 2 b) bb) (S. 121 f.) [zu § 883 Abs. 2 Satz 1 BGB], § 11 B IV 2 d) aa) (S. 126), § 11 B IV 2 e) (S. 128 ff.) [zu § 883 Abs. 2 Satz 2 BGB]. – Weitere Argumente bei *Rosien*, § 11 B IV 2 b) (S. 119 ff.).

[66] *Paulus*, a.a.O.

[67] *Ders.*, JZ 1993, 557.

[68] FS Flume, S. 384.

[69] In: MünchKomm^2, § 823 Rn. 129.

[70] *Biermann*, Widerspruch und Vormerkung, § 18 II (S. 160); *Paulus*, Verfügungsverbot, § 2 III (S. 83 f.); *Rosenberg*, § 883 Anm. 2 a) (S. 316); *Vervier*, § 7 I (S. 54).

[71] *Rosien*, § 11 B IV 2 c) (S. 124). Vgl. auch *Paulus*, JZ 1993, 556.

[72] A.a.O., S. 387.

[73] A.a.O., Rn. 130.

[74] *Paulus*, Verfügungsverbot, § 2 II 4 (S. 80); *Rosien*, § 11 B IV 2 d) bb) (S. 127).

[75] Gleiches gilt für §§ 9 Abs. 1 Satz 3 GesO, 106 InsO.

Canaris[76] und Mertens[77] eine „Zuordnung“ des vorgemerkten Rechts im Verhältnis zu den Konkursgläubigern des „Vormerkungsbestellers“ zu entnehmen meinen[78] – ausschließlich dazu, die Erfüllbarkeit des vormerkungsgesicherten Anspruchs offenzuhalten und bewirkt gleichermaßen noch keinerlei Vorwegnahme der Erfüllung selbst[79].

Eine Qualifizierung der Rechtsstellung aus der Vormerkung als „sonstiges Recht“ läßt sich auch nicht daraus herleiten, daß anderenfalls ein „nicht zu rechtfertigender Wertungswiderspruch“ gegenüber dem Deliktsschutz des berechtigten Besitzers entstünde[80]: Denn die Vormerkung ist weder ein allgemeines Ausschlußrecht[81] noch gewährt sie irgendwelche positiven Zuweisungsgehalte, d.h. Herrschaftsbefugnisse in Ansehung des vormerkungsbetroffenen Grundstücks[82]. Aus diesem Grund kommt auch der von Canaris verwendeten Analogie zwischen „Sachbesitz“ und „Buchbesitz“ „insoweit kein Erklärungswert zu“[83].

Auch die von Canaris für das Verhältnis zu außenstehenden Dritten getroffene Analogie zu § 869 BGB ist abzulehnen[84]. Wie oben bereits erwähnt[85], geht Canaris davon aus, daß es im Verhältnis zu außenstehenden Dritten an einer „Zuordnung“ des vorgemerkten Rechts fehle, weswegen die Rechtsstellung des Vormerkungsberechtigten gegenüber außenstehenden Dritten nicht als „sonstiges Recht“ im Sinne des § 823 Abs. 1 BGB qualifiziert werden könne. Andererseits zeigt jedoch gerade die fehlende „Zuordnung“ im Verhältnis zu außenstehenden Dritten, daß es dem Vormerkungsberechtigten noch an Herrschaftsbefugnissen ermangelt, welche es überhaupt erst „rechtfertigen könnten, ihn mit Abwehrbefugnissen gegenüber außenstehenden Dritten auszustatten“[86]. Der von Canaris angenommene Wertungswiderspruch

---

[76] A.a.O.

[77] A.a.O.

[78] *H. Westermann*, SachenR, § 84 III 3 (S. 420), und Westermann-*Eickmann*, SachenR II, § 100 III 3 (S. 144), wollen aus § 24 KO hingegen lediglich eine „beginnende“ „Zuordnung“ des Grundstücks herleiten. Zu der durch die Sicherungsfunktion der Vormerkung „*beschränkten* Zuordnung“ *Wunners* (NJW 1969, 115) s. bereits o. S. 65 f.

[79] *Rosien*, § 11 B IV 2 e) cc) (S. 129) sowie *Paulus*, JZ 1993, 557, der zutreffend auch in Ansehung des § 884 BGB einen „zuordnenden“ Charakter verneint.

[80] Vgl. o. S. 68.

[81] *Rosien*, § 19 V (S. 217) mit § 11 B II (S. 102 ff.).

[82] *Rosien*, § 19 V (S. 217) mit § 11 B IV 3 b) (S. 131 ff.); ähnlich auch *Paulus*, Verfügungsverbot, § 2 IV (S. 86); *Prinz*, S. 242 f.

[83] *Rosien*, § 19 V (S. 217) Fn. 50. Vgl. auch *Paulus*, Verfügungsverbot, § 2 IV (S. 86 f.); *dens.*, JZ 1993, 557.

[84] Staudinger[13]-*Gursky*, § 888 Rn. 62; *Prinz*, S. 244 f.; *Rosien*, § 14 (S. 186).

[85] S. hierzu o. S. 69.

[86] *Rosien*, a.a.O.; vgl. auch *Prinz*, a.a.O. – Zu weiteren Argumenten s. *Rosien*, a.a.O.

gegenüber dem Schutz des mittelbaren Besitzers[87] liegt daher nicht vor. Außerdem wird die von Canaris vorgenommene Aufspaltung des Deliktsschutzes nach Personenkreisen zu Recht als „systemwidrig“ abgelehnt[88].

Nach alledem kommt dem Vormerkungsberechtigten kein deliktischer „Eingriffsschutz“ über § 823 Abs. 1 BGB zu. Auch ein Schutz über die speziellere[89] Regelung des § 823 Abs. 2 BGB i.V.m. § 909 BGB kann wegen der fehlenden „Zuordnung“ des Grundstücks nicht Platz greifen. Und was die Rechtsnatur der Vormerkung betrifft, so muß es bei der von der h.M. geprägten Charakterisierung der Vormerkung als „besonders geartetes Sicherungsmittel“[90] sein Bewenden haben.

---

[87] Vgl. o. S. 69 f.

[88] Staudinger[13]-*Gursky*, § 888 Rn. 61. S. hierzu auch MünchKomm[2]-*Wacke*, § 888 Rn. 17 Fn. 27; *Kohler*, NJW 1984, 2857 (hier auch Fn. 90); *Paulus*, Verfügungsverbot, § 2 IV (S. 85 f.); *Rosien*, § 8 III 3 a) (S. 80).

[89] S. hierzu o. S. 41 Fn. 125.

[90] S. hierzu o. S. 61.

Teil V

Deliktischer Schutz des Vormerkungsberechtigten über § 826 BGB?

Von Teilen des Schrifttums, die sowohl einen „Eingriffsschutz" des Vormerkungsberechtigten nach §§ 989, 990 BGB analog als auch einen solchen nach § 823 Abs. 1 BGB ablehnen, wird der Vormerkungsberechtigte im Verhältnis zum Dritterwerber auf Ansprüche aus § 826 BGB verwiesen – soweit die Voraussetzungen dieser Norm vorlägen[1].

Rosien schätzt demgegenüber die Bedeutung des § 826 BGB für den „Eingriffsschutz" des Vormerkungsberechtigten als „nicht sehr groß" ein[2]:

„Solange ... der Dritterwerb selbst nicht als sittenwidrig anzusehen ist, dürfte es nicht möglich sein, sachverändernde Handlungen des Dritterwerbers allgemein als sittenwidrige Schädigung einzustufen"[3]. Denn selbst wenn man die Eigentümerbefugnisse des Dritterwerbers wegen § 883 Abs. 2 BGB für eingeschränkt erachten wollte, sei trotz alledem der Dritterwerber vor dem Vollrechtserwerb des Vormerkungsberechtigten zu Besitz und Nutzung berechtigt.

Daher ließen sich Einwirkungen tatsächlicher Art „allenfalls dann als ‚sittenwidrige Schädigung' ansehen, wenn sie deutlich von der geplanten oder bisherigen Nutzung des Grundstücks durch den Dritterwerber abweichen und offensichtlich nur zu dem Zweck vorgenommen werden, dem Vormerkungsberechtigten Schaden zuzufügen oder ihm die Durchsetzung seines Anspruchs zu verleiden"[4].

Zudem werde man „auch in zeitlicher Hinsicht Einschränkungen zu machen haben, so daß überhaupt nur solche Einwirkungen von § 826 BGB erfaßt werden, die nach Rechtshängigkeit des Anspruchs aus § 888 Abs. 1 BGB erfolgen. ... War hingegen schon der Dritterwerb selbst sittenwidrig, dürften die Anforderungen an die Sittenwidrigkeit sachverändernder Handlungen geringer sein."[5]

---

[1] Staudinger[13]-*Gursky*, § 888 Rn. 61; *Prinz*, S. 243; *U. Weber*, § 10 II 1 (S. 93). Vgl. auch OLG München, Beschl. v. 15.11.1962 – 3 W 1437/62 = NJW 1963, 301, 303 (dingliches Vorkaufsrecht).

[2] *Rosien*, § 18 IV (S. 203 f.).

[3] *Rosien*, a.a.O. (S. 204).

[4] *Rosien*, a.a.O., unter Hinweis auf OLG München, a.a.O., welches voraussetzt, daß „der Käufer [d.h. der Dritterwerber] das ihm zustehende Eigentum mißbraucht und die Voraussetzungen des § 826 BGB gegeben sind".

[5] *Rosien*, a.a.O. (S. 204 f.).

Zwar genügt – dies ist Rosien[6] zuzugeben – zu einer Schadenszufügung im Sinne von § 826 BGB „jede nachteilige Einwirkung auf die Vermögenslage in ihrer Gesamtheit, auch die Beeinträchtigung einer bloß tatsächlichen Erwerbsaussicht“[7].

Im vorliegenden Zusammenhang muß jedoch berücksichtigt werden, daß der Vormerkungsberechtigte – ebenso wie der Auflassungsempfänger, der den Eintragungsantrag selbst gestellt hat[8] – nur obligatorisch Berechtigter ist und damit keinerlei Herrschaftsbefugnisse in Ansehung des vormerkungsbetroffenen Grundstücks innehat[9]: D.h. im Vermögen des Vormerkungsberechtigten befindet sich nicht mehr und nicht weniger als der vormerkungsgesicherte schuldrechtliche Anspruch auf Eigentumsverschaffung, der durch faktische Einwirkungen des Dritterwerbers – wie auch sonstiger Dritter – nicht beeinträchtigt wird[10]. Daher stehen dem Vormerkungsberechtigten wegen faktischer Einwirkungen weder gegenüber dem Dritterwerber noch gegenüber sonstigen Dritten Ansprüche aus § 826 BGB zu[11].

---

[6] A.a.O. (S. 205), Fn. 36.

[7] RG, Urt. v. 11.1.1912 – Rep. VI. 442/11 (Berlin) = RGZ 79, 55, 58; RG, Urt. v. 25.6.1925 – IV 39/25 (Hamburg) = RGZ 111, 151, 156; OLG Saarbrücken, Urt. v. 7.1.1987 – 1 U 165 / 84 = NJW-RR 1987, 500; MünchKomm²-*Mertens*, § 826 Rn. 71 m.w.N.

[8] S. hierzu o. S. 40 f.

[9] S. hierzu o. S. 71.

[10] Und da der Vormerkungsberechtigte seinen Eigentumsverschaffungsanspruch kraft der §§ 883 Abs. 2, 888 Abs. 1 BGB auch im Falle des erfolgten „Doppelverkaufs“ (zu der Frage, unter welchen Voraussetzungen der Fall des „Doppelverkaufs“ unter dem Gesichtspunkt der sittenwidrigen „Verletzung von Vertragsrechten Dritter“ unter § 826 BGB subsumiert werden kann, s. etwa Palandt⁵⁶-*Thomas*, § 826 Rn. 52 m.w.N.) durchsetzen kann, ist selbst hinsichtlich der „rechtlichen Beeinträchtigung“ bei vormerkungswidrigem Rechtserwerb mangels Schadens des Vormerkungsberechtigten kein Anspruch aus § 826 BGB gegeben; vgl. *Rosien*, a.a.O. (S. 203 f.).

[11] Lediglich für den Fall, daß der Vormerkungsberechtigte bereits Besitzer des Grundstücks sein sollte, kann er sich unter dem Aspekt des berechtigten Besitzes auf den Schutz des § 823 Abs. 1 BGB bzw. des § 826 BGB berufen (vgl. hierzu o. S. 41 Fn. 126 mit S. 46).

Teil VI

Unterlassungs- und Beseitigungsansprüche des Vormerkungsberechtigten?

Diejenigen Autoren, welche dem Vormerkungsberechtigten gegenüber dem Dritterwerber „Eingriffsschutz" gemäß § 823 Abs. 1 BGB gewähren, billigen ihm gegenüber faktischen Einwirkungen des Dritterwerbers auch Unterlassungs- und Beseitigungsansprüche gemäß § 1004 Abs. 1 BGB analog zu[1]. Gegenüber sonstigen Dritten hingegen sollen sich keine Ansprüche aus § 1004 Abs. 1 BGB, sondern vielmehr – wie oben bereits erwähnt – Ansprüche aus § 869 BGB analog ergeben[2].

Wacke, welcher den Vormerkungsberechtigten gegenüber dem Dritterwerber nach §§ 989, 990 BGB schützen möchte, will diesem auch Ansprüche gegen dem Dritterwerber analog §§ 1004 Abs. 1, 1134 BGB zubilligen[3]. Gegenüber Einwirkungen durch sonstige Dritte sind Wacke[4] zufolge dem Vormerkungsberechtigten „bei Gefährdung seines Anspruchs" lediglich Unterlassungsansprüche analog § 1134 Abs. 1 BGB[5], „bei gegen den Eigentümer gerichteter Besitzentziehung oder Besitzstörung auch die Klagerechte aus § 869" zu gewähren[6].

---

[1] So *Canaris*, FS Flume, S. 384 ff.; Jauernig-*Jauernig*, § 888 Anm. 4; Soergel[12]-*Stürner*, § 883 Rn. 2, 29; *Baur/Stürner*, § 20 IV 1 e) (S. 200); *Hager*, JuS 1990, 437; *Larenz / Canaris*, SchuldR II / 2 § 76 II 4 h) (S. 399); *Tiedtke*, Jura 1981, 366. Einschränkend Palandt[56]-*Bassenge*, § 888 Rn. 9 (nach Fälligkeit des Auflassungs- und Zustimmungsanspruchs); *Trapp*, S. 37 (bei „erheblichen tatsächlichen Einwirkungen"). – Auch *Prinz*, S. 247, 250, der von einem über § 823 Abs. 1 BGB geschützten Anwartschaftsrecht des vormerkungsgesicherten Auflassungsempfängers ausgeht, will § 1004 Abs. 1 BGB zur Abwehr von Störungen des Dritterwerbers oder sonstiger Dritter anwenden. Ein Anwartschaftsrecht des vormerkungsgeschützten Auflassungsempfängers wurde jedoch oben bereits abgelehnt (s. o. S. 43 ff.).

[2] S. die Nachw. o. S. 69 Fn. 57. *Hager*, a.a.O., 437 Fn. 141, will nicht nur § 869 BGB, sondern auch § 1134 BGB analog anwenden. Dies sei „insbesondere eine Vorkehrung gegen Untätigbleiben des vormerkungswidrigen Dritterwerbers den Schädigern gegenüber". – *Trapp*, a.a.O., hingegen will § 1004 BGB ohne personelle Differenzierung – d.h. auch gegenüber sonstigen Dritten – anwenden.

[3] MünchKomm[2]-*Wacke*, § 888 Rn. 17 (vgl. o. S. 58).

[4] A.a.O.

[5] Zustimmend, obwohl Vertreter der deliktsrechtlichen Lösung (vgl. o. S. 60 Fn. 1): AK-*B. v. Schweinitz*, § 888 Rn. 19 (§§ 1004, 1134 BGB analog).

Gegen Unterlassungs- und Beseitigungsansprüche des Vormerkungsberechtigten, dem vom Veräußerer noch kein Besitz am vormerkungsbetroffenen Grundstücks eingeräumt wurde[7], spricht jedoch zum einen, daß die Rechtsstellung des Vormerkungsberechtigten kein „sonstiges Recht“ im Sinne von § 823 Abs. 1 BGB darstellt[8]; zum anderen, daß es dieser Rechtsstellung an „positiven Zuweisungsgehalten“, d.h. an Herrschaftsbefugnissen in bezug auf das betroffene Grundstück, fehlt, welche „nach außen durch einen absoluten Klageschutz zu gewährleisten wären“[9].

---

[6] *Wilhelm*, SachenR, Rn. 1215, der – wie *Wacke* – ebenfalls die §§ 989, 990 BGB zugunsten des Vormerkungsberechtigten anwenden will, spricht sich hingegen lediglich für einen Anspruch aus § 1004 BGB im Verhältnis Vormerkungsberechtigter – Dritterwerber aus.

[7] Anderenfalls könnte der Vormerkungsberechtigte auf die Besitzschutzvorschriften der §§ 861 ff. BGB zurückgreifen (vgl. o. S. 46 Fn. 153).

[8] *Rosien*, § 15 (S. 190). – Zum Zusammenhang zwischen Deliktsschutz nach § 823 Abs. 1 BGB und Schutz über § 1004 BGB s. Palandt[56]-*Bassenge*, § 1004 Rn. 2.

[9] *Rosien*, nach § 19, VIII (S. 231). Weitere Argumente bei *Rosien*, § 11 B IV 2 c) (S. 125), §§ 15–17 (S. 189 ff.). – *Rosien*, § 18 IV (S. 205), will allerdings in den Ausnahmefällen, in denen seiner Auffassung nach gegen den Dritterwerber § 826 BGB zur Anwendung kommt (s. hierzu o. S. 73), dem Vormerkungsberechtigten „quasinegatorische Beseitigungs- und Unterlassungsansprüche gegen den Dritterwerber“ einräumen (vgl. §§ 1004, 826 BGB); ebenso bereits (für Unterlassungsansprüche) OLG München NJW 1963, 301, 303 (dingliches Vorkaufsrecht). Ansprüche des Vormerkungsberechtigten aus § 826 BGB gegen den Dritterwerber wurden jedoch oben bereits abgelehnt (s.o. S. 74). – Gegen Unterlassungs- und Beseitigungsansprüche im übrigen auch OLG München, a.a.O.; RGRK-*Augustin*, § 883 Rn. 83, § 888 Rn. 1; Staudinger[13]-*Gursky*, § 888 Rn. 62; *Biermann*, Widerspruch und Vormerkung, § 20 V (S. 196); *Knöpfle*, JuS 1981, 162 Fn. 65; *Paulus*, Verfügungsverbot, § 2 IV (S. 85 ff.); *Rimmelspacher*, KreditsicherungsR, Rn. 566; *Rottenfußer*, S. 52; *U. Weber*, § 12 (S. 114 f.). – Insbesondere gegen eine Anwendbarkeit von §§ 1133–1135 BGB auf die Hypothekenvormerkung Palandt[56]-*Bassenge*, § 1135 Rn. 1; Staudinger[13]-*Wolfsteiner*, § 1134 Rn. 13 mit § 1133 Rn. 8; *H. Heinrich*, § 7 (S. 154 f., 156); *Philipsen*, § 11II (S. 69); *Predari*, § 8 IV 2 B (S. 112); *Prinz*, S. 245 Fn. 29; *U. Weber*, a.a.O. – A.A. *Fuchs*, GrundbR, § 883 Anm. 9 bb) α) (S. 115), der die Hypothekenvormerkung als bedingte Hypothek ansieht und dem zufolge „der Vorgemerkte auch ohne formelle Umschreibung zur Gefährdungsklage aus § 1133 … legitimirt ist, wofern er nur sein materielles Recht zur Sache darthut“. Gegen die Auffassung von der Vormerkung als bedingtem dinglichem Vollrecht jedoch bereits o. S. 34 ff.

Teil VII

Schutz des Vormerkungsberechtigten aus dem Vertragsverhältnis mit dem Vormerkungsverpflichteten

Kapitel 1

Schutz über Leistungsstörungs- bzw. Sachmängelgewährleistungsansprüche

Es ist nach alledem der verbreiteten ablehnenden Auffassung zu folgen, nach welcher dem Vormerkungsberechtigten wegen tatsächlicher Einwirkungen auf das Grundstück Schadensersatz-, Beseitigungs- oder Unterlassungsansprüche weder gegen den Dritterwerber noch gegen außenstehende Dritte zustehen[1] – ohne allerdings gleichzeitig mit dieser Auffassung eine Ausnahme von diesem Grundsatz in Ansehung eventueller Ansprüche gegen den Dritterwerber aus § 826 BGB bzw. §§ 1004, 826 BGB anzunehmen[2].

Die ablehnende Auffassung rechtfertigt sich nicht zuletzt daraus, daß der Vormerkungsberechtigte trotz der gesicherten Aussicht auf Befriedigung nach wie vor lediglich obligatorisch Berechtigter ist und stellt damit nichts anderes dar als „eine Konsequenz des Trennungsprinzips, das nun einmal unser Vermögensrecht weitgehend beherrscht"[3]. Der Vormerkungsberechtigte ist daher auf seine Leistungsstörungs- bzw. Sachmängelgewährleistungsansprüche aus dem Vertragsverhältnis mit seinem Schuldner zu verweisen[4]. Bei einer Auf-

[1] OLG München, Beschl. v. 15.11.1962 – 3 W 1437/62 = NJW 1963, 301, 303 (dingliches Vorkaufsrecht); RGRK-*Augustin*, § 883 Rn. 83; Staudinger[13]-*Gursky*, § 888 Rn. 61; *Knöpfle*, JuS 1981, 162 Fn. 65; *Kohler*, NJW 1984, 2857; *Paulus*, Verfügungsverbot, § 2 IV (S. 84 ff.); *ders.*, JZ 1993, 555 ff.; *Prinz*, S. 243; *Rimmelspacher*, Rn. 566; *Rosien*, §§ 10 ff. (S. 87 ff.) (hier insbes. § 18 [S. 197 ff.]); *Rottenfußer*, S. 52; *Sekler*, § 19 II (S. 212 ff.); *Turnau/Förster*, § 883 Anm. II 4 m (S. 167); *U. Weber*, § 10 II (S. 92 f.), § 12 (S. 114 f.).

[2] S. hierzu o. S. 73 f.

[3] *Paulus*, JZ 1993, 555 f.

[4] S. die Nachw. o. Fn. 1 (auf dieser Seite) sowie zusätzlich *Rosien*, § 18 II (S. 198 ff.). – *Paulus*, JZ 1993, 558, weist zu Recht darauf hin, daß bei vormerkungsgesicherten Auflassungsansprüchen, die mit einer Bedingung verknüpft sind (vgl. § 883 Abs. 1 Satz 2

lassungsvormerkung etwa, die einen Eigentumsverschaffungsanspruch aus Kaufvertrag sichert, stellen faktische Einwirkungen auf Substanz, wesentliche Bestandteile (§ 94 Abs. 1 Satz 1 BGB) sowie Zubehör (vgl. § 314 BGB) des Grundstücks Sachmängel dar, wenn sie eine Fehlerhaftigkeit des Kaufobjekts im Sinne des § 459 Abs. 1 BGB zur Folge haben[5].

Die Sachmängelgewährleistungsansprüche verdrängen allerdings erst ab Gefahrübergang – etwa mit Übergabe des Grundstücks (§ 446 Abs. 1 Satz 1 BGB) – grundsätzlich „als besondere und abschließende Regelung" die Vorschriften des allgemeinen Leistungsstörungsrechts[6]: Dies „entspricht der Regelung in § 459 I 1 BGB, denn danach entsteht ein Gewährleistungsanspruch erst mit Gefahrübergang"[7]. Für die Zeit vor Gefahrübergang können daher

---

BGB), auch ein Schutz gegenüber dem Schuldner über § 160 BGB möglich ist (s. bereits o. S. 37 Fn. 105). – Im Falle einer gutgläubig erworbenen Vormerkung (zum gutgläubigen Vormerkungserwerb s. etwa *Prinz*, S. 35 ff.; *Rottenfußer*, S. 12 ff., jeweils m.w.N.) bleibt der Vormerkungsberechtigte auf seine vertraglichen Ansprüche gegen den im Grundbuch als Eigentümer eingetragenen nichtberechtigten Grundstücksveräußerer beschränkt. Denn der wahre Grundstückseigentümer ist in das Vertragsverhältnis zwischen dem Veräußerer und dem Vormerkungsberechtigten nicht einbezogen. Zu der Problematik s. *Prinz*, S. 96 f., 238 ff., 248 ff., der allerdings den abzulehnenden Standpunkt vertritt, daß der vormerkungsgesicherte Auflassungsempfänger deliktisch geschützter Anwartschaftsberechtigter sei (vgl. *Prinz*, S. 247). – Entspringt der vormerkungsgesicherte Anspruch keinem Kaufvertrag, sondern einem anderen, eventuell gar gesetzlichen Schuldverhältnis (Beispiele bei *Rosien*, § 18 II [S. 199]), so richten sich die Ansprüche des Vormerkungsberechtigten gegen den Schuldner nach den „entsprechenden vertraglichen oder gesetzlichen Abwicklungsmodalitäten"; *Rosien*, § 18 II (S. 200). Hier kommen daher – wie *Rosien* dargelegt hat – u.a. auch Schadensersatzansprüche aus §§ 347 Satz 1, 989 BGB sowie aus §§ 812 Abs. 1 Satz 1, 819 Abs. 1, 292 Abs. 1, 989 BGB in Betracht; *Rosien*, a.a.O.

[5] *Rosien*, a.a.O. (S. 198). Vgl. auch BGH, Urt. v. 8.3.1991 – V ZR 351/89 (Köln) = BGHZ 114, 34, 36; OLG Hamm, Urt. v. 10.12.1992 – 22 U 74/92 = NJW-RR 1993, 1366 f.; *Ehmann/Rust*, Jura 1996, 248; *Emmerich*, JuS 1995, 934 (Brandschäden an Gebäuden). Für die Sachmängelgewährleistungsansprüche kommt es hierbei nicht darauf an, ob die Einwirkungen von dem Schuldner selbst, einem Dritterwerber oder einem sonstigen Dritten vorgenommen wurden; *Rosien*, a.a.O. (S. 199).

[6] BGHZ 114, 34, 36 f. m. umfangr. Nachw. früherer Entsch.; Erman-*Grunewald*, Vor § 459 Rn. 15; Jauernig-*Vollkommer*, § 459 Anm. IV 1; RGRK-*Mezger*, § 459 Rn. 29; *Emmerich*, a.a.O.; *Lobinger*, JuS 1993, 453 ff.; *Paulus*, JZ 1993, 558 (von *Tiedtke*, NJW 1995, 3082 als „*Ausgestaltung* der Erfüllungstheorie" [zu dieser s. nächste Fn.] bezeichnet). Differenzierend jüngst *Th. Pfeiffer*, LM § 323 BGB Nr. 11 (Bl. 3), der in diesem Zusammenhang zwischen Beschädigung (hier: §§ 459 ff. BGB) und (teilweiser) Zerstörung der Kaufsache (hier: §§ 320 ff. BGB) unterscheiden will, auf diese Weise jedoch im Einzelfall zu erheblichen Abgrenzungsproblemen gelangt, da die Grenze zwischen Beschädigung und (teilweiser) Zerstörung „fließend" (vgl. Soergel[12]-*Huber*, Vor § 459 Rn. 249; *Eckardt*, BB 1994, 1949) ist. Überhaupt wird von *Th. Pfeiffer* der „Zusammenhang von Teilunmöglichkeit und Sachmangelhaftigkeit" verkannt; *Ehmann/Rust*, a.a.O., 248 Fn. 12.

[7] BGH, a.a.O. – Daher sind die teilweise vertretenen Auffassungen abzulehnen, denen zufolge der Weg zur Anwendung der allgemeinen Vorschriften über die Leistungsstörungen bereits von Anfang an versperrt ist: Die eine dieser Auffassungen geht davon aus, daß die Gewährleistungsansprüche bereits in dem Augenblick entstünden, in dem die Mängel

die Rechtsfolgen einer Leistungsstörung grundsätzlich aus den allgemeinen Bestimmungen der §§ 320 ff. BGB hergeleitet werden[8]. Wird dem Grundstücksverkäufer daher vor Gefahrübergang die Vertragserfüllung etwa deswegen teilweise unmöglich, weil das als wesentlicher Bestandteil des Grundstücks (§ 94 Abs. 1 Satz 1 BGB) mitverkaufte Gebäude durch einen Brand, den weder er noch der andere Teil zu vertreten hat, zerstört worden ist, so kann der Käufer die Rechte aus § 323 BGB geltend machen – d.h. insbesondere auch die Rechte aus § 323 Abs. 2 BGB i.V.m. § 281 BGB analog[9]. § 281 BGB ist jedoch auch dann entsprechend anwendbar, wenn der Schuld-

---

vorlägen, jedoch grundsätzlich erst mit Gefahrübergang geltend gemacht werden könnten (sog. „(Nicht-)Erfüllungstheorie"); OLG Hamm, NJW-RR 1993, 1366; Palandt[56]-*Putzo*, Vorbem. v. § 459 Rn. 3; Soergel[12]-*Huber*, Vor § 459 Rn. 184; *Reinicke/Tiedtke*, KaufR, S. 220, 207; *Tiedtke*, NJW 1992, 3213; *ders.*, NJW 1995, 3083. – Die andere Auffassung hingegen stützt sich darauf, daß der Verkäufer beim Spezieskauf keineswegs zu mangelfreier Lieferung der Kaufsache verpflichtet sei (sog. „Gewährleistungstheorie"); *Esser/Weyers*, § 5 I 1 a) (S. 31); *Giesen*, Jura 1993, 368; *Köhler*, JA 1982, 161; *Larenz*, SchuldR II / 1, § 41 II e) (S. 66 ff.); zustimmend *Rosien*, § 18 II (S. 198 f.); positiv hierzu auch Staudinger[13]-*Honsell*, Vorbem. zu §§ 459 ff. Rn. 10. Ablehnend zu Recht *Ehmann/Rust*, a.a.O., 248 f., da „die Annahme einer Pflicht zur mangelfreien Leistung den tatsächlichen Parteiwillen berücksichtigt".

[8] BGH, Urt. v. 10.3.1995 – V ZR 7/94 (Hamm) = BGHZ 129, 103, 106 f. m.w.N.; *Emmerich*, JuS 1995, 934; *Paulus*, JZ 1993, 558; differenzierend *Schaper/Kandelhard*, NJW 1997, 842. – Kann der Verkäufer den Sachmangel nicht beheben oder verweigert er dessen Beseitigung, so kann der Käufer die Gewährleistungsrechte ausnahmsweise bereits vor Gefahrübergang geltend machen. Da diese Ausnahme zugunsten des Käufers eingreift, kann er auch für die Vorschriften des allgemeinen Leistungsstörungsrechts optieren, sollten ihn diese besser stellen; BGH, a.a.O., m.w.N.

[9] Vgl. BGH, a.a.O., sowie *Paulus*, a.a.O. (mit Fn. 15), der – wie der BGH – von einer unmittelbaren Anwendung von § 281 BGB in den Fällen teilweiser Unmöglichkeit ausgeht und dies damit rechtfertigen will, daß diese Norm „auch auf § 280 BGB Bezug nimmt – und damit auf dessen Regelung der teilweisen Unmöglichkeit". Zwar geht der BGH mit der Annahme von Teilunmöglichkeit „richtigerweise davon aus, daß eine Leistungspflicht zur sachmangelfreien Eigentumsverschaffung besteht"; *Ehmann/Rust*, a.a.O., 248 mit Fn. 8. Korrekter erscheint es jedoch, angesichts des Wortlauts des § 281 Abs. 1 BGB („... welcher die Leistung unmöglich macht, ...") von einer analogen Anwendung von § 281 BGB (i.V.m. § 323 Abs. 2 BGB) auszugehen, wenn der Kaufgegenstand nicht völlig zerstört, sondern nur beschädigt wurde – etwa wenn lediglich das einen wesentlichen Bestandteil des Grundstücks darstellende Gebäude von einem Brand betroffen war; vgl. *Eckardt*, BB 1994, 1949, sowie Soergel[12]-*Huber*, Vor § 459 Rn. 251 mit Rn. 249; Staudinger[13]-*Honsell*, Vorbem. zu §§ 459 ff. Rn. 21; *Sieg*, VersR 1995, 126 Fn. 15. Die analoge Anwendung von § 281 BGB findet ihre Rechtfertigung darin, daß es „keinen Unterschied machen sollte, ob die Sache ganz oder teilweise zerstört ist" (*Honsell*, a.a.O.), da „der Übergang von der Beschädigung zur Zerstörung fließend ist"; vgl. *Eckardt*, a.a.O., der deswegen in ergänzender Vertragsauslegung (vgl. hierzu u. S. 81 Fn. 18) einen Verpflichtungswillen der Parteien zur Anwendbarkeit des § 281 BGB auch bei bloß teilweiser Zerstörung (Beschädigung) der Kaufsache) annimmt. – Auf die Möglichkeit eines Schutzes des Vormerkungsberechtigten über § 281 BGB weisen neben *Paulus*, a.a.O., 558 f., auch *Rimmelspacher*, WuB IV A. § 883 BGB 2.86 (S. 999 f.); *ders.*, KreditsicherungsR, Rn. 566, sowie *Rosien*, § 11 B VI 3 c) dd) (2) (d) (S. 167 f.), § 14 (S. 187), § 19 VI (S. 219), hin.

ner die teilweise Unmöglichkeit zu vertreten hat (§§ 325 Abs. 1 Satz 3, 323 Abs. 2, 281 BGB)[10].

Ob § 281 BGB auch dann analoge Anwendung findet, wenn nach erfolgter faktischer Einwirkung Gefahrübergang erfolgt ist, ist umstritten[11]. Der BGH ließ die Frage in seinem Urteil vom 8. März 1991 offen, äußerte jedoch gleichzeitig folgende Bedenken: „Im Grunde ist auch der aus § 281 BGB folgende Anspruch auf das sogenannte stellvertretende commodum ein aus den allgemeinen Bestimmungen über die Leistungsstörung ... hergeleiteter Anspruch, von dem nach der bisherigen Rechtsprechung des Bundesgerichtshofes zweifelhaft wäre, ob er neben den Regeln über die Sachmängelgewährleistung überhaupt zum Zuge kommen kann“[12]. Auf den Grundsatz der Spezialität der §§ 459 ff. BGB stellt denn auch die Auffassung entscheidend ab, welche § 281 BGB nach Gefahrübergang für nicht mehr anwendbar hält[13].

---

[10] Vgl. BGH, Urt. v. 21.5.1987 – IX ZR 77/86 (Celle) = WM 1987, 986, 988, sowie BGH, Urt. v. 4.3.1955 – V ZR 56/54 (Celle) = LM § 281 BGB Nr. 1 (Bl. 1). – Der Anspruch aus § 281 BGB umfaßt das stellvertretende commodum auch dann, „wenn es den Wert der unmöglich gewordenen Gegenleistung übersteigt“; s. nur *Ehmann/Rust*, a.a.O., 250 m. umfangr. Nachw.

[11] Für den Fall hingegen, daß das auf einem verkauften Grundstück stehende Gebäude nach Gefahrübergang durch Brand zerstört wurde (weswegen kein Sachmangel im Sinne der §§ 459 ff. BGB vorlag; *Eckardt*, BB 1994, 1949 Fn. 34) und der Käufer im Zeitpunkt des Brandes den Kaufpreis noch nicht bezahlt hatte, bejahte der BGH (LM § 281 BGB Nr. 1 [Bl. 1]) zu Recht in Ansehung der Feuerversicherungssumme die Anwendbarkeit von § 281 BGB: „Der Anspruch aus § 281 BGB wird ... nicht dadurch berührt, daß bereits vor dem Brand die Gefahr auf die Klägerin übergegangen ist, weil es für die Anwendung des § 281 BGB unerheblich ist, ob der Gläubiger oder der Schuldner die Unmöglichkeit der Leistung zu vertreten hat. Wenn der Gläubiger die Gefahr zu tragen hat, so muß ihm auch der Gewinn zufallen, der als Ersatz an die Stelle der unmöglich gewordenen Leistung getreten ist“. Zur Problematik des „versicherungsfähigen Interesses“ nach Gefahrübergang auf den Käufer s. *Eckardt*, a.a.O., 1947 m. umfangr. Nachw. zu den hierzu vertretenen Auffassungen. – Zu dem Fall, daß eine der Parteien des Kaufvertrages die nach Gefahrübergang eingetretene Verschlechterung der Kaufsache zu vertreten hat, s. auch *Brox*, JuS 1975, 8; *Emmerich*, BGB-SchuldR, § 5 Rn. 10 (S. 51).

[12] BGH, Urt. v. 8.3.1991 – V ZR 351/89 (Köln) = BGHZ 114, 34, 37.

[13] So ausdrücklich OLG Hamm, a.a.O. (offengelassen allerdings für den Fall des Gewährleistungsausschlusses, welcher – unter Hinweis auf einen dahingehenden Parteiwillen – für Staudinger[13]-*Löwisch*, § 281 Rn. 9; *Tiedtke*, NJW 1992, 3214 f.; *ders.*, NJW 1995, 3085; *Reinicke/Tiedtke*, KaufR, S. 222 f., den einzigen Anwendungsfall von § 281 BGB (analog) darstellt; ähnlich *Paulus*, JZ 1993, 559: Der Spezialitätsgrundsatz halte für diesen „exzeptionellen Fall“ „keine bzw. nur eine höchst ungerechte Lösung bereit“; zu dieser Problematik s.u. S. 82 ff.); Erman-*Grunewald*, Vor § 459 Rn. 15; Palandt[56]-*Heinrichs*, § 281 Rn. 2, sowie *Wiedemann*, EWiR § 281 BGB 1/91 (S. 544).

Für die Gegenauffassung, welche § 281 BGB gleichwohl anwenden will[14], sprechen jedoch die besseren Gründe: Eckardt weist zu Recht darauf hin, daß sich der Spezialitätsgrundsatz vor allem daraus rechtfertigt, daß „die in den §§ 459 ff. BGB statuierten Einschränkungen, denen vor allem der Käufer bei der Geltendmachung von Sachmängeln unterworfen ist, nicht dadurch sollen unterlaufen werden können, daß die solche Einschränkungen nicht enthaltenden allgemeinen Vorschriften zur Anwendung gelangen“[15]. Der Anspruch aus § 281 BGB ist jedoch „im Unterschied zu den Rechten aus §§ 320 ff. BGB den Gewährleistungsrechten nicht *funktionsäquivalent*“[16]: „Zwar knüpft auch der Surrogatsherausgabeanspruch an die nicht vertragsmäßige Erfüllung an. Er bezweckt jedoch anders als die Ansprüche nach §§ 320 ff., 459 ff. BGB, nicht den Ausgleich der beim *Käufer* eingetretenen Vermögensminderung (durch Entfallen bzw. Herabsetzung der Gegenleistung und Ersatz der darüber hinausgehenden Schäden), sondern die Abschöpfung eines dem *Verkäufer* nach der vertraglichen Zuweisung unberechtigt zugefallenen Vermögensvorteils.“[17] Der Vorschrift des § 281 BGB kommt damit eine „bereicherungsrechtliche Ordnungsfunktion“ zu[18].

---

[14] Jauernig-*Vollkommer*, § 446 Anm. 1a; MünchKomm[3]-*Emmerich*, § 281 Rn. 7; Soergel[12]-*Huber*, Vor § 459 Rn. 251 (§§ 323 Abs. 2 i.V.m. § 281 BGB analog); Staudinger[13]-*Honsell*, Vorbem. zu §§ 459 ff. Rn. 20 f. (§§ 323 Abs. 2, 281 BGB analog); *Crome* II 1, § 220 α 5 (S. 448) Fn. 33 (§§ 281, 323 Abs. 2, 325 BGB); *Eckardt*, BB 1994, 1949 ff. (§ 281 BGB analog); *Kisch*, § 19, 4 I (S. 195) (§§ 281, 323 Abs. 2 BGB); *Lobinger*, JuS 1993, 455 ff.; *Oertmann*, BGB, Vorbem. § 459 Anm. 2 d) δδ) (S. 587); *Sieg*, VersR 1995, 126; *Schaper/Kandelhard*, NJW 1997, 840; *Teichmann / Beck*, JZ 1996, 104. Ebenso offenbar auch *Rosien*, § 18 II (S. 199) Fn. 5.

[15] *Eckardt*, a.a.O., 1950, unter Hinweis auf „die Regelungen der §§ 460, 464, 477 BGB, die regelmäßige Beschränkung auf Wandelung und Minderung oder die etwa vertraglich vereinbarte Freistellung des Verkäufers von der Gewährleistung“.

[16] *Eckardt*, a.a.O., 1951.

[17] *Eckardt*, a.a.O.; ebenso *Ehmann/Rust*, Jura 1996, 250.

[18] *Lobinger*, JuS 1993, 455 ff. Die Kritik *Wieczoreks*, § 4, 2.) (S. 60 f.), am Gedanken einer bereicherungsrechtlichen Zweckbestimmung des § 281 BGB setzt sich mit den etwa von *Eckardt*, a.a.O., vorgebrachten Argumenten nicht hinreichend auseinander. Wenn *Wieczorek*, § 4, 7.) (S. 67 f.), seinerseits § 281 BGB als „Ergänzungsvorschrift“ ansieht, welche „einen gesetzlich geregelten Fall einer verhaltenen Novation“ enthalte und „gleichzeitig als Ausdruck einer ‚vertraglichen Naturalrestitution‘ “ fungiere, so mißt er der Vorschrift eine Bedeutung bei, welche ihr bereits vom Wortlaut und Entstehungsgeschichte her nicht zukommt. *Tiedtke*, NJW 1992, 3214, weist zu Recht darauf hin, daß die Vorschrift des § 281 BGB bereits von ihrer Entstehungsgeschichte her eine Billigkeitsnorm darstellt (vgl. Prot. [1. Komm.], S. 1162 bei *Jakobs/Schubert*, SchuldR I, S. 214 [zu § 11 Abs. 2 TE-OR (Vorlage Nr. 22)]; Mot. II, S. 46; *Mugdan* II, S. 25 [zu § 238 E I]) und – jedenfalls bei vertraglichem Grundverhältnis – einen Fall „gesetzlich geregelter ergänzender Vertragsauslegung“ beinhaltet; s. BGH, Urt. v. 19.6.1957 – IV ZR 214/56 (Stuttgart) = BGHZ 25, 1, 9; BGH, Urt. v. 30.1.1987 – V ZR 32/86 (Celle) = BGHZ 99, 385, 388; *Eckardt*, BB 1994, 1949. Zu anderen zur Zweckbestimmung des § 281 BGB vertretenen Auffassungen hingegen zu Recht ablehnend *Wieczorek*, § 4, 2.) ff. (S. 60 ff.). – Der Anspruch aus § 281 BGB unterliegt grundsätzlich der gleichen Verjährungsfrist wie der ver-

Kapitel 2

Das Problem des Gewährleistungsausschlusses

Der Schutz des Vormerkungsberechtigten aus dem Vertragsverhältnis mit seinem Schuldner könnte jedoch entfallen, wenn – wie etwa in dem der Entscheidung des BGH vom 5. April 1991 zugrundeliegenden Fall[19] – ein Gewährleistungsausschluß vereinbart wurde und nach erfolgter faktischer Einwirkung mittlerweile Gefahrübergang (§ 446 BGB) eingetreten ist. Denn in letzter Konsequenz hätte ein Gewährleistungsausschluß zur Folge, daß nach erfolgtem Gefahrübergang einerseits der Käufer den vollen Kaufpreis für das beeinträchtigte Grundstück zu entrichten hätte[20], andererseits der Schädiger

tragliche Erfüllungsanspruch, an dessen Stelle er getreten ist; BGH, Urt. v. 10.2.1988 – IV a ZR 249/86 (Braunschweig) = NJW-RR 1988, 902, 904; MünchKomm[3]-*Emmerich*, § 281 Rn. 28; *Eckardt*, a.a.O. m.w.N. Denn er beruht „auf dem ursprünglichen Schuldverhältnis und bildet nur einen Ersatzwert für das ursprünglich Bedungene"; BGH, a.a.O. – In seinem Urteil vom 8.3.1991 konnte der BGH – wie bereits erwähnt (s.o. S. 80) – die Frage offen lassen, ob im Hinblick auf vor Gefahrübergang eingetretene Beschädigungen auch nach Gefahrübergang § 281 BGB zu (entsprechender) Anwendung gelange. Denn er vertrat die Auffassung, daß ein hieraus resultierender Anspruch jedenfalls in entsprechender Anwendung des § 477 Abs. 1 Satz 1 BGB verjähre; BGH, Urt. v. 8.3.1991 – V ZR 351/89 (Köln) = BGHZ 114, 34, 37. Dies begründete der BGH damit, daß ein derartiger Surrogatsanspruch „der Sache nach ... ein mangelbedingter Gewährleistungsanspruch" wäre, da er „mit dem Mangel der Kaufsache zusammenhängt und nur soweit reichen könnte, als er zum Ausgleich des Mangels erforderlich wäre"; BGH, a.a.O., 37. Für eine entsprechende Anwendung von § 477 Abs. 1 Satz 1 BGB sprechen sich auch Erman-*Grunewald*, Vor § 459 Rn. 15; Palandt[56]-*Putzo*, § 477 Rn. 4; Soergel[12]-*Huber*, Vor § 459 Rn. 193; Staudinger[13]-*Löwisch*, § 281 Rn. 9; Staudinger[13]-*Honsell*, Vorbem. zu §§ 459 ff. Rn. 21; *Ehmann/Rust*, a.a.O., 251 f.; *Reinicke/Tiedtke*, a.a.O., S. 223; *Wiedemann*, EWiR § 281 BGB 1/91 (S. 544), aus. – Hiergegen wenden sich zu Recht MünchKomm[3]-*Emmerich*, § 281 Rn. 7; *Eckardt*, a.a.O., 1951 ff.; *Lobinger*, JuS 1993, 458 f., sowie *Schaper/Kandelhard*, NJW 1997, 840 Fn. 22: Zum einen ist der Anspruch aus § 281 BGB „ein Anspruch auf Abschöpfung einer nach der vertraglichen Güterzuweisung unberechtigten Bereicherung und deshalb auch ‚der Sache nach' gerade kein Gewährleistungsanspruch"; *Eckardt*, a.a.O., 1953; *Lobinger*, a.a.O., 458. Zum anderen wird eine analoge Anwendung von § 477 Abs. 1 Satz 1BGB auch nicht durch die ratio dieser Vorschrift gefordert; s. hierzu ausführlich *Eckardt*, a.a.O., 1951 f.; *Lobinger*, a.a.O., 458 f., die sich hierbei – anders als *Ehmann/Rust*, a.a.O., 252, im Falle *Lobingers* annehmen – keineswegs „letztlich im allgemeinen gegen die Norm des § 477 BGB" wenden.

[19] Vgl. o. S. 19.

[20] Unzutreffend ist die teilweise vertretene Auffassung, man werde „Gewährleistungsausschlußklauseln im Regelfall dahin auszulegen haben, daß ein erst nach Vertragsschluß entstandener Mangel nicht erfaßt wird"; so aber *Eckardt*, BB 1994, 1947 ff.; ebenso OLG Hamm, Urt. v. 10.12.1992 – 22 U 74/92 = NJW-RR 1993, 1366, 1367; Soergel[12]-*Huber*, Vor § 459 Rn. 251, § 459 Rn. 223; *Teichmann/Beck*, JZ 1996, 104. – *Tiedtke*, NJW 1995, 3084 (zustimmend *Ehmann/Rust*, a.a.O., 251 Fn. 45), entgegnet hierauf zu Recht, daß sich der Verkäufer vollumfänglich freizeichnen will: „Er will so stehen, wie er stünde, wenn die Sache bei Gefahrübergang fehlerfrei wäre. Das ist für den Käufer auch erkennbar." Unzutreffend ist es jedoch, wenn *Tiedtke*, a.a.O. (ebenso *Reinicke/Tiedtke*, KaufR, S. 223,

aber den Schaden nicht zu ersetzen brauchte, da der anspruchsberechtigte Verkäufer den vollen Sachwert in Gestalt des Kaufpreises erhielte[21].

Das Problem liegt also darin, „dieses untragbare Ergebnis dadurch zu vermeiden, daß der Schädiger zur Zahlung verpflichtet wird und die gezahlte Summe dem Vormerkungsberechtigten zukommt“[22]. Selb schlägt zur Lösung des Problems des BGH-Falles die Anwendung der Grundsätze über die Drittschadensliquidation vor: „Denn der als Eigentümer legitimierte Veräußerer hatte hier kein eigenes Interesse mehr, da er die Gefahr für den Schaden nicht mehr trug, sein eigenes Interesse mit dem Erhalt des Kaufpreises verschwunden war. Es war zu einer Schadensverlagerung gekommen.“ Der Veräußerer sei legitimiert gewesen, „das Interesse des Erwerbers (neben seinem eigenen?) geltend zu machen. Diesen Anspruch hatte er als stellvertretendes commodum dem Erwerber nach § 281 BGB abzutreten, wodurch dann Anspruch und Interesse wieder zusammengeführt wurden.“[23]

Paulus zufolge liegt im BGH-Fall die von Selb vorgenommene Anwendung der Grundsätze über die Drittschadensliquidation „deswegen besonders nahe, weil der zwischen Verkäufer und Käufer vereinbarte Haftungsausschluß aus der Sicht des schädigenden Dritten zu einer zufälligen Verlagerung des Schadens auf den nicht anspruchsberechtigten Käufer führt und damit die Voraussetzung eines Schadensersatzanspruchs beim anspruchsberechtigten Eigentümer und Verkäufer vereitelt. Überdies zeigt die allbekannte Fallgrup-

sowie *Ehmann / Rust*, a.a.O., 251; vgl. auch *Tiedtke*, NJW 1992, 3214), weiter ausführt, bereits in der Ausschließung der Gewährleistungsrechte liege, „was die Sachmängel angeht, eine Vorverlegung der Preisgefahr“; der Käufer könne daher „die Abnahme der mangelhaften Sache nicht ablehnen und die Zahlung des Kaufpreises nicht verweigern“. Wie Erman-*Grunewald*, Vor § 459 Rn. 12, zutreffend ausführt, bezieht sich der Gewährleistungsausschluß „auf die Zeit nach Gefahrübergang und hat daher nicht zur Folge, daß der Käufer die mangelhafte Kaufsache abnehmen müßte“. Ebenso BGH, Urt. v. 8.3.1991 – V ZR 351/89 (Köln) = BGHZ 114, 34, 40 m.w.N., sowie – allerdings mißverständlich argumentierend und daher von *Tiedtke*, NJW 1995, 3084, fehlinterpretiert – BGH, Urt. v. 10.3.1995 – V ZR 7/94 (Hamm) = BGHZ 129, 103, 104 f.

[21] Hierauf weist *Paulus*, JZ 1993, 558, hin.

[22] *Paulus*, a.a.O.

[23] *Selb*, JZ 1991, 1089; vgl. auch *Eckardt*, BB 1994, 1951 Fn. 46; *Lobinger*, JuS 1993, 459 Fn. 62; *Tiedtke*, NJW 1992, 3214 f. In dem BGH-Fall hatten sich die Kläger in der Vorinstanz „auch auf die Abtretung (8. November 1989) etwaiger Schadensersatzansprüche der früheren Eigentümerin gegen die Beklagte zu 1 gestützt“; s. BGHZ 114, 161, 162 (vgl. o. S. 20). Der BGH, a.a.O., 166 f., lehnte eine Drittschadensliquidation der Verkäuferin jedoch wegen der von ihm angenommenen Anwartschaftsberechtigung der Geschädigten ab: „Kann der Geschädigte – wie hier – aus eigenem Recht gegen den Schädiger vorgehen, so würden die Interessen der Kläger sogar beeinträchtigt werden, wenn auch die Verkäuferin noch in der Lage wäre, den Schaden der Käufer als Drittschaden zu liquidieren“. Ein Anwartschaftsrecht aus Auflassung plus Vormerkung wurde jedoch oben bereits verneint (s.o. S. 43 ff.).

pe des Versendungskaufes, § 447 BGB, daß auch ein bloß obligatorisch Berechtigter auf diese Weise Ersatz für verletztes Eigentum bekommen kann."[24]

Paulus will jedoch statt der „gesetzlich nicht normierten" Drittschadensliquidation einen „sich direkt am Gesetz orientierenden Weg" gehen und die „allgemeine Gesetzesvorschrift" des § 281 BGB anwenden[25]. Paulus zufolge ergibt sich aus § 281 BGB „mit wünschenswerter Klarheit, daß ein Schadensersatzanspruch allein dem jeweiligen Eigentümer zusteht, der ihn dann seinerseits an seinen Gläubiger abzutreten hat"[26]. Damit tendiert Paulus zu einer Auffassung, welche für den rechtsähnlichen Fall der sog. „obligatorischen Gefahrentlastung"[27] – entgegen der herrschenden Lehre von der Drittschadensliquidation[28] – von einem eigenen, normativen Schaden des Verkäufers ausgeht[29].

---

[24] *Paulus*, a.a.O., 559 f.

[25] *Paulus*, a.a.O., 558 f.; vgl. auch *Schaper/Kandelhard*, NJW 1997, 842 Fn. 40 (für den Fall des Versendungskaufs). – Eine Lösung über die Drittschadensliquidation wurde auch von *Baur/Stürner*, § 19 B I 2 c) bb) γ) (S. 182), verworfen. *Baur / Stürner*, a.a.O., halten eine konkludente Ermächtigung des Erwerbers nach §§ 185 Abs. 1, 362 Abs. 2 BGB für die brauchbare Alternative, sollte man – wie hier – dem BGH nicht darin folgen, daß ein deliktisch geschütztes Anwartschaftsrecht vorliege (positiv hierzu auch *Selb*, JZ 1991, 1089). – Eine derartige konkludente Ermächtigung ist jedoch abzulehnen, da bereits die von der Rechtsprechung angenommene konkludente Ermächtigung zu weiterer Verfügung kraft Auflassung (vgl. BGH, Urt. v. 1.12.1988 – V ZB 10/88 (Frankfurt a.M.) = BGHZ 106, 108, 112 m.w.N.) „häufig rein fiktiv" erscheint; vgl. *Münzberg*, FS Schiedermair, S. 450 Fn. 26.

[26] *Paulus*, a.a.O., 556. Auch nach MünchKomm[3]-*Grunsky*, vor § 249 Rn. 120, zeigt § 281 BGB, daß „der Schadensersatzanspruch [des Schuldners] entgegen der Annahme der Befürworter der Drittschadensliquidation eben nicht dadurch entfällt, daß die Gefahr im Verhältnis zwischen Gläubiger und Schuldner schon auf jenen übergegangen ist". Auch *Hagen*, Drittschadensliquidation, § 18 III 2 (S. 191), glaubt § 281 BGB die Wertung entnehmen zu können, daß „die Drittbeziehung den Schädiger ‚nichts angeht'." – *Paulus*, a.a.O., 559, begründet die mit der Anwendung von § 281 BGB verbundene Abweichung vom Grundsatz der Spezialität der §§ 459 ff. BGB damit, daß dieser Grundsatz nur insoweit eingreifen könne, als er für die in Frage kommenden Fälle gerechte Lösungen bereithalte. Gerade dies treffe jedoch in der vorliegenden Fallkonstellation nicht zu: „Hier hat V seine Haftung ausgeschlossen und die Schädigung erfolgte genau in der Zeit zwischen Vertragsschluß und Gefahrübergang. Wäre sie vorher geschehen, könnte dem K entgegengehalten werden: volenti non fit iniuria, wenn nachher, hätte er bereits eine Besitzposition innegehabt, die ihm einen eigenen deliktischen Anspruch zugewiesen hätte. Für den vorliegenden exzeptionellen Fall hält die Regel keine, bzw. nur eine höchst ungerechte Lösung bereit."

[27] D.h. etwa beim Versendungskauf.

[28] Vgl. etwa RG, Urt. v. 29.1.1906 – Rep. I. 363/05 (Köln) = RGZ 62, 331, 334; BGH, Urt. v. 10.7.1963 – VIII ZR 204/61 (Stuttgart) = BGHZ 40, 91, 100 f., BGH, Urt. v. 26.11.1968 – VI ZR 212/66 (Düsseldorf) = BGHZ 51, 91, 93; BGH, Urt. v. 14.7.1972 – I ZR 33/71 (Frankfurt a.M.) = VersR 1972, 1138, 1140; Erman-*Kuckuk*, Vor § 249 Rn. 142; Palandt[56]-*Heinrichs*, Vorbem. v. § 249 Rn. 117; Soergel[12]-*Mertens*, Vor § 249 Rn. 256; *Medicus*, BR, Rn. 838; *Berg*, MDR 1969, 613; *ders.*, JuS 1977, 365 f.; *Fikentscher*, Rn. 465; *Giesen*, Jura 1993, 180; *Herm. Lange*, § 8 III 6 (S. 470 f.). Die Lehre von

Larenz erläutert diese Gegenauffassung wie folgt: Eine Drittschadensliquidation sei nur dann zwingend, „wenn man den Schaden stets im Sinne der Differenztheorie ... als das Ergebnis des Vergleichs zweier Vermögenslagen versteht. ... Anders, wenn man nur auf den Untergang der Sache und damit des bis dahin bestehenden Eigentums an ihr, den ‚Objektschaden' ... blickt. Dieser ist ein Schaden des bisherigen Eigentümers als solchen, also des Verkäufers ... Bemißt man den zu ersetzenden Schaden in dieser Weise, dann steht der Ersatzanspruch dem Verkäufer als dem unmittelbar Geschädigten zu. Seinen Ersatzanspruch oder was er darauf erhält, hat er indessen nach § 281 seinem Gläubiger abzutreten oder herauszugeben[30]. ... Da er dann aber nur den Ersatz seines *eigenen* Schadens verlangen kann, der in dem Verlust des Eigentums besteht, kann er nicht mehr verlangen als dessen (objektiven) Wert. Das ist angesichts der grundsätzlichen Entscheidung des Gesetzes dafür, daß nur der Schaden des Verletzten ersetzt werden soll, auch angemessen."[31]

Gegen diese Auffassung wendet Steding jedoch zu Recht ein, daß sie zu einer „weitgehenden Gleichsetzung von Rechtsgutverletzung und Schaden"

---

der Drittschadensliquidation gestattet dem Verkäufer, „den Schaden des Käufers als des Dritten in seine Anspruchsgrundlage einzustellen; den so entstandenen Ersatzanspruch muß er gem. § 281 an den Käufer abtreten"; so die prägnante Formel von *Hüffer*, JuS 1988, 129; vgl. auch *Mertens*, a.a.O.; *Medicus*, a.a.O. – Zu den Ansätzen einer dogmatischen Begründung der Drittschadensliquidation s. *Junker*, Vertretung im Vertrauen, S. 4 ff., sowie ausführlich *Hagen*, Drittschadensliquidation, §§ 2 ff. (S. 10 ff.)

[29] Diese Gegenauffassung wurde vor allem von *Hagen* dogmatisch ausgeformt; s. hierzu *Hagen*, JuS 1970, 442 ff.; *dens.*, Drittschadensliquidation, §§ 15 ff. (S. 151 ff.), 18 III (S. 185 ff.). Ebenso Staudinger[13]-*Köhler*, § 447 Rn. 38; *Hüffer*, a.a.O.; *Larenz*, SchuldR I, § 27 IV b) 1 (S. 463 f.); *Peters*, AcP 180 (1980), 335 ff.; *Ries*, JA 1982, 455 f. Ähnlich *Selb*, NJW 1964, 1768. – Die Gegenauffassung und die h.M. kommen dann zu unterschiedlichen Ergebnissen, wenn sich der eigene, normative Schaden des Eigentümers und der Schaden des Dritten nicht decken; *Giesen*, Jura 1993, 180; *Hagen*, JuS 1970, 443; *Larenz*, a.a.O. – Einen weiteren Lösungsansatz bietet *Junker*, Vertretung im Vertrauen, S. 23 ff., in Gestalt des Instituts der „Vertretung im Vertrauen" sowie – in: AcP 193 (1993), 352 ff. – über die Konstruktion eines „wirtschaftlichen Eigentums" als sonstiges Recht im Sinne des § 823 Abs. 1 BGB. Gegen das Institut der „Vertretung im Vertrauen" zu Recht *Hagen*, AcP 192 (1992), 568 ff. Mit dem Begriff eines „wirtschaftlichen Eigentums", das kein Eigentum im Sinne des § 903 BGB darstellt, läuft *Junker* Gefahr, eine ähnliche Eigendynamik zu entfesseln, wie dies bereits auf der Grundlage des Begriffs des Anwartschaftsrechts geschehen ist.

[30] Insoweit ist ein Parallele zu der Lehre von der Drittschadensliquidation gegeben, wonach dem Dritten ein auf die Anwendung des § 281 BGB gestützter Anspruch gegen diesen auf Abtretung des – allerdings vom Interesse des Dritten bestimmten – Schadensersatzanspruchs gegeben wird (vgl. o. S. 84 f. Fn. 28).

[31] *Larenz*, a.a.O. – *Peters*, a.a.O., 343 ff., weist ergänzend auf den Gedanken der „(versagten) Vorteilsausgleichung" hin: Die „Bonität des Kaufpreisanspruchs" des Verkäufers erweise sich „als ein schadenstilgender Faktor ..., der bei der Ermittlung des Ersatzanspruchs ausgeblendet werden muß"; ähnlich bereits *Hagen*, Drittschadensliquidation, § 18 III 1 (S. 187).

führen würde, obwohl „das Gesetz sehr wohl zwischen Rechtsgutverletzung und Schaden unterscheidet (vgl. z.B. § 823 I) und erst bei Vorliegen *beider* Voraussetzungen einen Anspruch gewährt“[32]. Und Junker zufolge ist der Begriff des Differenzschadens „das Ergebnis einer Auslegung des Gesetzes und keine Erfindung der Lehre, die aufgegeben werden könnte, ohne mit dem gesetzlich vorgegebenen System des Schadensrechts in Konflikt zu geraten“[33].

Daher ist eine Lösung nach den Grundsätzen der Drittschadensliquidation vorzugswürdig[34]. Damit wäre nach alledem der dem Urteil des BGH vom 5. April 1991[35] zugrundeliegende Fall über den den Klägern von der früheren

---

[32] *Steding*, JuS 1983, 31 f. Fn. 22. Ablehnend auch *Berg*, JuS 1977, 366: Die Annahme sei „gekünstelt, der Dritte sei trotz Schadensverlagerung noch geschädigt, weil ihm dadurch die Möglichkeit zur Erfüllung genommen worden sei“. *G. Walter*, KaufR, § 6 III 4 (S. 287), zufolge ist „unter wirtschaftlichen Gesichtspunkten ... der Käufer geschädigt; dem kann sich gerade die wertende Schadensbetrachtung nicht verschließen“.

[33] *Junker*, Vertretung im Vertrauen, S. 9.

[34] Der Grundsatz der Spezialität des Gewährleistungsrechts steht auch in diesem Falle einer analogen Anwendung von § 281 BGB nicht entgegen. Zwar beansprucht dieser Grundsatz regelmäßig auch bei vertraglichem Gewährleistungsausschluß Geltung, da die Vereinbarung eines Gewährleistungsausschlusses nicht dazu führen darf, daß „die Ansprüche wegen der Leistungsstörungen wiederaufleben. Anderenfalls wäre die Ausschließung der Gewährleistungsrechte ohne Bedeutung“; *Tiedtke*, NJW 1992, 3213; *ders.*, NJW 1995, 3084; ebenso Palandt[56]-*Putzo*; Vorbem. v. § 459 Rn. 4; Soergel[12]-*Huber*, Vor § 459 Rn. 177; s. auch BGH, Urt. v. 8.3.1991 – V ZR 351/89 (Köln) = BGHZ 114, 34, 37. Unzutreffend ist es daher, wenn *Ehmann/Rust*, Jura 1996, 251, etwa die Vorschrift des § 323 Abs. 2, 2. Halbs. BGB für nicht von einem Gewährungsausschluß erfaßt halten. – Eine Erstreckung des Gewährleistungsausschlusses auf den Anspruch aus § 281 BGB analog ist jedoch im Zweifel – d.h. sofern die Auslegung der konkreten Vereinbarung nichts Gegenteiliges ergibt – nicht anzunehmen, „da sich der Verkäufer mit dem Gewährleistungsausschluß regelmäßig sofortige Sicherheit über das Behaltendürfen des Kaufpreises verschaffen will, was durch die reine Abschöpfungshaftung des § 281 nicht in Frage gestellt wird“; *Lobinger*, JuS 1993, 453 Fn. 3; vgl. auch *Ehmann/Rust*, a.a.O.; *Schaper/Kandelhard*, NJW 1997, 840 (zur „bereicherungsrechtlichen Ordnungsfunktion“ des § 281 BGB s. bereits o. S. 81). Auch stellt die Vorschrift des § 281 BGB bereits von ihrer Entstehungsgeschichte her eine Billigkeitsnorm dar und beinhaltet – jedenfalls bei vertraglichem Grundverhältnis – einen Fall „gesetzlich geregelter ergänzender Vertragsauslegung“ (s. hierzu o. S. 81 Fn. 18). Die Parteien hätten nun aber, „wenn sie den Fall ins Auge gefaßt hätten, daß das verkaufte Grundstück zwischen Vertragsschluß und Grundstücksübergabe einen Brandschaden erleidet, der Verkäufer jedoch aufgrund des Haftungsausschlusses den vollen Kaufpreis erhält und behalten kann“, „gerechterweise dem Käufer, der den Schaden erlitten hat, das Recht auf die Versicherungssumme zugesprochen“. Denn der Haftungsausschluß für Sachmängel soll den Verkäufer „lediglich so stellen, wie wenn die Sache mangelfrei wäre; sie soll dafür sorgen, daß der Verkäufer trotz der Sachmängel den Anspruch auf den vollen Kaufpreis behält; darin erschöpft sich ihre Aufgabe. Darüber hinaus soll der Verkäufer keine weiteren Vorteile erhalten“; *Tiedtke*, NJW 1992, 3214; *ders.*, NJW 1995, 3085; *Reinicke/Tiedtke*, KaufR, S. 222; ebenso Staudinger[13]-*Löwisch*, § 281 Rn. 9; zu dem ähnlichen Ansatz von *Paulus* s. bereits o. S. 84 Fn. 26.

[35] BGH, Urt. v. 5.4.1991 – V ZR 39/90 (Saarbrücken) = BGHZ 114, 161 ff. (s.o. S. 19 ff.).

Grundstückseigentümerin abgetretenen Anspruch aus § 823 Abs. 2 BGB i.V.m. § 909 BGB[36] zu lösen gewesen, dessen Inhalt sich nach dem Ersatzinteresse der Kläger bestimmte, wie es Gegenstand des Revisionsverfahrens war. In der Tat war die Klage in der Vorinstanz auch auf die Abtretung etwaiger Schadensersatzansprüche der früheren Eigentümerin gegen die Beklagte zu 1 gestützt worden; der Beklagte zu 1 hatte sich hiergegen auf Verjährung berufen[37]. Darüber, ob Verjährung eingetreten war, gibt das Urteil des BGH jedoch keinen Aufschluß, da der BGH die Problematik wegen der Annahme eines deliktsrechtlich geschützten Anwartschaftsrechts der Kläger offen lassen konnte[38].

Kapitel 3

Die Problematik bei zwischenzeitlichem vormerkungswidrigen Rechtserwerb

Rosien ist der Auffassung, daß § 281 BGB nur dann zugunsten des Vormerkungsberechtigten eingreife, wenn außenstehende Dritte auf das Grundstück einwirkten und „wenn der Schuldner überhaupt nicht vormerkungswidrig verfügt hat oder zwar vormerkungswidrig verfügt hat, aber der Dritterwerber noch nicht eingetragen ist“[39]. Sei der Dritterwerber jedoch bereits eingetragen, stünden „diesem und nicht mehr dem Schuldner des Vormerkungsberechtigten die Schadensersatzansprüche gegen außenstehende Dritte zu“[40]. Denn der Dritterwerber werde nach allen zur „relativen Unwirksamkeit“ vertretenen Theorien im Verhältnis zu „sonstigen“ Dritten ausschließlicher Inhaber des vormerkungsbetroffenen Rechts. Für eine „daneben bestehende inhaltlich gleichgerichtete oder ersatzweise Berechtigung des Vormerkungsberechtigten oder des Schuldners gibt die ‚relative Unwirksamkeit‘ des Dritterwerbs keine Anhaltspunkte“[41].

Um diese Auffassung Rosiens von der eingeschränkten Anwendbarkeit des § 281 BGB auf ihre Richtigkeit überprüfen zu können, bedarf es Klarheit über den Begriff der „Unwirksamkeit“ im Sinne der §§ 883 Abs. 2, 888 Abs. 1 BGB.

---

[36] Zur Spezialität des Anspruchs aus § 823 Abs. 2 BGB i.V.m. § 909 BGB gegenüber demjenigen aus § 823 Abs. 1 BGB s. bereits o. S. 41 Fn. 125.

[37] BGH, a.a.O., 162 f. (vgl. o. S. 20).

[38] S. BGH, a.a.O., 163.

[39] *Rosien*, § 14 (S. 187); vgl. auch § 11 B VI 3 c) dd) (2) (d) (S. 168), § 19 VI (S. 219).

[40] *Rosien*, § 14 (S. 187). Vgl. auch *Rosien*, § 11 B VI 3 c) dd) (2) (d) (S. 168).

[41] *Rosien*, § 14 (S. 186).

I. Die Unwirksamkeit im Sinne der §§ 883 Abs. 2, 888 Abs. 1 BGB

Die in §§ 883 Abs. 2, 888 Abs. 1 BGB statuierte „Sicherungswirkung" der Vormerkung[42] ist als ihre „wesentlichste"[43] Wirkung anzusehen: Vervier[44] zufolge bringt die Vorschrift des § 883 Abs. 2 BGB „das Fundamentalprincip in der Lehre von der Vormerkung" zum Ausdruck; Hans Heinrich[45] bezeichnet sie als die „Kardinalbestimmung für das Rechtsinstitut der Vormerkung" schlechthin.

Nach § 883 Abs. 2 Satz 1 BGB ist eine Verfügung, die seitens des Vormerkungsbetroffenen nach der Eintragung der Vormerkung über das Grundstück oder das Recht getroffen wird, „insoweit unwirksam, als sie den Anspruch vereiteln oder beeinträchtigen würde". Gemäß § 883 Abs. 2 Satz 2 BGB gilt dies „auch, wenn die Verfügung im Wege der Zwangsvollstreckung oder der Arrestvollziehung oder durch den Konkursverwalter erfolgt". § 888 Abs. 1 BGB schließlich lautet: „Soweit der Erwerb eines eingetragenen Rechtes oder eines Rechtes an einem solchen Rechte gegenüber demjenigen, zu dessen Gunsten die Vormerkung besteht, unwirksam ist, kann dieser von dem Erwerber die Zustimmung zu der Eintragung oder der Löschung verlangen, die zur Verwirklichung des durch die Vormerkung gesicherten Anspruchs erforderlich ist."

1. Der Begriff der „Unwirksamkeit"

Der Begriff der „Unwirksamkeit" leidet – für sich genommen – „an entmutigender Unbestimmtheit"[46]. Das Gesetz gibt über seinen Inhalt keinen Aufschluß. Auch aus der Entstehungsgeschichte des BGB läßt sich hierzu nichts Definitives erschließen[47]. In den Motiven finden sich lediglich einige knappe Ausführungen zum Begriff der „Unwirksamkeit":

---

[42] Teilweise wird auch von der „Elisionskraft" oder „Elisionswirkung" der Vormerkung gesprochen; vgl. etwa *Reichel*, JhJb 46 (1904), 108. *Rosien*, § 6 (S. 27 ff.), verwendet statt der Bezeichnung „Sicherungswirkung" den Begriff „Verfügungsschutz(wirkung)". Die klassische Unterscheidung zwischen „Sicherungs-", „Rang-" und „Vollwirkung" der Vormerkung hat sich jedoch gemeinhin durchgesetzt; s. etwa Soergel[12]-*Stürner*, § 883 Rn. 27 ff.; *Baur/Stürner*, § 20 IV (S. 198 ff.); *Eichler* II 2, S. 401; *Paulus*, Verfügungsverbot, § 2 I (S. 51); *dens.*, JZ 1993, 556.

[43] Vgl. *Jaeger*[6/7], § 24 KO Anm. 3 (S. 433); *Jaeger*[8]-*Lent*, § 24 KO Anm. 3 (S. 362).

[44] § 6 I (S. 42).

[45] § 5 (S. 72).

[46] *H. Heinrich,* a.a.O. (S. 83).

[47] Zur Entstehung des Begriffs der „Unwirksamkeit" s. ausführlich *Vollmar*, S. 13 ff.

„Der Entw. begreift unter Ungültigkeit sowohl die Nichtigkeit[48] ... als die Anfechtbarkeit ... . Der Ausdruck Unwirksamkeit wird nicht im Gegensatze zu Ungültigkeit gebraucht, sondern seinem Wortverstande gemäß im Allgemeinen zur Bezeichnung des Falles, in welchem das Rechtsgeschäft ohne die beabsichtigten rechtlichen Wirkungen ist, mögen diese von vornherein überhaupt wegen Nichtigkeit des Rechtsgeschäftes ausgeschlossen sein oder in Folge einer vorgesehenen Eventualität, wie bei dem Ausfalle der aufschiebenden Bedingung, dem Willen der Parteien gemäß, ausbleiben."[49]

Im Schrifttum werden teilweise vage Umschreibungen des Begriffes der „Unwirksamkeit" versucht[50] – wie etwa bei Crome: „Der Begriff der Unwirksamkeit ist ... sehr weit. Er bezieht sich auf die Richtung, Erfordernisse der Rechtsgeschäfte oder auf deren weitere Wirkungen, sofern sie nur nach irgend einer Richtung hin gegenüber der Parteiabsicht beschränkt sind."[51] Ein weiterer Teil des Schrifttums macht keinerlei Unterschied zwischen Nichtigkeit und Unwirksamkeit, „da im BGB die Termini „nichtig" und „unwirksam" verwendet würden, ohne daß die Termini konsequent in einem unterschiedlichen Sinne gebraucht würden"[52]. Von anderen Teilen des Schrifttums wiederum werden Umschreibungen in Gestalt von Abgrenzungsversuchen zur Nichtigkeit vorgenommen. So verhält sich etwa Reichel zufolge „Unwirksamkeit" im Sinne des BGB „zu ‚Nichtigkeit' wie das Hypothetische und Relative zum Kategorischen und Absoluten"[53]. Doch auch derartige differenzierende Umschreibungen können den blutleeren Begriff der „Unwirksamkeit" nicht mit Inhalt und Leben füllen. Vielmehr muß man zu dem Schluß kommen, daß das BGB mit dem Begriff der „Unwirksamkeit" an sich „einen positiven Inhalt nicht verbindet"[54].

---

[48] Der Terminus „Nichtigkeit" war in § 108 E I definiert worden: „Ein nichtiges Rechtsgeschäft wird in Ansehung der gewollten rechtlichen Wirkungen so angesehen, als ob es nicht vorgenommen worden wäre."; *Jakobs / Schubert,* AllgT I, S. 762; *Mugdan* I, S. LXXXVI; *Schubert*, Entwürfe, S. 687. Die Bestimmung wurde dann allerdings von der 2. Kommission wieder gestrichen, da „der Begriff des nichtigen Rechtsgeschäftes in der Wissenschaft feststehe und deshalb einer eingehenden Definition nicht bedürfe"; Prot. (2. Komm.) I, S. 125; *Mugdan* I, S. 726. – Zu Begriff und Rechtsfolgen der Nichtigkeit s. eingehend *Pawlowski*, §§ 2 ff. (S. 9 ff.); *Vollmar*, S. 27 ff.

[49] Mot. I, S. 216; *Mugdan* I, S. 472. Vgl. auch Prot. (1. Komm.), S. 263 bei *Jakobs / Schubert*, AllgT I, S. 754.

[50] Zu den einzelnen Begründungsversuchen s. ausführlich *Collier*, S. 106 ff.; *Vollmar*, S. 22 ff., 37 ff.; vgl. auch *H. Heinrich,* § 5 (S. 83 ff.).

[51] *Crome* I, § 80, S. 345.

[52] So etwa *Flume*, AllgT II, § 30, 2 (S. 548 f.); *Egert*, S. 28 ff.; *E. Wolf*, AllgT, § 10 B III (S. 349).

[53] *Reichel*, JhJb 46 (1904), 111. – Einen ähnlichen Differenzierungsversuch unternimmt etwa *Heinz Hübner*, FS Wieacker, S. 404.

[54] *H. Heinrich,* § 5 (S. 85).

Wenn demnach „das Gesetz ein Rechtsgeschäft – oder auch einen rechtlich erheblichen Tatbestand – für unwirksam erklärt, so ist damit nur gesagt, daß die Rechtsgestaltung, der das Prädikat der Unwirksamkeit zuerkannt wird, nicht ihre sonstigen normalen Wirkungen äußert. In welcher Richtung, in welchem Umfang und in welcher Zeit dem unwirksamen Tatbestand seine normalen Rechtsfolgen versagt werden und worin seine Mängel bestehen, das ist aus dem vom Gesetz gewählten Ausdruck ‚unwirksam' nicht zu entnehmen."[55] Man kommt daher nicht umhin, in jedem einzelnen Fall durch Auslegung des Kontextes zu prüfen, was das Gesetz mit dem Begriff „unwirksam" meinen kann[56].

2. §§ 883 Abs. 2, 888 Abs. 1 BGB als Ausprägungen „relativer Unwirksamkeit"

Unstreitig ist dem Wortlaut des § 883 Abs. 2 BGB eine Beschränkung der Unwirksamkeit in gegenständlicher bzw. inhaltlicher Hinsicht zu entnehmen[57]: Die vormerkungswidrige Verfügung ist nicht in jeder Hinsicht unwirksam, sondern nur in dem Umfang, wie sie den gesicherten Anspruch vereitelt oder beeinträchtigt[58].

Nach h.M. stellt § 883 Abs. 2 BGB jedoch nicht nur einen Fall gegenständlich beschränkter Unwirksamkeit, sondern zudem einen Fall der „relativen Unwirksamkeit" dar[59]. Wolff/Raiser bezeichnen die Unwirksamkeit als

---

[55] *H. Heinrich,* a.a.O. (S. 85 f.). Vgl. auch *Enneccerus/Nipperdey*, AllgT 2, § 202 I 2 (S. 1209).

[56] *H. Heinrich,* a.a.O. (S. 86); *Leyser*, S. 13.

[57] S. etwa Jauernig-*Jauernig*, § 883 Anm. 4 b); Staudinger[13]-*Gursky*, § 883 Rn. 158; *Fuchs*, LZ 1914, Sp. 14; *Leyser*, S. 13; *Reichel*, JhJb 46 (1904), 111 f.; *Windscheid/Kipp*, § 82 [BGB I 3] (S. 432); *U. Weber*, § 4 I 1 (S. 29 f.); *Wolff/Raiser*, § 48 III 1 (S. 159).

[58] Die Frage der „Vereitelung" oder „Beeinträchtigung" bestimmt sich letztendlich nach dem Inhalt des vormerkungsgesicherten Anspruchs; s. hierzu Staudinger[13]-*Gursky,* § 883 Rn. 158; *K. Müller*, SachenR[3], Rn. 1167d ff.; *Rosien*, § 6 I 1 (S. 28). – Die vormerkungswidrige Verfügung wird „nach" Eintragung der Vormerkung „getroffen", wenn die dingliche Rechtsänderung nach diesem Zeitpunkt eintritt; BGH, Urt. v. 25.11.1994 – V ZR 24/93 (BezG Erfurt) = DtZ 1995, 100, 101; *Rosenberg*, § 883 Anm. IV 1 c) (S. 311); s. hierzu ausführlich *G. Schneider*, DNotZ 1982, 524 ff. m. umfangr. Nachw. – Zu der Frage des Verhältnisses konkurrierender Vormerkungen s. OLG Hamm, Beschl. v. 20.3.1989 – 15 W 549/88 = NJW-RR 1989, 912 f.; *Dettmar*, S. 68 ff.; *Stadler*, AcP 189 (1989), 434 ff.; *Weiland*, S. 31 ff.; *Werner*, FS E. Wolf, S. 671 ff.; *Wilhelm*, JZ 1990, 501 Fn. 2.

[59] BGH, Urt. v. 15.12.1972 – V ZR 76/71 (Hamm) = BGHZ 60, 46, 49; BGH, Urt. v. 5.10.1979 – V ZR 71/78 (Frankfurt a.M.) = BGHZ 75, 288, 289 ff.; BGH, Urt. v. 30.1.1987 – V ZR 32/86 (Celle) = BGHZ 99, 385, 388 f.; KG, Beschl. v. 3.5.1962 – 1 W 848/62 = NJW 1962, 1446, 1448; KG, Beschl. v. 19.3.1964 – 1 W 573 / 64 = NJW 1964, 1479; OLG Dresden, 6 ZS., Beschl. v. 12.7.1926 – 6 Reg 98/26 = JW 1927, 1010 f.; AK-*B. v. Schweinitz*, § 883 Rn. 33; Jauernig-*Jauernig*, § 883 Anm. 4 b); MünchKomm[2]-*Wacke*, § 883 Rn. 46; Palandt[56]-*Bassenge*, § 883 Rn. 22; *Planck-Strecker*, § 883 Anm. 3 a) β)

„sowohl subjektiv wie objektiv relativ“[60]; Baur / Stürner sprechen von „doppelter“ „relativer Unwirksamkeit“[61], meinen jedoch dasselbe.

a) Warum eigentlich „relative Unwirksamkeit“ im Rahmen der §§ 883 Abs. 2, 888 Abs. 1 BGB?

Harry Westermann – der allerdings selbst von „relativer Unwirksamkeit“ im Rahmen der §§ 883 Abs. 2, 888 Abs. 1 BGB ausgeht[62] – hat von der „relativen Unwirksamkeit“ zu Recht einmal als von einem „systemwidrigen Fremdkörper“ gesprochen, der „in engen Grenzen zu halten“ sei, da „der

---

(S. 184); RGRK-*Augustin*, § 883 Rn. 83, 90; Staudinger[13]-*Gursky*, § 883 Rn. 159; *Warneyer*, § 883 Anm. V (S. 63); *J.F. Baur*, JZ 1967, 439; *Baur/Stürner*, § 20 IV 1 a) (S. 198); *Beer*, § 17, 3.2 (S. 139); *Biermann*, Widerspruch und Vormerkung, § 18 I (S. 157 f.); *ders.*, SachenR, § 883 Anm. 3 a) (S. 64); *Bongartz*, S. 30 f.; *Bülow*, JuS 1994, 6; *Collier*, S. 114; *Eichler* II 2, S. 400, 407 f.; *Endemann*, § 65, 5 a) (S. 416 f.) Fn. 57; *J. v. Gierke*, § 20 II 1 (S. 58); *O. Gierke*, § 119, 1 (S. 335) Fn. 140; *Güthe*, Gruchot 57 (1913), 87 ff.; *Haegele/Schöner / Stöber*, Rn. 1523; *Hager*, JuS 1990, 435; *Harms*, S. 284 f.; *Heck*, § 47 II 4, 5 (S. 195 f.); *Hedemann*, § 13 III c) (S. 70); *H. Heinrich*, § 5 (S. 88 ff.); *Hellwig*, Rechtskraft, § 37 (S. 254) Fn. 5; *H. Hübner*, AllgT, Rn. 969; *Knöpfle*, JuS 1981, 157 f., 162 f.; *Kohler*, Verfügungsverbot, S. 2; *ders.*, NJW 1984, 2849 f.; *Krauthausen*, S. 14; *Lang*, S. 32, 40 f.; *Heinr. Lange*, § 25 IV 2 a) (S. 113 f.); *Larenz*, AllgT, § 23 IV (S. 474 f.); *Lehmann*, NJW 1993, 1558; *Leyser*, § 4 (S. 13 ff.), § 16 (S. 54 f.); *Locher*, AcP 148 (1949), 43; *Lohr*, S. 75 ff.; *Medicus*, AllgT, Rn. 493; *K. Müller*, SachenR[3], Rn. 1166 ff., 1169; *H.W. Neumann*, §§ 11 ff. (S. 25 ff.); *J. Neumann*, JW 1902, 456 f.; *Paulus*, Verfügungsverbot, § 2 I 2 (S. 55 ff.); *Philipsen*, § 6 VIII (S. 48), § 8 (S. 56); *Pottschmidt/Rohr*, Rn. 832; *Predari*, § 8 IV 1 (S. 107 ff.); *Prinz*, S. 20; *Raape*, Veräußerungsverbot, § 20 I (S. 107 ff.); *Reichel*, JhJb 46 (1904), 108 ff.; *Rieder*, S. 40 f.; *Rimmelspacher*, Rn. 566; *ders.*, WuB IV A. § 883 BGB 2.86 (S. 999); *Rosenberg*, § 883 Anm. IV 1 f) (S. 314 f.); *Rosien*, § 6 I 4 (S. 37 ff.); *Ruhwedel*, JuS 1980, 164; *Schapp*, Rn. 354; *Schönewerk*, S. 68; *K. Schreiber*, SachenR, Rn. 407; *Sekler*, § 17 I 3 (S. 173 f.); *Sponholz*, S. 15 ff.; *Tiedtke*, Jura 1981, 356; *Trapp*, S. 9, 62; *Trupp*, JR 1990, 184; *v. Tuhr II 1*, § 58 (S. 327); *Vollmar*, S. 75 f.; *Voß*, JhJb 60 (1912), 307, 339; *H. Westermann*, SachenR, § 84 IV 3 (S. 421 f.); Westermann-*Eickmann*, SachenR II, § 100 IV 3 (S. 145 f.); *H.P. Westermann*, BGB-SachenR, Rn. 404 ff.; *Weiland*, S. 33 f.; *Weirich*, GrundstücksR, Rn. 673 ff.; *Wieling*, SachenR[2], § 22 IV 1 a) (S. 307 f.); *Wilhelm*, SachenR, Rn. 1175 Fn. 7; *M. Wolf*, Rn. 320, 355, 357; *Wolff/Raiser*, § 48 III 1 (S. 159 f.). – *Schwab/Prütting*, § 18 III 2 (S. 81 f.) spricht von „relativer Nichtigkeit“. „Relative Nichtigkeit“ hätte jedoch zur Folge, daß die anspruchsfeindliche Verfügung von Anfang an zugunsten des gesicherten Gläubigers, somit relativ, nichtig wäre; vgl. *H. Heinrich*, § 5 (S. 90). Gegen den „Unbegriff“ der „relativen Nichtigkeit“ – der auch im Wortlaut der §§ 883 Abs. 2, 888 Abs. 1 BGB nicht den geringsten Niederschlag findet – zutreffend *Reichel*, JhJb 46 (1904), 111 (vgl. auch *Vollmar*, S. 32 ff.): Was nicht vorhanden sei, könne auch nicht in einigen Beziehungen wirken.

[60] *Wolff/Raiser*, § 48 III 1 (S. 159). Ebenso Erman-*Hagen*, § 883 Rn. 21; *ders.*, Drittschadensliquidation, § 24 I (S. 248 f.). Vgl. auch *Friedemann*, § 3 (S. 16): „sowohl persönlich als auch sachlich relativ“.

[61] *Baur/Stürner*, § 20 IV 1 a) (S. 198). Ebenso Soergel[12]-*Stürner*, § 883 Rn. 28; *Gerhardt*, § 6, 1 b) (S. 74).

[62] *H. Westermann*, SachenR, § 84 IV 3 (S. 421 f.).

Zweck, dem Gegenstand einen festen vermögensrechtlichen Standort zu geben, verlangt, daß die Zuordnung allseitig wirkt“[63].

Es fragt sich daher an dieser Stelle, welche Gründe eigentlich die h.M. dazu bewogen haben, auch im Falle der §§ 883 Abs. 2, 888 Abs. 1 BGB von „relativer Unwirksamkeit“ auszugehen – mit anderen Worten, wo die Parallele zum relativen Veräußerungsverbot der §§ 135, 136 BGB liegt.

(1) Die Begündungsansätze der h.M. für eine „relative Unwirksamkeit“ vormerkungswidriger Verfügungen

Warum „relative Unwirksameit“ anzunehmen sein soll, wird von der ganz überwiegenden Mehrheit der befürwortenden Stimmen im Schrifttum überhaupt nicht dogmatisch begründet bzw. nur vage angedeutet, wenn z.B. Prinz[64] ausführt, die „relative Unwirksamkeit“ sei eine „von § 883 Abs. 2 BGB angeordnete Rechtsfolge“, die sich „mit der besonderen Verknüpfung von Vormerkung und Forderung“ erklären lasse, oder Weiland[65] lediglich lapidar bemerkt, es werde „durch das Gesetz in § 883 Abs. 2 BGB ausdrücklich die Rechtsfolge der relativen Unwirksamkeit normiert.“ Ulrich Hübner[66] bezeichnet § 883 Abs. 2 BGB gar als „eindeutigen Fall relativer Unwirksamkeit“.

Nur verhältnismäßig wenige Autoren bemühen sich – meist unter Zugrundelegung eines spezifischen Verständnisses vom Zweck der Vormerkung – um dogmatische Erklärungsversuche:

Paulus glaubt die „relative Unwirksamkeit“ unmittelbar dem § 883 Abs. 2 BGB entnehmen zu können: „Denn wenn der Schuldner nur obligatorisch gebunden ist, und die Vormerkung daran nichts ändert, muß die Beeinträchtigung der mit dem Abstraktionsprinzip gewährleisteten Vorzüge so gering als möglich gehalten werden; zumal die Vormerkung – wenigstens rechtlich – nichts weiter als die Erfüllbarkeit eines Individualanspruchs sichern will. Diese geringstmögliche Beeinträchtigung gewährleistet die relative Unwirksamkeit, die sich immer dann anbietet, wenn ein Naturalleistungskonflikt zugunsten eines Gläubigers entschieden werden soll“[67].

---

[63] *H. Westermann*, a.a.O., § 3 I 1 (S. 13).

[64] S. 20.

[65] S. 33 f. Vgl. auch BGH, Urt. v. 15.12.1972 – V ZR 76/71 (Hamm) = BGHZ 60, 46, 49; *Krauthausen*, S. 14.

[66] FS H. Hübner, S. 491.

[67] Verfügungsverbot, § 2 I 2 (S. 55, vgl. auch S. 60). Ähnlich *H. Heinrich*, § 5 (S. 89); *Knöpfle*, JuS 1981, 157; *Locher*, AcP 148 (1949), 43; *Sekler*, § 17 I 3 (S. 173); *U. Weber*, § 4 I 1 c) β) (S. 39 f.). Und Staudinger[13]-*Gursky*, § 883 Rn. 159 (ebenso *Rosien*, § 6 I 4 c) (S. 39)), ergänzt, daß anderenfalls „die allgemeinen Verkehrsinteressen in einem durch den

Hellwig ist der Auffassung, daß § 883 Abs. 2 BGB „zwar nicht wie § 135 BGB die bloß relative Unwirksamkeit anordnet, die relative Unwirksamkeit aber trotzdem gewollt ist", da die Unwirksamkeit „nur um des vorgemerkten Anspruchs willen" bestehe[68].

Hans Wolfgang Neumann zufolge erklärt sich die Abweichung im Wortlaut des § 883 Abs. 2 BGB gegenüber dem Wortlaut des § 135 BGB „ohne weiteres daraus, daß die zu schützenden Interessen bei der Vormerkung durch den zugrunde liegenden Anspruch gegeben waren, bei den Veräußerungsverboten dagegegen allgemein bestimmt werden mußten"[69]. Daß sich § 135 BGB im Gegensatz zu § 883 BGB nicht auf die zu den Vollstreckungsverfügungen gehörigen Verfügungen des Konkursverwalters beziehe, habe seinen Ursprung „nicht in der relativen Unwirksamkeit als solcher, um die es sich sowohl im Falle des § 883 BGB. als auch in dem des § 135 BGB. handelt, sondern in der verschiedenen Behandlung, die die Vormerkung und das Veräußerungsverbot im Konkurs erfahren"[70].

Demgegenüber vertritt ein anderer Teil der h.M. die Auffassung, daß sich eine „relative Unwirksamkeit" vormerkungswidriger Verfügungen zwar nicht aus dem Wortlaut des § 883 Abs. 2 BGB ergebe, gleichwohl aber durch die Formulierung des § 888 Abs. 1 BGB („soweit der Erwerb ... gegenüber demjenigen, zu dessen Gunsten die Vormerkung besteht, unwirksam ist ...") nahegelegt werde[71]. In diesem Punkt unterscheide sich die Vormerkung „nach dem klaren Wortlaut des Gesetzes nicht vom Veräußerungsverbot (siehe § 135 I 1 BGB. und KO. § 7)"[72]. Die Vorschriften der §§ 883-888 BGB bildeten eine Einheit und müßten daher auch zusammengelesen werden, wenn es darum gehe, Wesen und Wirkungen des Rechtsinstituts Vormerkung zu ergründen[73]: § 888 Abs. 1 BGB ergänze § 883 BGB[74]. Ein Vergleich zwi-

---

Zweck der Rechtsfigur nicht gerechtfertigten Maße beeinträchtigen" würden. *Knöpfle*, a.a.O., zufolge ist dieses Argument „nicht zuletzt bedeutsam mit Rücksicht darauf, daß auch künftige und bedingte Ansprüche durch eine Vormerkung gesichert werden können." *Knöpfle* setzt die Auswirkungen einer „absoluten Unwirksamkeit" mit der „Statuierung einer Grundbuchsperre" gleich.

68 Rechtskraft, § 37 (S. 254) Fn. 5. Ähnlich *Leyser*, § 16 (S. 54); *Philipsen*, § 8 (S. 56); *Raape*, Veräußerungsverbot, § 20 I (S. 108); *Voß*, JhJb 60 (1912), 307.

69 *H.W. Neumann*, § 11 (S. 25).

70 *H.W. Neumann*, a.a.O.

71 Staudinger[13]-*Gursky*, § 883 Rn. 159; *Baur/Stürner*, § 20 IV 1 b) (S. 198); *Eichler II 2*, S. 412; *Güthe*, Gruchot 57 (1913), 88; *H. Heinrich*, § 5 (S. 89); *Philipsen*, § 8 (S. 56); *Wolff/Raiser*, § 48 III 1 (S. 159) Fn. 22.

72 *Sekler*, § 17 I 3 (S. 173). Die Unwirksamkeit nach § 7 Abs. 1 KO stellt jedoch nach heute ganz h.M. „eine absolute, aber sachlich durch den Konkurszweck beschränkte Unwirksamkeit" dar; s. nur *Kuhn/Uhlenbruck*, § 7 KO Rn. 6 a.

73 *U. Weber*, § 4 I 1 c) β) (S. 38 f.).

schen § 161 BGB einerseits und §§ 883, 888 BGB andererseits ergebe, daß zwar beide Male „die Unwirksamkeit auf die widerstreitenden Verfügungen beschränkt (§ 161, § 883)“ werde. In § 888 Abs. 1 BGB heiße es jedoch, „daß der Erwerb demjenigen gegenüber, zu dessen Gunsten die Vormerkung besteht, unwirksam ist, in § 161 fehlt diese Beschränkung. Und diese Beschränkung bedeutet die Relativität der Unwirksamkeit.“[75]

Paulus[76] – obwohl Vertreter der „relativen Unwirksamkeit“[77] – räumt jedoch ein, daß er Bedenken hätte, die „relative Unwirksamkeit“ nicht aus § 883 Abs. 2 BGB abzuleiten, sondern aus § 888 Abs. 1 BGB. Dieser scheine zwar für eine „relative Unwirksamkeit“ zu sprechen, eindeutig sei der Wortlaut hingegen nicht. Wenn Baur entgegen dem Gesetzeswortlaut das Wörtchen „nur“ einfüge[78], so verstelle er damit den Blick auf die Möglichkeit, „daß sich die in § 888 I BGB ausgesprochene Beschränkung auf den objektiven Umfang der verbotswidrigen Verfügung bezieht, etwa so, daß der Anspruch gemäß § 888 I BGB nur insoweit entsteht, als die verbotswidrige Verfügung die geschützte beeinträchtigt oder vereitelt, § 883 II BGB“. Bei dieser Auslegung „ist nichts darüber gesagt, wer sich auf die Unwirksamkeit berufen darf und wem gegenüber sie besteht.“[79]

Auch Rosien gibt zu bedenken, § 888 Abs. 1 BGB könne auch – wie dies Fuchs[80] getan habe – „dahin ausgelegt werden, daß er den Umfang der Unwirksamkeit gar nicht regeln soll, sondern auf eine Regelung an anderer Stelle verweist (‚soweit der Erwerb … unwirksam ist, …‘) und nur bestimmen soll, wem der Zustimmungsanspruch zusteht und welchen Inhalt er hat“[81].

---

[74] *Raape*, Veräußerungsverbot, § 20 I (S. 108); *Philipsen*, § 6 VIII (S. 48); *Wolff/Raiser*, a.a.O.

[75] *Raape*, a.a.O., § 9 II 2 (S. 45).

[76] Verfügungsverbot, § 2 I 2 (S. 60) Fn. 48.

[77] Siehe *Paulus*, a.a.O. (S. 55 ff.).

[78] *Paulus*, a.a.O., bezieht sich hierbei auf folgenden von *F. Baur* (SachenR[10], § 20 IV 1 b) [S. 178]) stammenden Satz: „Die Vormerkung ist *nur demjenigen gegenüber unwirksam*, ‚zu dessen Gunsten die Vormerkung besteht‘ (§ 888).“ Derselbe Wortlaut findet sich auch noch bei *Baur/Stürner*, § 20 IV 1 b) (S. 198).

[79] *Paulus*, a.a.O.

[80] LZ 1914, Sp. 14 (s. hierzu u. S. 100 f.).

[81] *Rosien*, § 6 I 4 a) (S. 37 f.).

(2) Die Konzeption einer „absoluten Unwirksamkeit“ vormerkungswidriger Verfügungen in Anlehnung an die in § 161 BGB statuierte „absolute Unwirksamkeit“

Die Äußerung von Fuchs, auf die Rosien Bezug nimmt, entstammt einem Aufsatz, mittels dessen Fuchs die in seinem „Grundbuchrecht“ dargelegte Auffassung gegen den Angriff Güthes[82] verteidigen will. In seinem „Grundbuchrecht“ vertritt Fuchs den Standpunkt, daß § 883 Abs. 2 BGB keinen Fall der „relativen Unwirksamkeit“, sondern vielmehr einen Fall der „absoluten Unwirksamkeit“ vormerkungswidriger Verfügungen enthalte: „Während das Veräußerungsverbot die verbotswidrige Verfügung nur dem durch das Verbot Geschützten gegenüber unwirksam macht (§ 135), macht die Vormerkung den vormerkungswidrigen Erwerb schlechthin Jedem gegenüber unwirksam und zwar insoweit unwirksam, als das vorgemerkte Recht beeinträchtigt wird“[83].

Bei der gegen ein Veräußerungsverbot verstoßenden Verfügung – bei welcher die Nichtigkeit „subjectiv“ beschränkt sei – könne „allein der durch das Verbot Begünstigte sich auf das Veräußerungsverbot und die hierdurch eingetretene Nichtigkeit berufen, jedem andern gegenüber ist die Verfügung schlechthin (objectiv) wirksam“[84]. Bei der Vormerkung hingegen sei die Nichtigkeit der vormerkungswidrigen Verfügung „eine objective, absolute und nur eine quantitativ beschränkte, d.h. sie tritt nur insoweit ein, als eine Kollision der Vormerkung und des vormerkungswidrigen Erwerbs vorliegt; insoweit kann sich Jeder auf sie berufen“[85].

Dies veranschaulicht Fuchs wie folgt: „Ist also auf dem Grundstück des E. für B. eine Auflassungsvormerkung eingetragen und E. bestellt eine Hypothek dem D., so ist diese Hypothek im Falle der Verwirklichung des vorgemerkten Rechts nicht bloß dem B., sondern schlechthin unwirksam, weil sie das Recht des B. beeinträchtigt; jeder Nachhypothekar kann sich auf ihre Unwirksamkeit berufen. Ist auf dem Grundstücke des E. für B. eine Hypothekenvormerkung eingetragen und E. läßt, ehe B. sein Recht verwirklicht, für D. eine Hypothek eintragen, so ist diese im Falle der Verwirklichung des vorgemerkten Rechts nicht bloß im Verhältniß zu B., sondern schlechthin als eine dem B. nachstehende Post zu betrachten.“[86]

---

[82] Gruchot 57 (1913), 87 ff.

[83] *Fuchs,* GrundbR, § 883 Anm. 7 a) cc) β) (S. 112).

[84] *Fuchs*, a.a.O.

[85] *Fuchs*, a.a.O.

[86] *Fuchs*, a.a.O. Hervorhebung von mir.

Als Zeitpunkt für das Effektivwerden der „absoluten Unwirksamkeit“ sieht Fuchs damit den „Fall der Verwirklichung des vorgemerkten Rechts“ an. Damit entspricht Fuchs zufolge die Rechtsstellung des Vormerkungsberechtigten „völlig der eines unter aufschiebender Bedingung Berechtigten, und die Rechtsstellung des von der Vormerkung Betroffenen gleicht der Rechtsposition dessen, der während Schwebens der Bedingung verfügt, obwohl sein Recht mit dem Eintritt der Bedingung endet. Auch die Verfügungen, welche derjenige, dessen Recht mit dem Eintritt der Bedingung endigt, während der Schwebezeit über den Gegenstand trifft, sind im Falle des Eintritts der Bedingung insoweit unwirksam, als sie die von der Bedingung abhängige Wirkung vereiteln oder beeinträchtigen würden, § 161.“[87]

Diese Konzeption von der absoluten Unwirksamkeit vormerkungswidriger Verfügungen ist im Schrifttum auf Kritik gestoßen:

Paulus zufolge fällt zwar bei der Erfassung der in § 883 Abs. 2 BGB angeordneten Unwirksamkeit die entsprechende Formulierung des § 161 Abs. 1 BGB auf[88] – wie auch Raape zufolge sich der Wortlaut des § 883 Abs. 2 BGB „freilich in geradezu irreführender Weise an § 161 anlehnt“[89].

§ 161 Abs. 1 BGB gehöre jedoch zu denjenigen Fällen, „bei welchen die auf diese Weise zu schützenden Belange oder Interessen ein stärkeres und weiteres Allgemeininteresse vertreten“, nämlich – gerade wegen des Gläubigerinteresses – die „Wahrung der rechtlichen Güterzuordnung“[90]. Denn im Falle des § 161 Abs. 1 BGB habe der Schuldner bereits zugunsten des Gläubigers – wenn auch bedingt verfügt, d.h. Erfüllungshandlungen vorgenommen[91]. Demgegenüber sei in § 883 Abs. 2 BGB ein Anwendungsfall der auch in personeller Hinsicht eingeschränkten Unwirksamkeit, der „relativen Unwirksamkeit“, zu sehen, da die Vormerkung nur zum Schutz eines Individualanspruchs des Vormerkungsberechtigten diene[92].

Und Biermann[93] ergänzt: „Diese Auffassung, die sich nur auf den Wortlaut des § 883 Abs. 2 stützen könnte, dürfte verfehlt sein. Dies deswegen, weil es

[87] *Fuchs*, a.a.O. – Zu der von *Fuchs* vertretenen Auffassung von der Vormerkung als bedingtem dinglichem Vollrecht s. bereits o. S. 25 f., 31 f. Hiermit unvereinbar ist die von *Fuchs* – allerdings nur in: GrundbR, a.a.O., Anm. 8 b) (S. 113) – postulierte These von einer Rückwirkung des Vollrechtserwerbs des Inhabers einer Belastungsvormerkung (s.o. S. 31).

[88] *Paulus*, Verfügungsverbot, § 2 I 2 (S. 56). Vgl. auch *Kupisch*, JZ 1977, 491 ff.

[89] *Raape*, Veräußerungsverbot, § 20 I (S. 108).

[90] *Paulus*, a.a.O., S. 57 f.

[91] *Paulus*, a.a.O., S. 57.

[92] *Paulus*, a.a.O., S. 60.

[93] Widerspruch und Vormerkung, § 18 I (S. 157); ebenso *J. Neumann*, JW 1902, 457; *Philipsen*, § 8 (S. 57).

den nachstehenden Hypothekengläubigern an einem Mittel fehlen würde, die Nichtigkeit der mit der Vormerkung kollidierenden Eintragung geltend zu machen. § 888 kann nicht zur Anwendung kommen, denn hier ist nach dem Wortlaut nur von einem Anspruch des Vorgemerkten die Rede. Es bliebe also nur die Berichtigung des Grundbuchs übrig. Hält man diesen Weg für gangbar, so ist wieder der § 888 nicht verständlich. Denn wenn gegen die unwirksame Verfügung schon der Berichtigungsanspruch gegeben ist, so ist der § 888, der dem Vorgemerkten keine weitergehenden Rechte giebt, überflüssig. Das Vorhandensein des § 888 beweist, daß anderen Personen als dem Vorgemerkten Ansprüche, wie sie der § 888 verleiht, nicht zustehen."

Gleichwohl ist Fuchs mit seiner Konzeption von der „absoluten Unwirksamkeit" vormerkungswidriger Verfügungen nicht alleine geblieben. Denn es gab durchaus noch weitere Vertreter der Auffassung, § 883 Abs. 2 BGB enthalte einen Fall „absoluter"[94] bzw. ausschließlich „objektiv-relativer"[95] Unwirksamkeit.

Zur Begründung dieser Auffassung wird teilweise – ähnlich wie bei Fuchs – auf einen Vergleich des Wortlautes von § 883 Abs. 2 BGB mit dem anderer Vorschriften des BGB zurückgegriffen. So etwa, wenn Windscheid/Kipp[96] lapidar ausführen: „Nicht selten ist die Unwirksamkeit eine, wie man sagen kann, objektiv-relative. Das Geschäft ist nur insoweit unwirksam, als es ein gewisses Recht eines andern (vereiteln oder) beeinträchtigen würde. (161. 883 Abs. 2. 2113. 2115. 2289)."

Ernst Wolf[97] zufolge ist die durch die Vormerkung bewirkte Unwirksamkeit vormerkungswidriger Verfügungen „durch die Vornahme der zur Erfüllung des gesicherten persönlichen Anspruchs notwendigen Verfügung aufschiebend bedingt und durch die Erfordernisse der Wirksamkeit dieser Verfügung in ihrem Umfang beschränkt." Daß keine „relative Unwirksamkeit" vorliege, folge „auch aus dem Wortlaut des § 883 Abs. 2 S. 1"[98].

---

[94] So etwa *Bendix*, Gruchot 49 (1905), 514 ff.; *Goldmann-Lilienthal*, § 41 II 1 c) (S. 273).

[95] *Windscheid/Kipp*, § 82 [BGB I 3] (S. 432).

[96] A.a.O.

[97] SachenR, § 13 A II h) (S. 579 f.).

[98] *E. Wolf*, a.a.O. – *E. Wolf*, AllgT, § 10 B II b) 1 (S. 346); *ders.*, SachenR, § 13 A II h) (S. 580), ist generell der Auffassung sein, eine materiellrechtliche „relative Unwirksamkeit" könne es überhaupt nicht geben, da ein Rechtsgeschäft „nur entweder wirksam oder unwirksam" sein und damit seine Wirksamkeit oder Unwirksamkeit nicht auf das Verhältnis zwischen bestimmten Personen beschränkt sein könne. Wie *E. Wolf*, AllgT, § 10 B II b) 2 (S. 347 f.), jedoch selbst einräumen muß, war die 1. Kommission durchaus der Auffassung, daß es auch materiellrechtliche „relative Unwirksamkeit" gebe (s. hierzu noch u. S. 108 f.).

Bendix[99] weist darauf hin, daß nach § 161 BGB „die Unwirksamkeit der von dem bedingt Verpflichteten während des Schwebezustandes der Bedingung vorgenommenen rechtlichen Verfügungen nicht bloß von dem bedingt Berechtigten und dessen Erben, sondern von jedem, der ein Interesse daran hat, geltend gemacht werden [kann]“. § 2115 BGB enthalte für den Fall der Nacherbfolge „eine ebensolche Bestimmung“, und „gleiches gilt für die Vormerkung, da schon der Wortlaut übereinstimmt“. In allen diesen Fällen treffe zudem „im Gegensatze zu den §§ 135, 136 ... die Unwirksamkeit auch die Verfügungen des Konkursverwalters“[100].

Was den Zeitpunkt betrifft, ab welchem die „absolute Unwirksamkeit“ geltend gemacht werden kann, so ist Bendix folgender Auffassung: Der Verfügung, die der Vormerkungsverpflichtete nach der Eintragung der Vormerkung ohne Einwilligung des Gläubigers treffe, hafte „von vornherein für den Fall der Feststellung des Anspruchs dieses Gläubigers in ihrem die Verwirklichung des Anspruchs gefährdenden Inhalt ein Mangel an, der allerdings erst nach und zufolge dieser Feststellung geltend gemacht werden kann, aber auch von Amts wegen Beachtung finden muß, wenn die ihn begründenden Tatsachen dem Gerichte vorgetragen sind“[101]. § 888 BGB stehe dieser Annahme nicht entgegen: Denn diese Vorschrift gewähre dem Anspruchs- und Vormerkungsgläubiger „nur die besondere Befugnis, auf Grund der Unwirksamkeit der Verfügung seines Schuldners von dem Erwerber, soweit erforderlich, sogar die positive Mitwirkung zur Verwirklichung seines Anspruchs zu verlangen“[102].

Auch nach Goldmann / Lilienthal ist die vormerkungswidrige Verfügung „grundsätzlich nur dann unwirksam“, wenn „der Anspruch verwirklicht werden soll, da nur dann der Fall eintritt, daß ohne die Unwirksamkeit der Verfügung der Anspruch vereitelt oder beeinträchtigt würde“[103]. D.h. wenn der vormerkungsgesicherte Anspruch „verwirklicht werden soll“, sei „infolge der Unwirksamkeit aller den Anspruch vereitelnden oder beeinträchtigenden Verfügungen der Schuldner des durch die Vormerkung gesicherten Anspruchs ... der Berechtigte im Sinne der §§ 873 Abs. 1, 875, 877, 880 Abs. 2“[104]. In diesem beschränkten Umfang sei die Unwirksamkeit – „ebenso wie im Falle des § 161, aber anders als in dem des § 135 („nur diesen Personen gegenüber“) – eine absolute, d.h. sie tritt nicht nur dem Gläubiger, sondern Jedem gegenüber ein; Jeder kann sich auf die Unwirksamkeit berufen“[105].

---

[99] A.a.O., 515.

[100] *Bendix*, a.a.O., Fn. 49.

[101] *Bendix*, a.a.O., 515.

[102] *Bendix*, a.a.O., 516.

[103] *Goldmann / Lilienthal*, § 41, 2 II 1 c) α) (S. 272).

[104] *Goldmann / Lilienthal*, § 41, 2 II 1 c) β) (S. 273).

Gegen die soeben dargestellten Auffassungen von der „absoluten Unwirksamkeit" vormerkungswidriger Verfügungen wendet Güthe folgendes ein:

> „Zweifellos ist, wie schon der übereinstimmende Wortlaut des § 161, des § 883 Abs. 2 und des § 2113 Abs. 1 BGB. ergibt, eine rechtliche Gleichheit insofern vorhanden, als die gegenständliche Beschränkung der Wirkung in Frage steht.
>
> Denn ebenso wie der § 161 eine Verfügung insoweit für unwirksam erklärt, ‚als sie die von der Bedingung abhängige Wirkung vereiteln oder beeinträchtigen würde', und wie der § 2113 Abs. 1 eine Verfügung insoweit unwirksam sein läßt, ‚als sie das Recht des Nacherben vereiteln oder beeinträchtigen würde', ist nach § 883 Abs. 2 eine Verfügung insoweit unwirksam, ‚als sie den Anspruch vereiteln oder beeinträchtigen würde'.
>
> Aber diese Übereinstimmung bezieht sich ... nur auf die Beschränkung der Wirkung hinsichtlich des Gegenstandes der Verfügung. Nicht die ganze Verfügung ist notwendigerweise unwirksam, sondern nur der Teil, der die Wirkung der Bedingung oder das Recht des Nacherben oder den vorgemerkten Anspruch vereiteln oder beeeinträchtigen würde.
>
> Darum handelt es sich hier aber nicht. Hier steht vielmehr nur die Wirkung hinsichtlich der Person in Frage, hier steht also nur in Frage, ob die Unwirksamkeit der Verfügung oder ihres gegenständlich unwirksamen Teiles nur von dem Vormerkungsberechtigten oder auch von anderen Personen geltend gemacht werden darf."[106]

Wenn die Vormerkung eine absolute Wirkung hätte, dann müßte nach Güthe[107] der § 888 Abs. 1 BGB wie folgt lauten: „Soweit der Erwerb eines eingetragenen Rechtes oder eines Rechtes an einem solchen Rechte unwirksam ist, kann der jenige, zu dessen Gunsten die Vormerkung besteht, von

---

[105] *Goldmann/Lilienthal*, a.a.O. Dies veranschaulichen *Goldmann / Lilienthal*, a.a.O., Fn. 12, anhand eines Beispiels: „Auf dem Grundstücke des A. ist für B. eine Eigenthumsvormerkung eingetragen. A. läßt eine Hypothek für C. eintragen. Demnächst wird B. als Eigenthümer eingetragen. B. bestellt eine Hypothek für D. Die Hypothek des C. ist unwirksam, weil sie das Eigenthum des B. beeinträchtigen würde. Dann kann nicht nur B., sondern auch D. von C. Zustimmung zur Berichtigung des Grundbuchs durch Löschung der Hypothek verlangen (§ 894)." – Sei etwa – wie im vorerwähnten Beispiel – „auf dem Grundstück des A. ... eine Eigenthumsvormerkung für B. und später eine Hypothek für C. eingetragen", so könne der Gläubiger nach erfolgter Eintragung der Rechtsänderung auf Grund der Bewilligung seines Schuldners von dem aus der unwirksamen Verfügung Berechtigten Zustimmung zur Grundbuchberichtigung nach §§ 894 ff. BGB verlangen. § 888 BGB komme hier nicht zur Anwendung. Denn mit der Eintragung sei der Anspruch des Gläubigers „in vollem Umfange verwirklicht, da die entgegenstehenden Verfügungen unwirksam sind"; *Goldmann/Lilienthal*, a.a.O. Fn. 24. Lediglich in den Fällen, in denen der Gläubiger die Eintragung der Rechtsänderung auf Grund der bloßen Bewilligung des Schuldners nicht erlangen könne, weil grundbuchmäßig zu der Eintragung auch noch die Zustimmung des durch die vormerkungswidrige Verfügung Berechtigten erforderlich sei, sei letzterer nach § 888 BGB zur Erteilung der Zustimmung verpflichtet; *Goldmann/ Lilienthal*, § 41, 2 II 1 e) (S. 276).

[106] *Güthe*, Gruchot 57 (1913), 87 f.

[107] A.a.O., 88.

dem Erwerber die Zustimmung zu der Eintragung oder der Löschung verlangen, die ..." Erst dadurch würde Güthe[108] zufolge zum Ausdruck gebracht sein, „daß der Zustimmungsanspruch des § 888 Abs. 1 nur dem Vormerkungsberechtigten zustehe, obgleich die Unwirksamkeit der Verfügung nicht nur zu seinen Gunsten gelte." So sei der § 888 Abs. 1 BGB aber nicht gefaßt. Die Worte: „gegenüber demjenigen, zu dessen Gunsten die Vormerkung besteht", seien vielmehr in den Satz: „Soweit .. unwirksam ist", eingeschoben. Güthe[109] räumt jedoch ein, daß es näher gelegen hätte, „diese Worte in den § 883 Abs. 2 einzustellen und dessen ersten Satz lauten zu lassen: ‚Eine Verfügung, die nach der Eintragung der Vormerkung über das Grundstück oder das Recht getroffen wird, ist gegenüber demjenigen, zu dessen Gunsten die Vormerkung besteht, insoweit unwirksam, als sie den Anspruch vereiteln oder beeinträchtigen würde'." Daß ein solcher Satz indessen dem Standpunkte des Gesetzes entspreche, lasse sich aus der Entstehungsgeschichte erweisen[110]: Aus dieser ergebe sich, daß man Vormerkung und Veräußerungsverbot sachlich nicht habe differenzieren wollen. Da aber für das Veräußerungsverbot „durch den § 135 Abs. 1 BGB. klargestellt ist, daß die Unwirksamkeit einer dem Verbote widersprechenden Verfügung nur dem gegenüber gilt, dessen Schutz das Verbot bezweckt, so muß das gleiche auch für die Vormerkung angenommen werden."[111]

Auf diese Ausführungen Güthes hin erwidert Fuchs[112], daß „weder der Wortlaut der §§ 135, 888 BGB noch die Entstehungsgeschichte des letzteren Paragraphen, noch vor allem die Rechtskonsequenz" die Auffassung Güthes rechtfertigten. Die Fassung des § 888 BGB lasse sich „ebensowohl als Argument gegen wie für die absolute Wirksamkeit verwenden"[113]: Wenn Güthe meine, daß bei absoluter Wirksamkeit die Worte „gegenüber demjenigen, zu dessen Gunsten die Vormerkung besteht" in dem Vordersatz fehlen und in den Nachsatz hätten kommen müssen, so könne ihm „mit dem gleichen Recht entgegengehalten werden, daß bei Annahme einer nur relativen Unwirksamkeit diese Worte im Vordersatz überflüssig gewesen sind und die Person des Vormerkungsberechtigten gleichfalls nur in dem Satze hätte zu stehen brauchen, wo es sich um die Abgrenzung des Kreises der Anspruchsberechtigten handelt"[114]. Im übrigen besage § 888 Abs. 1 BGB gar nicht, daß die Unwirksamkeit nur dem Vormerkungsberechtigten gegenüber bestehe,

[108] A.a.O.

[109] A.a.O.

[110] *Güthe*, a.a.O., 88 ff.

[111] *Güthe*, a.a.O., 91.

[112] LZ 1914, Sp. 13 f.

[113] *Fuchs*, a.a.O., Sp. 14.

[114] *Fuchs*, a.a.O.

sondern setze voraus, daß diese Frage anderweit gesetzlich geregelt sei („Soweit der Erwerb ..."): „Der § 888 BGB will und soll auch gar nicht den Umfang der Unwirksamkeit, sondern den Inhalt des Zustimmungsanspruches normieren, nicht bestimmen, wem gegenüber die Unwirksamkeit besteht, sondern wer das Zustimmungsverlangen geltend machen kann. Der Umfang der Unwirksamkeit wird in § 883 Abs. 2 BGB geregelt. Dort ist mit keinem Worte gesagt, daß die Unwirksamkeit bloß dem Vormerkungsberechtigten gegenüber besteht, sondern sie ist nur gegenständlich (objektiv) eingeschränkt (‚... insoweit unwirksam als')."[115] Das verkenne Güthe nicht, wenn er meine, es hätte näher gelegen, den § 883 Abs. 2 BGB anders zu fassen und vor dem Wort „insoweit" die Worte „gegenüber demjenigen, zu dessen Gunsten die Vormerkung besteht" einzufügen. Daß ein solcher Satz dem Standpunkt des Gesetzes entsprochen hätte, lasse sich aus der Entstehungsgeschichte erweisen[116].

(3) Auswertung des entstehungsgeschichtlichen Materials zum Begriff der „Unwirksamkeit" im Sinne von §§ 883 Abs. 2 Satz 1, 888 Abs. 1 BGB

Da sowohl Güthe als auch Fuchs jeweils denselben Abschnitt aus der Entstehungsgeschichte[117] für ihre jeweils konträren Auffassungen für sich in Anspruch nehmen, gilt es, zunächst einmal die Interpretationen der beiden Autoren einander gegenüberzustellen.

Es geht hierbei im wesentlichen um § c Abs. 1 des Antrages 1 von Jacubezky, welcher lautete: „Wird das belastete Grundstück veräußert, so kann der Gläubiger von dem neuen Eigenthümer die Verschaffung des Rechtes verlangen, auf dessen Verschaffung die Forderung gerichtet ist. Andere Verfügungen über das belastete Grundstück sind dem Gläubiger gegenüber insoweit unwirksam, als sie das dem Gläubiger zu verschaffende Recht beeinträchtigen würden. Der rechtsgeschäftlichen Verfügung steht eine Verfügung gleich, die durch Urtheil oder im Wege der Zwangsvollstreckung oder der Arrestvollziehung erfolgt."[118] Des weiteren handelt es sich um Antrag 3, welcher dahin ging, „statt der §§ a und c des Antrags 1 dem § 843 der Zus. d. Red. Komm. hinzuzufügen: Ist ein eingetragenes Recht einer Vormerkung oder einem Veräußerungsverbote gegenüber unwirksam, so kann derjenige, dessen Anspruch durch die Vormerkung oder das Veräußerungsverbot gesichert ist, von dem eingetragenen Berechtigten die Zustimmung zur Eintra-

---

[115] *Fuchs*, a.a.O.

[116] *Fuchs*, a.a.O., Sp. 14 f.

[117] Zu diesem Abschnitt s.o. S. 50 ff.

[118] *Jakobs/Schubert*, SachenR I, S. 351; Prot. (2. Komm.) III, S. 740 f.; *Mugdan* III, S. 567 (s.o. S. 51 Fn. 9).

gung des Rechtes verlangen, auf dessen Verschaffung der durch die Vormerkung oder das Veräußerungsverbot gesicherte Anspruch gerichtet ist."[119]

Güthe[120] zufolge waren in § c Abs. 1 des Antrages 1 die Vorschriften des § 883 Abs. 2 BGB und des § 888 Abs. 1 BGB „in eine Bestimmung zusammengezogen". In dieser Bestimmung sei nur von dem Gläubiger und der Unwirksamkeit der Verfügung dem Gläubiger gegenüber die Rede gewesen. Daß dieser Vorschlag nicht Gesetz geworden sei, habe allein daran gelegen, daß die 2. Kommission Bedenken dagegen gehabt habe, dem Vormerkungsberechtigten einen unmittelbaren Verschaffungsanspruch gegen den neuen Eigentümer zu geben: „Die Bedenken der Kommission wendeten sich also nur gegen die Übertragung der Schuldnerstellung auf den jeweiligen Eigentümer, d.h. nur gegen die Person des Anspruchsverpflichteten. Dagegen ist gegen die Fassung der vorgeschlagenen Bestimmung ein Widerspruch insofern nicht erhoben worden, als die Person des Anspruchsberechtigten in Betracht kommt."[121] Wie sich aus dem Wortlaut der Erwägungen der Kommissions-Mehrheit[122] ergebe, in denen immer nur vom Gläubiger bzw. dessen Recht die Rede sei, sei die Kommission mit dem Antragsteller vielmehr davon ausgegangen, daß „nur dem Gläubiger des vorgemerkten Anspruchs gegenüber die Verfügung unwirksam und daher nur dieser berechtigt sei, die Unwirksamkeit geltend zu machen"[123].

Die in Antrag 3 angenommene Vorschrift habe zwar an die Stelle des § c treten sollen. Diese Vorschrift habe jedoch – wie dies im wesentlichen auch bei § 888 BGB der Fall sei – nach ihrem Inhalt eine Bestimmung darüber vorausgesetzt, inwieweit ein eingetragenes Recht durch die Vormerkung unwirksam gemacht würde. Diese fehlende Bestimmung sei von der Redaktionskommission in Gestalt des § 803 Abs. 2 E II[124] hinzugefügt worden[125]. Die Vorschrift des § 803 Abs. 2 E II stimme in ihrem 1. Satz wörtlich mit dem § 883 Abs. 2 Satz 1 BGB überein. Eine sachliche Änderung gegenüber § c sei damit, soweit die Person desjenigen in Betracht komme, dem gegen-

[119] *Jakobs / Schubert*, a.a.O., S. 352 f.; Prot. (2. Komm.) III, S. 743; *Mugdan* III, S. 569 (s.o. S. 51 f.).

[120] Gruchot 57 (1913), 88 f.

[121] *Güthe*, a.a.O., 89.

[122] Prot. (2. Komm.) III, S. 746; *Mugdan* III, S. 570 (s. hierzu o. S. 52 f.).

[123] *Güthe*, a.a.O., 89 f.

[124] § 803 Abs. 2 E II lautete: „Eine Verfügung, die nach der Eintragung der Vormerkung über das Grundstück oder das Recht getroffen wird, ist insoweit unwirksam, als sie den Anspruch vereiteln oder beeinträchtigen würde. Der rechtsgeschäftlichen Verfügung steht eine Verfügung gleich, die durch Urtheil oder im Wege der Zwangsvollstreckung oder der Arrestvollziehung erfolgt."; *Jakobs / Schubert,* a.a.O., S. 353 f.; *Mugdan* III, S. XII.

[125] *Güthe*, a.a.O., 90.

über die Verfügung[126] unwirksam sein solle, von der Kommission nicht beabsichtigt worden.

Aus den Erwägungen der Kommissions-Mehrheit („Um Mißverständnisse abzuschneiden, werde man ... diesen Satz nicht nur für die Vormerkung, sondern überhaupt für jedes Veräußerungsverbot, soweit dasselbe ein im Grundbuch eingetragenes Recht betreffe, auszusprechen haben.“[127]) lasse sich ableiten, daß die Kommission die Vormerkung ebenso wie das Veräußerungsverbot habe behandelt wissen wollen[128]. Wenn dann die Bestimmung für das Veräußerungsverbot wieder von der für die Vormerkung sprachlich getrennt worden sei – Güthe verweist hier auf § 806 Abs. 2 E II[129] und den jetzigen § 888 Abs. 2 BGB –, so liege hierin „ebenfalls keine sachliche, sondern nur eine redaktionelle Änderung“[130]. Da aber für das Veräußerungsverbot durch § 135 Abs. 1 BGB „klargestellt ist, daß die Unwirksamkeit einer dem Verbote widersprechenden Verfügung nur dem gegenüber gilt, dessen Schutz das Verbot bezweckt, so muß das gleiche auch für die Vormerkung angenommen werden“. Die Vormerkung sei daher „nach der persönlichen Seite hin nur relativ wirksam“, eine ihr widersprechende Verfügung sei daher nur dem Vormerkungsberechtigten gegenüber wirksam[131].

Fuchs[132] wendet gegen Güthes Auffassung folgendes ein:

Während § c des Antrages 1 von der Unwirksamkeit „dem Gläubiger gegenüber“ gesprochen habe, fehlten im Antrag 3, welcher den § c ersetzen sollte, die Worte „dem Gläubiger gegenüber“. Und der an seine Stelle tretende § 803 Abs. 2 E II, der sich wörtlich mit § 883 Abs. 2 BGB decke, nenne gleichfalls keine Person, der gegenüber die Vormerkung unwirksam sein solle. Wenn die Kommission Vormerkung und Veräußerungsverbot nicht bloß bezüglich der Berechtigung zur Erhebung des Zustimmungsanspruches, sondern auch in Ansehung des Einflusses der Unwirksamkeit hätte gleich behandelt wissen wollen, dann hätte sie Fuchs zufolge beide Fälle keinesfalls sprachlich getrennt: Vielmehr hätte sie dann „den § 883 Abs. 2 in Einklang

---

[126] *Güthe*, a.a.O., verwendet an dieser Stelle versehentlich das Wort „Vormerkung“ statt „Verfügung“.

[127] Prot. (2. Komm.) III, S. 746; *Mugdan* III, S. 570 (s.o. S. 53).

[128] *Güthe*, a.a.O.

[129] § 806 E II lautete: „[1] Soweit der Erwerb eines eingetragenen Rechtes oder eines Rechtes an einem solchen Rechte gegenüber demjenigen, zu dessen Gunsten eine Vormerkung besteht, unwirksam ist, kann dieser von dem Erwerber die Zustimmung zu der Eintragung oder der Löschung verlangen, welche zur Verwirklichung des durch die Vormerkung gesicherten Anspruchs erforderlich ist. [2] Das Gleiche gilt, wenn der Anspruch durch ein Veräußerungsverbot gesichert ist.“; *Jakobs/Schubert*, a.a.O., S. 354.

[130] *Güthe*, a.a.O.

[131] *Güthe*, a.a.O., 90 f.

[132] LZ 1914, Sp. 14.

mit der Fassung des § 135 gesetzt und nicht bewußtermaßen, – denn § c lag vor – eine Fassung gewählt ..., die sich von dem § 135 trennte und an die Fassung anschloß, die für Bedingung und Nacherbschaft in den §§ 161, 2113 BGB technisch geworden ist"[133]. „Viel beweiskräftiger als die von jedem Standpunkt nicht ganz einwandfreie Fassung des § 888" sei „die zweifelfreie sorgfältig abgewogene des § 883 Abs. 2, die sich von der Fassung des § 135 offensichtlich bewußt abkehrt und genau an die Fassung der §§ 161, 2113 BGB anschließt. Daß bei der Bedingung und der Nacherbschaft die kollidierende Verfügung absolut unwirksam ist, wird von der herrschenden Meinung nicht bezweifelt."[134]

Was nun die Autoren aus jüngerer Zeit betrifft, so haben allein Ulrich Weber[135] und Rosien[136] zur Entstehungsgeschichte eingehender inhaltlich Stellung genommen und diese dabei ebenso wie Güthe[137] interpretiert – d.h. im Hinblick auf eine „relative Unwirksamkeit" vormerkungswidriger Verfügungen.

In diesem Zusammenhang räumt Rosien zwar ein, daß in Gestalt von § c des Antrages 1 ein Antrag abgelehnt wurde, „der die Unwirksamkeit von Verfügungen des Schuldners in beiderlei Hinsicht einschränkte" – und in Gestalt des Antrages 3 ein Antrag angenommen wurde, der „nur eine Beschränkung in sachlicher Hinsicht vorsah"[138]. Die Ablehnung von § c des Antrages 1 sei jedoch nur geschehen, „um die in dem Antrag ebenfalls enthaltene Ausgestaltung der Vormerkung im Sinne einer selbständigen Belastung des Grundstücks abzuwenden".[139] Und die Annahme des Antrages 3 sei deswegen erfolgt, „weil er eine Bestimmung darüber enthielt, auf welche Weise der Vormerkungsberechtigte seinen Anspruch durchsetzen können sollte, und weil die Kommission ein Bedürfnis für die Aufnahme einer solchen, bis dahin noch fehlenden und dem heutigen § 888 BGB vergleichbaren, Vorschrift als gegeben ansah"[140]. Sowohl für die Ablehnung des ersten Antrags als auch für die Annahme des zweiten seien damit Umstände maßgeblich gewesen, „die sich nicht auf die sachliche oder personelle Reichweite der Unwirksamkeit bezogen". Aus diesem Grunde „scheint der Schluß erlaubt, daß die vor-

---

[133] *Fuchs*, a.a.O., Sp. 15.

[134] *Fuchs*, a.a.O.

[135] § 4 I 1 c) β) (S. 39).

[136] § 6 I 4 b) (S. 38).

[137] Gruchot 57 (1913), 88 ff. (s. hierzu o. S. 102 f.). Pauschal zustimmend zu *Güthes* Auffassung auch Staudinger[13]-*Gursky*, § 883 Rn. 159.

[138] *Rosien,* a.a.O.

[139] *Rosien*, a.a.O., unter Hinweis auf Prot. (2. Komm.) III, S. 746 (vgl. o. S. 36). Ebenso bereits *Güthe*, a.a.O., 89 (s.o. S. 102 f.), sowie *U. Weber*, a.a.O.

[140] *Rosien*, a.a.O., unter Hinweis auf Prot. (2. Komm.) III, a.a.O. (vgl. o. S. 52 f.).

genommenen Änderungen nicht darauf abzielten, die ursprüngliche Konzeption der Unwirksamkeit zu verändern"[141].

Daß die Gesamtkommission bei der Annahme des Antrages 3 Vormerkung und relatives Veräußerungsverbot nicht getrennt behandelt wissen wollte, wird jedoch bereits aus dem Wortlaut des angenommcncn Antrages 3 selbst („einer Vormerkung oder einem Veräußerungsverbote gegenüber") sowie aus folgendem, in der Begründung der Kommissions-Mehrheit zur Annahme des Antrags 3 enthaltenen Passus ersichtlich:

> „Den bisherigen Beschlüssen entspreche es, den Berichtigungsanspruch des § 843 in dem Sinne zu erweitern, daß der Gläubiger von dem eingetragenen Eigenthümer die grundbuchmäßige Zustimmung zur Realisirung seines Rechtes, dessen Verschaffung übrigens von dem persönlichen Schuldner zu verlangen sei, fordern könne.
>
> Um Mißverständnisse abzuschneiden, werde man aber diesen Satz nicht nur für die Vormerkung, sondern überhaupt für jedes Veräußerungsverbot, soweit dasselbe ein im Grundbuch eingetragenes Recht betreffe, auszusprechen haben[142]. Dementsprechend sei der Antrag 3 anzunehmen."[143]

So läßt es sich auch erklären, daß die – für die sprachliche Fassung zuständige[144] – Redaktionskommission ungeachtet des Umstandes, daß die Gesamtkommission den § c des Antrages 1 samt der darin vorgesehenen Unwirksamkeit „dem Gläubiger gegenüber" verworfen hatte, den angenommenen Antrag 3[145] in folgenden, die künftige Entwicklung beeinflussenden Wortlaut goß (§ 834g E I-ZustRedKom):

> „Soweit der Erwerb eines eingetragenen Rechtes oder eines Rechtes an einem solchen Rechte gegenüber demjenigen, zu dessen Gunsten eine Vormerkung oder ein Veräußerungsverbot besteht, unwirksam ist, kann dieser von dem Erwerber die Zustimmung zu der Eintragung oder der Löschung verlangen, welche zur Verwirklichung des Anspruchs erforderlich ist."[146]

---

[141] *Rosien*, a.a.O.

[142] Vgl. auch Prot. (2. Komm.) III, S. 112; *Mugdan* III, S. 564; *Jakobs/Schubert,* SachenR I, S. 346: „Einverständniß bestand darüber, daß die Vormerkung dingliche Wirkung in der Art eines Veräußerungsverbots haben müsse" (Hervorhebung von mir).

[143] Prot. (2. Komm.) III, S. 746; *Mugdan* III, S. 570 (vgl. o. S. 52 f.). Hervorhebung von mir.

[144] S. hierzu o. S. 50.

[145] Zum besseren Verständnis sei hier nochmals sein Wortlaut wiederholt (Hervorhebung von mir): „Ist ein eingetragenes Recht einer Vormerkung oder einem Veräußerungsverbote gegenüber unwirksam, so kann derjenige, dessen Anspruch durch die Vormerkung oder das Veräußerungsverbot gesichert ist, von dem eingetragenen Berechtigten die Zustimmung zur Eintragung des Rechtes verlangen, auf dessen Verschaffung der durch die Vormerkung oder das Veräußerungsverbot gesicherte Anspruch gerichtet ist." (vgl. o. S. 52, 101 f.).

[146] *Jakobs/Schubert,* a.a.O., S. 353. Hervorhebung von mir.

Im 2. BGB-Entwurf fanden die §§ 834d Abs. 2 Satz 1[147] und 834g E I-ZustRedKom Eingang in §§ 803 Abs. 2 Satz 1 sowie 806 E II[148]. Bei der Revision des 2. BGB-Entwurfs lag lediglich zu § 803 Abs. 2 E II ein Antrag vor: nämlich der Antrag, in dieser Vorschrift die Worte „durch Urtheil oder" zu streichen[149]. Dieser Antrag wurde „sachlich gebilligt"[150]. Mit dieser Maßgabe wurde dann § 803 Abs. 2 Satz 1 E II in die sog. „Bundesratsvorlage" in Gestalt des § 868 Abs. 2 Satz 1 E II rev.[151] aufgenommen. § 806 E II ging in § 873 E II rev. auf[152]. Die §§ 868, 873 E II rev. hatten damit – wie auch schließlich die §§ 867, 872 E III der „Reichstagsvorlage"[153] – die Fassung, die in §§ 883, 888 BGB Gesetz wurde[154].

Aus der historischen Auslegung wird damit ersichtlich, daß Vormerkung und Veräußerungsverbot identisch behandelt werden sollten und daher von „relativer Unwirksamkeit" vormerkungswidriger Verfügungen auszugehen ist.

Für dieses Ergebnis spricht auch das teleologische Argument, daß die Vormerkung nur dem Schutz eines Individualanspruchs zu dienen bestimmt ist und daher „die Beeinträchtigung der mit dem Abstraktionsprinzip gewährleisteten Vorzüge so gering als möglich gehalten werden" muß[155].

---

[147] § 834d E I-ZustRedKom lautete: „Eine Verfügung, die nach der Eintragung der Vormerkung über das Grundstück oder das Recht getroffen wird, ist insoweit unwirksam, als sie den Anspruch vereiteln oder beeinträchtigen würde. Der rechtsgeschäftlichen Verfügung steht eine Verfügung gleich, die durch Urtheil oder im Wege der Zwangsvollstreckung oder der Arrestvollziehung erfolgt."; *Jakobs / Schubert,* SachenR I, S. 350. S. hierzu o. S. 51 Fn. 6.

[148] Zum Wortlaut von § 803 Abs. 2 Satz 1 E II s.o. S. 87 Fn. 124. Zum Wortlaut von § 806 E II s.o. S. 103 f. Fn. 129.

[149] Antrag *Börners* (Nr. 64, 1) bei *Jakobs / Schubert,* a.a.O., S. 354.

[150] *Jakobs / Schubert,* a.a.O.

[151] § 868 Abs. 2 Satz 1 E II rev. lautete: „Eine Verfügung, die nach der Eintragung der Vormerkung über das Grundstück oder das Recht getroffen wird, ist insoweit unwirksam, als sie den Anspruch vereiteln oder beeinträchtigen würde."; *Mugdan* III, S. XII; vgl. auch *Jakobs / Schubert*, a.a.O., S. 354 f.

[152] *Jakobs / Schubert*, a.a.O., S. 355. Vgl. *Mugdan* III, S. XIII.

[153] Die der „Reichstagsvorlage" beigefügte, im Reichsjustizamt ausgearbeitete Denkschrift des Bundesrates beschränkt sich auf eine „resumierende Darstellung der getroffenen Regelung"; *Biermann*, Widerspruch und Vormerkung, § 8 (S. 70). S. hierzu Denkschrift, S. 118 ff.; *Mugdan* III, S. 970 f. – Änderungsanträge bezüglich des soeben dargestellten Regelungsgehaltes waren im Bundesrat nicht gestellt worden; vgl. *Jakobs / Schubert,* a.a.O., S. 355 ff.

[154] *Jakobs / Schubert,* a.a.O., S. 355. Vgl. auch *Mugdan* III, S. XII. – Angemerkt sei in diesem Zusammenhang, daß das Rechtsinstitut der Vormerkung dem DDR-Recht unbekannt war; s. hierzu *Heuer*, Rn. 162. Zur Rechtslage seit dem 3.10.1990 s. *Baur / Stürner*, § 20 VIII (S. 205).

[155] So etwa *Paulus*, Verfügungsverbot, § 2 I 2 (S. 55, S. 60); s.o. S. 92.

Daß – entgegen der von Fuchs und anderen vertretenen Auffassung[156] – keine mit der in §§ 161, 2113, 2115 bzw. 2289 BGB statuierten „absoluten Unwirksamkeit" gleichgeartete „absolute Unwirksamkeit" vorliegt, ergibt bereits ein Wortlautvergleich von § 883 Abs. 2 Satz 1 BGB („Eine Verfügung, die nach der Eintragung der Vormerkung über das Grundstück oder das Recht getroffen wird, ist insoweit unwirksam, als sie den Anspruch vereiteln oder beeinträchtigen würde."[157]) mit den soeben genannten Vorschriften.

§ 161 Abs. 1 Satz 1 BGB etwa lautet demgegenüber: „Hat jemand unter einer aufschiebenden Bedingung über einen Gegenstand verfügt, so ist jede weitere Verfügung, die er während der Schwebezeit trifft, im Falle des Eintritts der Bedingung insoweit unwirksam, als sie die von der Bedingung abhängige Wirkung vereiteln oder beeinträchtigen würde."[158] Das Effektivwerden der – „absoluten"[159] – Unwirksamkeit wird somit ausdrücklich vom „Eintritt der Bedingung" abhängig gemacht, ohne daß eine dingliche Rückwirkung des Bedingungseintritts vorgesehen wäre[160]. Auf vergleichbare Weise ist im Falle des § 2113 Abs. 1 BGB die – ebenfalls „absolute"[161] – Unwirksamkeit auf den „Eintritt der Nacherbfolge" hinausgeschoben[162]; wie auch § 2115 Satz 1 BGB einen Fall „absoluter Unwirksamkeit" darstellt[163], welcher durch den „Eintritt der Nacherbfolge" aufschiebend bedingt ist[164].

Was schließlich den von Windscheid / Kipp[165] zusätzlich genannten § 2289 BGB betrifft, so ist zwar auch die Unwirksamkeit nach § 2289 Abs. 1 BGB

---

[156] S. hierzu o. S. 95 f., 97 ff., 100 f., 103 f.

[157] Hervorhebung von mir. Da § 883 Abs. 2 Satz 2 BGB auf Satz 1 Bezug nimmt, wird die erstgenannte der beiden Vorschriften im folgenden nicht mehr ausdrücklich aufgeführt.

[158] Hervorhebung von mir.

[159] S. nur RG, Urt. v. 29.3.1911 – Rep. V. 335/10 (Celle) = RGZ 76, 89, 91; Erman-*Hefermehl*, § 161 Rn. 4; MünchKomm[3]-*H.P. Westermann*, § 161 Rn. 7 f.; *Medicus*, AllgT, Rn. 493; *v. Tuhr* II 2, § 81 I 2 (S. 301). Vgl. auch Mot. I, S. 260; *Mugdan* I, S. 496 (zu § 135 E I).

[160] S. hierzu bereits o. S. 31 f. m.w.N. auch aus der Entstehungsgeschichte.

[161] S. etwa BGH, Urt. v. 14.7.1969 – V ZR 122/66 (Hamburg) = BGHZ 52, 269, 270; Palandt[56]-*Edenhofer*, § 2113 Rn. 8; Soergel[12]-*Harder*, § 2113 Rn. 15; *Lange/Kuchinke*, § 26 IV 4 (S. 391); *Raape*, Veräußerungsverbot, § 27 (S. 145 ff.), auch m.w.N. zur nicht mehr vertretenen Gegenauffassung.

[162] BGH, a.a.O.; *Edenhofer*, a.a.O.; *Harder*, a.a.O.; *Lange/Kuchinke*, a.a.O. – Vgl. zum Ganzen auch Mot. V, S. 114 ff.; *Mugdan* V, S. 61 f. (zu § 1828 Abs. 1 E I).

[163] Palandt[56]-*Edenhofer*, § 2115 Rn. 4; Soergel[12]-*Harder*, § 2115 Rn. 9; *Raape*, a.a.O., § 27 V (S. 154), auch zur früher vertretenen Gegenauffassung.

[164] Soergel[12]-*Harder*, § 2115 Rn. 9; Staudinger[13]-*Behrends/Avenarius*, § 2115 Rn. 2. Vgl. auch Mot. V, S. 117; *Mugdan* V, S. 62, sowie Prot. (2. Komm.) V, S. 113; *Mugdan* V, S. 574.

[165] § 82 [BGB I 3] (S. 432) (s.o. S. 97).

eine „absolute“[166]. Der Begriff „Verfügung“ im Sinne von § 2289 Abs. 1 BGB charakterisiert jedoch die Gesamtheit der Anordnungen für den Todesfall, nicht unmittelbare Rechtsänderungen[167]. Damit liegt keine mit den vorerwähnten Vorschriften vergleichbare Art der Unwirksamkeit vor.

b) Kritische Würdigung der zur Ausgestaltung einer „relativen Unwirksamkeit“ bei der Vormerkung vertretenen Theorien und Entwicklung einer eigenen Konzeption der „relativen Unwirksamkeit“

Was die „relative Unwirksamkeit“ betrifft, so geht bei dieser – wie die Motive in Ansehung des § 107 Abs. 1 Satz 1 E I[168] ausführen – das Veräußerungsgeschäft „seinen Weg, soweit es mit dem Rechte des Geschützten nicht in Widerspruch tritt, ist diesem gegenüber aber, soweit ein Widerspruch vorliegt, unwirksam (Abs. 1 Satz 1). Die Unwirksamkeit fällt dabei selbstverständlich fort, wenn der Geschützte in das Geschäft einwilligt oder dasselbe nachträglich genehmigt.“[169] Des weiteren führen die Motive aus: „Das Verhältniß des durch ein relatives Veräußerungsverbot Geschützten gegenüber demjenigen, an welchen dem Verbote zuwider veräußert ist, bedarf keiner besonderen Regelung. ... Dient das relative Veräußerungsverbot zu Gunsten eines nur persönlichen Rechtes, so wird die Auslegung der Vorschrift des Abs. 1 zu ergeben haben, ob dem Geschützten auf Grund derselben ein unmittelbarer Anspruch gegen den Dritten dahin zusteht, nicht nur anzuerkennen, daß er, der Dritte, nicht befugt sei, der Einräumung des Rechtes an den Geschützten zu widersprechen, sondern auch dasjenige zu thun, was nach den Umständen seinerseits erforderlich ist, um das durch die unwirksame Veräußerung jener Einräumung bereitete Hinderniß zu beseitigen, z.B. die Sache

---

[166] MünchKomm²-*Musielak*, § 2289 Rn. 12, 19.

[167] Vgl. Soergel¹²-*Stein*, § 1937 Rn. 1, sowie MünchKomm²-*Leipold*, § 1937 Rn. 4.

[168] § 107 Abs. 1 Satz 1 E I ist ein entstehungsgeschichtlicher Vorläufer der heutigen §§ 135, 136 BGB (zum Wortlaut s. *Schubert*, Entwürfe, S. 686; *Mugdan* I, S. LXXXV f.).

[169] Mot. I, S. 212; *Mugdan* I, S. 470. Vgl. auch Prot. (1. Komm.), S. 219 bei *Jakobs/Schubert*, AllgT I, S. 717: Daß „das Geschäft unter den Parteien unbedingt Bestand habe“, sei „nothwendig und werde durch das ... Prinzip erreicht, daß das Geschäft seinen Weg gehe, soweit es nicht mit dem Rechte desjenigen, zu dessen Gunsten das Veräußerungsverbot bestehe, kollidire, diesem gegenüber aber, soweit Kollision vorliege, unwirksam sei.“ Hierin lag eine deutliche Absage an den vom Redaktor Gebhard vorgelegten § 109 Abs. 2 TE-AllgT. Dieser lautete: „Verstößt die Vornahme eines Rechtsgeschäfts gegen ein gesetzliches oder gerichtliches Veräußerungsverbot, welches zum Schutze der Interessen einer anderen Person dient, so ist der Eintritt der rechtlichen Wirkungen des Rechtsgeschäfts von der Bedingung abhängig, daß die Verfügungsbeschränkung später hinwegfällt oder daß derjenige, zu dessen Gunsten des Veräußerungsverbot besteht, seine Genehmigung ertheilt.“; *Gebhard*, TE-AllgT, S. 20 bei *Schubert*, RedVorl AllgT I, S. 20; Prot. (1. Komm.), S. 217 bei *Jakobs/Schubert*, a.a.O., S. 716.

herauszugeben oder die erforderliche Eintragung in das Grundbuch zu bewilligen.“[170]

Da sich auch die 2. Kommission einer dogmatischen Ausformung der „relativen Unwirksamkeit“ enthalten hat[171], hat sich in Ansehung der „relativen Unwirksamkeit“ beim Veräußerungsverbot der §§ 135, 136 BGB eine wahre Vielfalt von Erklärungsmodellen entwickelt, die wiederum zur Deutung der „Unwirksamkeit“ im Sinne der der §§ 883 Abs. 2, 888 Abs. 1 BGB instrumentalisiert wurden. Von diesen Auffassungen sollen im folgenden nur die auch noch in jüngerer Zeit vertretenen kurz skizziert werden[172]:

---

170 Mot. I, S. 214 f.; *Mugdan* I, S. 471. – Vgl. auch die in den Protokollen der 1. Kommission niedergelegten Erwägungen zu § 107 KE 1884, einem entstehungsgeschichtlichen Vorläufer des § 107 E I und damit auch der §§ 135, 136 BGB (§ 107 Satz 1 KE 1884 lautete: „Verstößt eine Veräußerung gegen ein gesetzliches oder richterliches Veräußerungsverbot, welches nur zum Schutze der Interessen bestimmter Personen dient, so ist die Veräußerung diesen Personen gegenüber unwirksam.“; *Jakobs / Schubert,* AllgT I, S. 718. § 107 Abs. 1 Satz 1 KE 1885 (bei *Schubert*, Entwürfe, S. 36) entsprach dann im Wortlaut § 107 Abs. 1 Satz 1 E I (s. hierzu o. Fn. 168)): „Handle es sich um ein absolutes Veräußerungsverbot, so sei die Veräußerung an den Dritten absolut, also auch dem Veräußernden gegenüber unwirksam, so daß letzterer gegen den Dritten den aus der Nichtigkeit sich ergebenden dinglichen Anspruch habe und durch die Realisirung desselben das der Erfüllung seiner Verbindlichkeit gegen den Geschützten entgegenstehende Hinderniß zu beseitigen vermöge. Diesen Anspruch könne er dem Geschützten abtreten und der Geschützte schlimmsten Falls im Wege der Zwangsvollstreckung diesen Anspruch seines Schuldners sich überweisen lassen. – Ebenso liege es aber auch in Ansehung des relativen Veräußerungsverbotes, da dasselbe für den Geschützten dieselbe Unwirksamkeit der zuwiderlaufenden Veräußerung herbeiführe, wie das absolute Veräußerungsverbot, der Geschützte also auch hier von seinem Schuldner die Abtretung derjenigen Ansprüche verlangen und nöthigenfalls erzwingen könne, die demselben bei vorhandener Unwirksamkeit der Veräußerung gegen den Dritten zustehen. Hiernach könne der Geschützte in allen Fällen mittels der von dem Veräußerer abgeleiteten Ansprüche zur Beseitigung des durch die unwirksame Veräußerung geschaffenen Hindernisses eigner Rechtserwerbung gelangen, insbesondere auch, soweit es sich um Rechte an Grundstücken handle, von dem Dritten die erforderliche Eintragungsbewilligung erzwingen und zwar letzteres unter Zuhülfenahme des Rechtsbehelfs, welchen die zu §§ 46, 47 (§ s) unter 9. April 1884, Prot. S. 3620 [offensichtlicher Druckfehler bei *Jakobs / Schubert*, a.a.O.; richtig müßte es heißen: „Prot. S. 3720“] , beschlossene Vorschrift darbiete [In der 312. Sitzung der 1. Kommission vom 9. 4. 1884 war beschlossen worden, „den § s unter Vorbehalt der Fassung ... mit den in dem Antrage 1 vorgeschlagenen Ergänzungen anzunehmen“; Prot. (1. Komm.), S. 3720 bei *Jakobs / Schubert*, SachenR I, S. 400. Hierbei handelte es sich um einen entstehungsgeschichtlichen Vorläufer des heutigen Grundbuchberichtigungsanspruchs (§ 894 BGB). Zum Wortlaut von § s der Änderungsvorschläge des Referenten Johow zu §§ 46, 47 TE-SachenR sowie zum Antrag 1, der von Planck stammte (Nr. 52, 3), s. Prot. (1. Komm.), S. 3719 f. bei *Jakobs / Schubert*, a.a.O., S. 399 f.]. In Folge der Beseitigung des dritten Erwerbers sei alsdann Raum geschaffen, damit der Geschützte, nöthigenfalls im Wege der Zwangsvollstreckung sein persönliches Recht gegen die Schuldner in ein dingliches Recht an dem im Vermögen des Schuldners festgehaltenen Gegenstandes verwandeln könne.“; Prot. (1. Komm.), S. 3737 f. bei *Jakobs / Schubert,* a.a.O., S. 721 (Hervorhebung von mir). Vgl. dann aber demgegenüber die Entstehungsgeschichte des 888 Abs. 2 BGB; s.o. S. 52 f.

171 Vgl. Prot. (2. Komm.) I, S. 124 f.; *Mugdan* I, S. 725 f.

Nach der noch immer überwiegenden Auffassung[173] soll eine vormerkungswidrige Verfügung gegenüber dem Verfügenden und jedem außenstehenden Dritten, nicht hingegen gegenüber dem Vormerkungsberechtigten wirksam sein. D.h. im Verhältnis zum Vormerkungsberechtigten soll der Vormerkungsverpflichtete Rechtsinhaber bleiben und daher materiellrechtlich nach wie vor in der Lage sein, dem Vormerkungsberechtigten das gesicherte Recht zu verschaffen. Von Tuhr spricht hierbei von einer „Duplizität des Rechtssubjekts“[174].

Gegen diese Auffassung wird zu Recht eingewendet, daß sie zu einer im Kontext des Sachenrechts „systemwidrigen Eigentumsspaltung“ führt[175]. Außerdem entstehen bei der Annahme einer „Duplizität des Rechtssubjekts“ kaum lösbare Folgeprobleme bei der Anwendung zahlreicher Normen, die an die Eigentümerstellung bzw. an die Inhaberschaft eines beschränkt-dinglichen Rechts anknüpfen – etwa bei der Zuordnung von Nutzungen, Früchten usw.[176] Insbesondere läßt sich aus dem Wortlaut des § 883 Abs. 2 Satz 1

---

[172] Zur Entstehungsgeschichte von Begriff und Institut der „relativen Unwirksamkeit“ s. den historischen Abriß von *Paulus*, Verfügungsverbot, § 1 II 1 (S. 18 ff.), sowie insbesondere *Beer*, §§ 9 ff. (S. 79 ff.).

[173] BGH, Urt. v. 5.10.1979 – V ZR 71/78 (Frankfurt a.M.) = BGHZ 75, 288, 292; BGH, Urt. v. 30.1.1987 – V ZR 32/86 (Celle) = BGHZ 99, 385, 388 f.; KG, Beschl. v. 3.5.1962 – 1 W 848/62 = NJW 1962, 1446, 1448; KG, Beschl. v. 19.3.1964 – 1 W 573 / 64 = NJW 1964, 1479; Erman-*Hagen*, § 883 Rn. 21; Jauernig-*Jauernig*, § 883 Anm. 4 b); *J.F. Baur*, JZ 1967, 439; *Baur/Stürner*, § 20 IV 1 b) (S. 198); *Biermann*, SachenR, § 883 Anm. 3 a) (S. 64); *Collier*, S. 114 f.; *Gerhardt*, § 6, 1 b) (S. 74); *Haegele/Schöner / Stöber*, Rn. 1523; *Heck*, § 47 II 5 (S. 196); *U. Hübner*, FS H. Hübner, S. 491; *Knöpfle*, JuS 1981, 157, 162; *Leyser*, § 4 (S. 13 ff.); *K. Müller*, SachenR[3], Rn. 1169 ff.; *Schapp*, Rn. 354; *K. Schreiber*, SachenR, Rn. 407; *Sekler*, § 17 I 3 (S. 173); *Tiedtke*, Jura 1981, 356; *v. Tuhr* II 1, § 58 (S. 327 f.); *U. Weber*, § 4 I 1 c) α), β) (S. 37 ff.); *H. Westermann*, SachenR, § 84 IV 3 b) (S. 421 f.); Westermann-*Eickmann*, SachenR II, § 100 IV 3 a) (S. 146); *H.P. Westermann*, BGB-SachenR, Rn. 407; *Wieling*, SachenR[2], § 22 IV 1 a) (S. 307 f.) i.V.m. § 1 III 4 b) (S. 14); *Wilhelm*, SachenR, Rn. 1175; *Wolff/Raiser*, § 48 III 1 (S. 159). Ebenso *Güthe*, Gruchot 57 (1913), 91 ff., der sogar davon ausgeht, daß diese Unwirksamkeit Unrichtigkeit des Grundbuchs nach sich ziehe. Modifiziert MünchKomm[2]-*Wacke*, § 883 Rn. 46 (ebenso *H. Hübner*, AllgT, Rn. 968): Der vormerkungswidrige Erwerb begründe „Eigentum gegenüber jedermann. Nur im Verhältnis zum vorgemerkten Gläubiger kann sich der Erwerber nicht auf sein Eigentum berufen, wenn der Gläubiger seinen Anspruch geltend macht.“

[174] *v. Tuhr* II 1, § 58 (S. 330); ebenso *v. Tuhr* I, § 2 V (S. 70). Dies veranlaßte *Rosien*, § 6 I 2 a) (S. 28 ff.) u. passim, zu der Bezeichnung „Duplizitätstheorie“.

[175] Staudinger[12]-*Ertl*, Vorbem. zu §§ 873–902 Rn. 41. Vgl. auch *Friedemann*, § 3 (S. 17); *Lang*, S. 16; *Mehrtens*, S. 22 (zu §§ 135, 136 BGB); *H.W. Neumann*, § 12 (S. 26), *Voß*, JhJb 60 (1912), 305.

[176] So zutreffend MünchKomm[3]-*Mayer-Maly*, § 135 Rn. 27; Staudinger[13]-*Gursky*, § 883 Rn. 160; Staudinger[13]-*Kohler*, § 135 Rn. 85; *Beer*, § 17, 2.1 (S. 132 f.); *Paulus*, Verfügungsverbot, § 1 II 3 a) (S. 34); *Rosien*, § 19 VI (S. 218). – Dieser Zuordnungsproblematik versucht *Foerste*, S. 34 f., beim relativen Veräußerungsverbot dadurch zu begegnen, daß er im Wege „teleologischer Auslegung des § 135 I 1“ das Recht des Verfügenden

BGB nicht etwa schließen, daß hier eine anfängliche „relative Unwirksamkeit" vormerkungswidriger Verfügungen – d.h. eine Unwirksamkeit bereits ab dem Eintragungszeitpunkt – angeordnet sei[177]. Denn bei Annahme anfänglicher „relativer Unwirksamkeit" bestünde für eine Vorschrift wie § 888 Abs. 1 BGB kein Bedarf, da dann der Vormerkungsverpflichtete gegen den Dritterwerber über § 894 BGB vorgehen könnte und auf diese Weise – nach erfolgter Grundbuchberichtigung – den Anspruch des Vormerkungsberechtigten erfüllen könnte[178].

Sämtliche abweichenden Auffassungen zur „relativen Unwirksamkeit" vormerkungswidriger Verfügungen – mögen sie sich untereinander in der Konstruktion auch noch so sehr unterscheiden – sind daher gekennzeichnet durch die Ablehnung einer „Duplizität des Rechtssubjekts". D.h. nach allen diesen Auffassungen ist der Dritterwerber während der Zeit seiner Eintragung Eigentümer gegenüber der Allgemeinheit. Infolgedessen kann der Dritterwerber auch die aus dem Eigentum resultierenden Ansprüche gegenüber jedermann geltend machen – und damit in letzter Konsequenz auch gegenüber dem Vormerkungsberechtigten[179].

---

auch gegen den Dritterwerber fortwirken läßt, „soweit dies dem Geschützten ‚gegenüber' erforderlich ist"; das Ergebnis sei eine „zweckgemäße Rechtsduplizität". – Abgesehen davon, daß dies zu einer Billigkeitskasuistik führt, kann jedoch auch auf diese Weise nicht erklärt werden, „wie der Erwerber E. sein Eigentum dadurch verlieren soll, daß der Veräußerer V. das ihm noch verbliebene Eigentum auf den geschützten G. überträgt. Zum mindesten Dritten gegenüber müßte E. Eigentümer bleiben. Die herrschende Ansicht führt also, wenn sie folgerichtig gehandhabt wird, zu einer Verewigung der Relativität"; *Knoke*, FG Güterbock, S. 408; *Strohal*, FS Jahrhundertfeier AGBGB, § 7 III 3 c) (S. 798). Ebenso *E. Wolf*, SachenR, § 13 A II h) (S. 580).

[177] Für eine anfängliche „relative Unwirksamkeit" aber *Leyser*, § 4 (S. 13), dem zufolge „Unwirksamkeit" im Sinne des § 883 Abs. 2 BGB nur bedeuten könne, daß „die Verfügung als nicht geschehen gelten soll, ..., jedoch nur soweit, als der durch die Vormerkung gesicherte Anspruch durch sie beeinträchtigt würde, falls sie wirksam bestünde. Soweit die Verfügung gegen den Vormerkungsanspruch verstösst, hat sie keine Rechtswirkung. Die Verfügung ist unwirksam, nicht ‚wird' unwirksam, sagt B.G.B."

[178] Auch *H. Heinrich*, § 5 (S. 95), geht davon aus, daß bei anfänglicher Unwirksamkeit § 888 Abs. 1 BGB „überflüssig" wäre, begründet dies aber damit, daß in diesem Falle „der gesicherte Gläubiger" – d.h. der Vormerkungsberechtigte – „vermöge dieser Unwirksamkeit gemäß § 894 BGB. die Berichtigung des Grundbuches erzwingen" könne. Hierbei verkennt er jedoch, daß der Vormerkungsberechtigte wegen seiner nur obligatorischen Berechtigung keinesfalls Gläubiger eines Grundbuchberichtigungsanspruches sein kann.

[179] S. etwa Palandt[56]-*Bassenge*, § 883 Rn. 22; Staudinger[13]-*Gursky*, § 883 Rn. 162; *Mehrtens*, S. 24; *Paulus*, Verfügungsverbot, § 1 II 2 d) (S. 31); *Weiland*, S. 49. Ebenso auch MünchKomm[2]-*Wacke*, § 883 Rn. 46. – Damit kann der Dritterwerber sogar von dem Vormerkungsberechtigten gemäß § 985 BGB Herausgabe des Grundstücks verlangen, falls dieser Besitz erlangt hat; die Durchsetzung des Herausgabeanspruchs „ist jedoch treuwidrig (§ 242), wenn der Vorgemerkte seinerseits aufgrund eines fälligen Auflassungsanspruchs die Zustimmung vom Dritten gemäß § 888 erzwingen kann"; MünchKomm[2]-*Wacke*, § 888 Rn. 18; Staudinger[13]-*Gursky*, § 888 Rn. 59.

Nach einer dieser Auffassungen[180] ist der vormerkungswidrige Erwerb des Dritten auflösend bedingt durch die Verwirklichung bzw. die Geltendmachung des vorgemerkten Anspruchs durch den Vormerkungsberechtigten gegen seinen Schuldner. Der Bedingungseintritt habe zur Folge, daß die Rechtszuständigkeit des Schuldners an diesen zum Zwecke der Befriedigung des Vormerkungsberechtigten wieder zurückfalle. Dieser Konstruktion steht jedoch zum einen im Falle der Auflassungsvormerkung § 925 Abs. 2 BGB entgegen, der bedingte Auflassungen verbietet. Zum anderen macht diese Auffassung – soweit sie in der Verwirklichung des vorgemerkten Anspruchs eine die Rechtszuständigkeit des Dritten auflösende Bedingung sieht – „die Rechtszuständigkeit des Schuldners von seinen eigenen Erfüllungshandlungen abhängig, für die doch ihrerseits wieder erforderlich ist, daß er die Rechtszuständigkeit (bereits wieder) besitzt“[181].

Nach der Auffassung Raapes[182] verliert der Veräußerer zwar das Eigentum an dem Grundstück – er „erhält, oder, wenn man will, behält jedoch die Befugnis, darüber zu verfügen, soweit es zur Befriedigung des vorgemerkten Anspruchs erforderlich ist“[183]. Die „relative Unwirksamkeit“ sei „absolute Wirksamkeit mit relativer Gegenwirkung“[184]. Die Unwirksamkeit werde „nicht direkt herbeigeführt, sondern indirekt mittels Gegenwirkung. Aber wenn sie auch nur eine indirekte ist, so ist sie doch nicht etwa nur eine obligatorische. Der ‚Ausgleich‘ geschieht nicht lediglich so, daß der kollidierende Dritte verpflichtet wird, den Geschützten schadlos zu halten; die Gegenwirkung tritt vielmehr … ipso iure ein. Der Eigentümer kann trotz der Veräußerung noch über die Sache verfügen. Insofern läßt sich sagen, daß die relative Unwirksamkeit dingliche Unwirksamkeit ist oder genauer, daß sie direkt, unmittelbar, dinglich ausgeglichene Wirksamkeit ist.“[185] Gegen die Auffassung Raapes hat Knoke zu Recht vorgebracht, daß die derart konstruierte Verfügungsbefugnis des Veräußerers „als ein beschränktes dingliches Recht an einer fremden Sache“ aufgefaßt werden müsse, das wegen des numerus clausus der Sachenrechte im BGB abzulehnen sei[186].

---

[180] S. etwa *Planck-Strecker*, § 883 Anm. 3 a) β) (S. 184); *Endemann*, § 65, 5 a) (S. 416); *Lang*, S. 41; *Predari*, § 8 IV 1 (S. 108 f.).

[181] *U. Weber*, § 4 I 1 c) α) (S. 35 f.). Ablehnend auch *Flume*, AllgT II, § 17, 6 d) (S. 358) Fn. 49. – Richtigerweise ist vielmehr von einer Wirksamkeit der vormerkungswidrigen Verfügung unter der auflösenden Rechtsbedingung der Anspruchsverwirklichung auszugehen (s. hierzu u. S. 119 ff.).

[182] Veräußerungsverbot, § 10 (S. 49 ff.). Ihm folgend *Mehrtens*, S. 24 ff.; positiv hierzu auch Staudinger[13]-*Kohler*, § 135 Rn. 86.

[183] *Raape*, a.a.O., § 10 I (S. 50).

[184] *Raape*, a.a.O. Positiv hierzu *Rosien*, § 12 II 1 b (S. 172 f.); § 19 VI (218).

[185] *Raape*, a.a.O. (S. 51).

[186] *Knoke*, FG Güterbock, S. 417 f. Kritisch auch *Bülow*, JuS 1994, 7; *Foerste*, S. 30; *Lang*, S. 17; *Voß*, JhJb 60 (1912), 310 ff.

Knoke[187] zufolge ist zugunsten des Vormerkungsberechtigten die nochmalige Verfügung des Veräußerers als Verfügung eines Nichtberechtigten im Sinne des § 185 BGB anzusehen, zu deren Wirksamkeit die Einwilligung oder die Genehmigung des Berechtigten erforderlich sei. Die Einwilligung des Erwerbers sei nicht zu fingieren, sondern es sei vielmehr von einer „obligatorischen Verpflichtung" des Erwerbers gegenüber dem Geschützten auszugehen, seine Zustimmung zu der Verfügung über seine Sache zu geben: Die „einmal entstandene Obligation" erstrecke sich „auch auf jeden späteren Erwerber der Sache"; sie sei ein „obligatorisches Recht zur Sache"[188]. Harms faßt auf prägnante Weise die Konsequenz zusammen, zu der Knokes Auffassung führt: Durch sie werde die relative Unwirksamkeit „in eine dingliche Wirksamkeit mit Restitutionspflicht umgedeutet"[189]. Entgegen Knoke messen jedoch alle übrigen zur „relativen Unwirksamkeit" vertretenen Auffassungen zu Recht dem Anspruch aus § 888 Abs. 1 BGB lediglich verfahrensrechtliche Bedeutung zu[190]. Auch spricht § 888 Abs. 1 BGB ausdrücklich von der „Zustimmung zu der Eintragung oder der Löschung" und nicht etwa – wie ein Vergleich mit dem Wortlaut des § 185 BGB ergibt – von der „Zustimmung des eingetragenen Dritten zu einer Verfügung eines Nichtberechtigten"[191].

Nach Beers Theorie vom „Absicherungsrecht"[192] erwirbt der Dritterwerber bei Vorliegen eines relativen Veräußerungsverbotes Eigentum, das mit einem gemischt schuldrechtlich-dinglichen „Absicherungsrecht" des Geschützten belastetet sei. Dem Geschützten soll – ergänzend zu seinem Verschaffungsanspruch gegen den Verfügenden – ein Anspruch gegen den Erwerber auf Verwirklichung seines Absicherungsrechts zustehen – ein „Mitwirkungsrecht". Zu der hier interessierenden Frage des vormerkungswidrigen Dritterwerbs führt Beer allerdings lediglich vage aus, daß es sich bei der Vormerkung um „ein Gebilde sui generis" handele, „in dem die dargelegten Grund-

---

[187] A.a.O., S. 418 ff. (zu relativem Veräußerungsverbot und Vormerkung).

[188] A.a.O., S. 419. Dieses obligatorische Recht soll *Knoke*, a.a.O., S. 422, zufolge übrigens auch die Grundlage für einen Schadensersatzanspruch des Geschützten gegen den Erwerber geben, wenn letzterer „das Grundstück in zu vertretender Weise verschlechtert hat". – Zustimmend zu *Knokes* Auffassung von der „relativen Unwirksamkeit" RGRK-*Augustin*, § 888 Rn. 2, 19; Staudinger11-*Seufert*, § 883 Rn. 48, § 888 Rn. 4 b; *Harms*, S. 284 f.; *Heinr. Lange*, § 25 III 2 b (S. 112). Im Unterschied zu *Knoke* klassifizieren die soeben genannten Autoren die Zustimmungsverpflichtung allerdings nicht als „obligatorisches Recht zur Sache".

[189] *Harms*, S. 284.

[190] S. die Nachw. o. S. 48 Fn. 5.

[191] *Rosien*, § 6 I 5 b) (S. 42). Dies muß auch *Harms*, a.a.O., einräumen.

[192] *Beer*, § 17, 4 (S. 146 ff., insbes. S. 166); *ders.*, JA 1976, 213 ff.; ihm folgend MünchKomm3-*Mayer-Maly*, § 135 Rn. 30, 33; Staudinger12-*Dilcher*, § 135 Rn. 11; *Bülow*, JuS 1994, 7 f. Positiv hierzu auch Staudinger12-*Ertl*, Vorbem. zu §§ 873–902 Rn. 41 mit Rn. 40; Staudinger13-*Kohler*, § 135 Rn. 87.

sätze zum Absicherungsrecht nur modifiziert zum Tragen kommen“[193]. Beers Theorie vom „Absicherungsrecht“ wird von Paulus[194] zu Recht entgegengehalten, daß damit der Sache nach ein „jus ad rem“ bestehe, neben dem der fortbestehende Übereignungsanspruch des Gläubigers gegenüber dem Schuldner keine rechte Bedeutung habe.

Nach einer weiteren Auffassung, der zufolge bei der „relativen Unwirksamkeit“ zwar nicht das Eigentum, wohl aber die Verfügungsmacht gespalten sein soll[195], verbleibt dem Schuldner – trotz gegenüber der Allgemeinheit vollwirksamen Eigentumserwerbs des Dritterwerbers – die Verfügungsmacht, welche zur Erfüllung seiner Verpflichtung gegenüber dem Gläubiger erforderlich ist. Dies habe im Falle einer Verfügung des Schuldners zugunsten des Vormerkungsberechtigten die Folge, daß die vorangegangene Verfügung zugunsten des Dritterwerbers gegenüber dieser neuerlichen Verfügung keinen Bestand habe. Paulus[196] erklärt dies dogmatisch knapp so, daß die Übereignungszuständigkeit beim Schuldner „im Wege der Fiktion“ belassen sei.

Gegen diese Auffassung wiederum wird zu Recht eingewendet, sie setze „ohne Not den wichtigen Begriff der Verfügungsmacht Unklarheiten aus: Wie kann sie gespalten sein, da sie doch mit dem Eigentum verbunden ist? Wie verhält sich § 185 BGB zu dieser ‚Spaltung‘, wie wirkt sie sich im Konkurse aus?“[197]

Zutreffend erscheint vielmehr die für das relative Veräußerungsverbot nach §§ 135, 136 BGB entwickelte Auffassung Flumes, der zufolge die Rechtszuständigkeit des Veräußerers nach der verbotswidrigen Verfügung „nur aus der Eigenart der Rechtsfigur des relativen Verfügungsverbots zu verstehen“[198]

---

[193] *Beer*, § 19, 10 (S. 185).

[194] Verfügungsverbot, § 1 II 3 a) (S. 35 f.). Vgl. auch BGH, Urt. v. 7.6.1990 – IX ZR 237/89 (München) = BGHZ 111, 364, 368 f. (zum relativen Veräußerungsverbot bei beweglichen Sachen).

[195] Palandt[56]-*Bassenge*, § 883 Rn. 22; Soergel[12]-*Hefermehl*, § 135 Rn. 18; Staudinger[12]-*Dilcher*, § 135 Rn. 11; Staudinger[13]-*Gursky*, § 883 Rn. 160; *ders.*, JR 1984, 4; *H. Heinrich*, § 5 (S. 93 ff.); *Medicus*, AllgT, Rn. 493; *Paulus*, Verfügungsverbot, § 1 II 3 b) (S. 36 ff.); *Rosenberg*, § 883 Anm. IV 1 e) β) (S. 313 f.), welcher zusätzlich „die anspruchswidrige Rechtsänderung als durch die Anspruchserfüllung auflösend bedingt (im uneigentlichen Sinne!)“ bezeichnet; a.a.O. Anm. IV 1 e) γ) (S. 314). Von einer Spaltung der Verfügungsmacht geht auch BGHZ 111, 364, 368 f. (zum relativen Veräußerungsverbot bei beweglichen Sachen), aus. Positiv hierzu auch Staudinger[12]-*Ertl*, Vorbem. zu §§ 873–902, Rn. 41 mit Rn. 40; *Rosien*, § 12 II 1 b (S. 172 f.); § 19 VI (218).

[196] A.a.O. (S. 38); vgl. auch *H. Heinrich,* a.a.O. (S. 93 ff.).

[197] Westermann-*Eickmann*, SachenR II, § 100 IV 3 a) (S. 146); *Hager*, JuS 1990, 435. Ablehnend im besonderen gegenüber BGHZ 111, 364, 368 f.: *Bülow*, JuS 1994, 7 m.w.N.

[198] *Flume*, AllgT II, § 17, 6 d) (S. 358). *Flume* verwendet fast durchgängig den Terminus „Verfügungsverbot“, da dieser „allgemeiner“ als der in den §§ 135, 136 BGB vorzufindende Terminus „Veräußerungsverbot“ sei; *Flume*, a.a.O., § 17, 6 c) (S. 355).

ist: „Sie ist nichts anderes als ein rechtstechnisches Mittel zur Erreichung des mit dem relativen Verfügungsverbot verfolgten Zweckes. ... Die Rechtszuständigkeit des Veräußerers erschöpft sich nach der verbotswidrigen Veräußerung darin, daß er der Partner des Geschützten für den Akt der Verwirklichung des durch das Verbot geschützten Rechts ist. Die Frage nach der materiellrechtlichen Grundlage dieser Zuständigkeit ist ohne Sinn. Die Zuständigkeit des Veräußerers zu der Verfügung an den durch das Verbot Geschützten auch nach der verbotswidrigen Veräußerung findet ihre Rechtfertigung darin, daß sie ein sachgerechtes Mittel ist, um das zu erreichen, was mit dem Institut des relativen Veräußerungsverbots bezweckt ist. Nur auf das Veräußerungsverbot, nicht aber auf irgendeine materiellrechtliche Rechtslage ist die Zuständigkeit des Veräußerers zur Verfügung an den durch das Verbot Geschützten auch nach der verbotswidrigen Verfügung zu gründen."[199]

Gleichzeitig stellt Flume jedoch zutreffend fest, daß u.a. die Frage der rechtlichen Würdigung faktischer Einwirkungen durch den Dritterwerber bzw. durch sonstige Dritte im Gesetz nicht besonders geregelt sind[200].

Flume macht – in Ansehung des relativen „Verfügungsverbots" nach §§ 135, 136 BGB – folgenden Lösungsvorschlag: „In Hinsicht auf das Verfügungsverbot ist der Erwerber berechtigter Fremdbesitzer, im übrigen ist er berechtigter Eigenbesitzer. Als berechtigter Fremdbesitzer muß der Erwerber das Verfügungsverbot respektieren. Beschädigt oder zerstört er die Sache oder verfügt er über sie an einen Gutgläubigen, so ist er, wenn er vorsätzlich oder fahrlässig handelt, schadensersatzpflichtig. Bei Verbrauch der Sache haftet er ferner nach § 812, bei Verfügung an einen Gutgläubigen nach § 816. Alle diese Ansprüche bestehen gegen den Erwerber nur auf der Grundlage des relativen Verfügungsverbots. Verfährt man bei der Durchsetzung des Rechts des durch das Verfügungsverbot Geschützten hinsichtlich dieser Ansprüche ebenso wie hinsichtlich des Gegenstandes des Verfügungsverbots, so muß der durch das Verbot Geschützte sein Recht gegenüber demjenigen verfolgen, der verbotswidrig verfügt hat. Im Rahmen des Verbotsschutzes hat letzterer die Zuständigkeit, die fraglichen Ansprüche auf den durch das Verbot Geschützten zu übertragen. Daß dem Veräußerer selbst materiellrechtlich solche Ansprüche nicht zustehen, besagt nichts. Seine Zuständigkeit zu der Übertragung der Ansprüche ergibt sich daraus, daß auf Grund des Verfü-

---

[199] *Flume*, a.a.O., § 17, 6 d) (S. 358 f.); ebenso offenbar *Larenz*, AllgT, § 23 IV (S. 474). § 888 Abs. 1 BGB, auf den auch § 888 Abs. 2 BGB verweist, geht implizite von einer derartigen Rechtszuständigkeit des Veräußerers aus, wenn er von einer Zustimmung des vormerkungswidrigen Erwerbers „zu der Eintragung oder der Löschung" spricht, welche „zur Verwirklichung des durch die Vormerkung gesicherten Anspruchs" erforderlich sei.

[200] *Flume*, a.a.O. (S. 360). Auch treffen – wie oben dargelegt (s.o. S. 108 f.) – die Gesetzesmaterialien keine konkreten Aussagen.

gungsverbots die verbotswidrige Verfügung für die Durchsetzung des verbotsgeschützten Rechts dem durch das Verbot Geschützten gegenüber unwirksam ist."[201]

Problematisch hieran erscheint jedoch, daß Flume hinsichtlich des Zeitpunkts der Übertragbarkeit dieser – fingierten – Ansprüche des Veräußerers keine Einschränkung macht. D.h. sogar bereits zu Zeiten der Rechtsinnehabung durch den Dritterwerber könnten derartige Ansprüche vom Veräußerer – zu Zwecken der „Durchsetzung des verbotsgeschützten Rechts" – an den Verbotsgeschützten abgetreten werden. Und dies, obwohl zu diesem Zeitpunkt noch gar nicht feststeht, ob letzterer überhaupt sein Recht „hinsichtlich des Gegenstandes des Verfügungsverbots" geltend machen wird bzw. kann. Solange aber die intendierte Rechtsposition durch den Verbotsgeschützten noch nicht erlangt ist, erschienen derartige weitreichende Eingriffsmöglichkeiten zugunsten des Verbotsgeschützten vom Schutzzweck des „Verfügungsverbotes" her nicht gerechtfertigt.

Die gleiche Problematik stellt sich auch bei vormerkungswidrigem Dritterwerb. Denn die Vormerkung – deren Schutzzweck die Anspruchssicherung ist (§ 883 Abs. 1 BGB)[202] – ist in Entstehung und Bestand abhängig vom zu sichernden Anspruch, der seinerseits „während seiner Lebensdauer verschiedenen Einwirkungen ausgesetzt" sein kann[203], mithin vor Herbeiführung der beanspruchten Rechtsgestaltung noch erlöschen kann[204]. Diese Akzessorietät

---

[201] *Flume*, a.a.O. (S. 360 f.). – *Foerste*, S. 31, sowie *Wieling*, SachenR I, § 1 III 5 b (S. 44), nehmen zugunsten des Vormerkungsberechtigten eine Vindikationslage zwischen Veräußerer und Dritterwerber an, aus der bei faktischen Einwirkungen des Dritterwerbers ein Schadensersatzanspruch des Veräußerers gegen den Dritterwerber gemäß §§ 989, 990 BGB resultiere, dessen Abtretung wiederum der Vormerkungsberechtigte gemäß § 281 BGB verlangen könne. *Rosien*, § 11 B VI 3 b) dd) (2) (d) (S. 168) mit § 19 VI (S. 219), wendet hiergegen zu Recht ein, daß zwar „der Veräußerer im Verhältnis zu dem Vormerkungsberechtigten jedenfalls nach der ‚Duplizitätstheorie' [s. hierzu o. S. 110 f.] noch als Eigentümer anzusehen [ist], der Dritterwerber ... dem Veräußerer gegenüber jedoch regelmäßig schuldrechtlich berechtigt [ist]. Und das zwischen dem Veräußerer und dem Dritterwerber bestehende Schuldverhältnis wird durch die ‚relative Unwirksamkeit' grundsätzlich nicht erfaßt."

[202] Die „Sicherung des persönlichen Anspruchs" wurde bereits von der Mehrheit der 2. Kommission als Zweck der Vormerkung bezeichnet; vgl. Prot. (2. Komm.) III, S. 746; *Mugdan* III, S. 570 (s.o. S. 52).

[203] *H. Heinrich*, § 5 (S. 93). Die Vormerkung geht daher „notwendigerweise unter, wenn der Anspruch erlischt"; Staudinger[13]-*Gursky*, § 883 Rn. 16 m.w.N.; vgl. auch BGH, Urt. v. 15.12.1972 – V ZR 76/71 (Hamm) = BGHZ 60, 46, 50. – Überhaupt bedeutet der Umstand, daß eine Vormerkung im Grundbuch eingetragen ist, „noch nicht, daß sie auch wirksam zur Entstehung gekommen ist, da der zu sichernde schuldrechtliche Anspruch fehlen kann. Aufgrund der Eintragung der Vormerkung wird das Bestehen dieses Anspruchs auch nicht vermutet"; *Schapp*, Rn. 358. – Zur Anspruchsakzessorietät der Vormerkung s. ausführlich *Gursky*, a.a.O. Rn. 16 ff. m. umfangr. Nachw.

der Vormerkung resultiert aus der Eigenschaft der Vormerkung als „arteigenes Sicherungsmittel für einen schuldrechtlichen Anspruch“[205], welche nicht zuletzt auch im Wortlaut von § 883 Abs. 1 Satz 1 BGB („Zur Sicherung des Anspruchs ...“) sowie von § 883 Abs. 1 Satz 2 BGB („... auch zur Sicherung eines künftigen oder eines bedingten Anspruchs ...“) ihren Niederschlag gefunden hat[206].

Gerade weil er dem Gesichtspunkt der Anspruchsakzessorietät Beachtung geschenkt hat, hat sich bisher am weitesten Reichel einer Lösung der Problematik genähert, wenn er – allerdings ohne nähere dogmatische Ausformung – ausführt: „Hat der Anspruch Bestand, kommt das Recht durch Eintragung definitiv zustande, so wird die vorgenommene Verfügung rückwärts aufgelöst – Resolution des pendenten Rechts. Hat der Anspruch keinen Bestand oder wird er wieder aufgehoben, kommt also das dingliche Recht nicht zustande, so wird die vorgenommene Verfügung voll gültig: Konvaleszenz, Purifikation des pendenten Rechts“[207]. Reichel spricht in diesem Zusammenhang von „bloß hypothetischer“ Unwirksamkeit vormerkungswidriger Verfügungen[208].

---

[204] Zu den möglichen Erlöschensgründen – z.B. rechtsvernichtende Einwendungen – s. MünchKomm²-*Wacke*, § 886 Rn. 6; Palandt⁵⁶-*Bassenge*, § 886 Rn. 4 m.w.N. Hervorzuheben ist in diesem Zusammenhang besonders der Erlöschensgrund des endgültigen Nichtentstehens künftiger bzw. bedingter Ansprüche (vgl. § 883 Abs. 1 Satz 2 BGB); *Bassenge*, a.a.O. – Solange noch nicht Erfüllung eingetreten ist, besteht der vormerkungsgesicherte Anspruch „unabhängig davon weiter, ob die erforderliche Leistungshandlung teilweise oder vollständig erbracht wurde ... Dem entspricht es auch, daß ... trotz Auflassung der Anspruch noch durch Vormerkung gesichert werden kann“; BGH, Urt. v. 17.6.1994 – V ZR 204/92 (Celle) = NJW 1994, 2947, 2948; MünchKomm²-*Wacke*, § 883 Rn. 30, jeweils m. umfangr. Nachw.

[205] MünchKomm²-*Wacke*, § 883 Rn. 61; vgl. auch Erman-*Hagen*, § 883 Rn. 16 (zu der Charakterisierung der Vormerkung als „arteigenes Sicherungsmittel“ s. bereits o. S. 61, 72).

[206] Vgl. *Gursky*, a.a.O. Rn. 16.

[207] *Reichel*, JhJb 46 (1904), 111 (Hervorhebung von mir); ihm folgend Staudinger¹⁰-*Kober*, § 883 Rn. 48 (hiervon abrückend allerdings bereits Staudinger¹¹-*Seufert*, § 883 Rn. 48). – Von rückwirkender Unwirksamkeit vormerkungswidriger Verfügungen gehen außer *Reichel* noch weitere Verfechter einer „relativen Unwirksamkeit“ – aus: So tritt etwa *Biermann*, Widerspruch und Vormerkung, § 21 II 5 (S. 214) (vgl. auch bereits § 19 I (S. 175)), zufolge die Unwirksamkeit „erst mit der definitiven Eintragung des Vorgemerkten ein, dann aber allerdings mit rückwärts hin wirkender Kraft“. Nach *Vervier*, § 4 II (S. 35), wird eine vormerkungswidrige Verfügung „ex tunc unwirksam“. Sowohl *Biermann* als auch *Vervier* lassen allerdings jegliche dogmatische Begründung hierfür vermissen. *Crome* III, § 376, 6 a) (S. 187), und *Endemann*, § 65, 5 b) (S. 417 f.), hingegen verstehen die von ihnen angenommene Rückwirkung lediglich dahingehend, daß „Entstehung und Rang des durch die Vormerkung gesicherten Rechts ... durch anderweitige nach der Vormerkung eingetragene Verfügungen nicht beeinträchtigt“ werden (so etwa *Crome*, a.a.O.). Für den Sonderfall der Vormerkung künftiger Ansprüche (§ 883 Abs. 1 Satz 2 BGB) geht auch der BGH von rückwirkender „relativer Unwirksamkeit“ aus (s. hierzu u. S. 136 ff.).

[208] *Reichel*, a.a.O. Ihm insoweit folgend *Friedemann*, § 3 (S. 17), ohne allerdings ausdrücklich von einer Rückwirkung auszugehen.

Wie Reichel damit zutreffend dargelegt hat, ist wegen der Anspruchsakzessorietät der Vormerkung die Unwirksamkeit vormerkungswidriger Verfügungen bis zur Verwirklichung des vormerkungsgesicherten Anspruchs lediglich eine „hypothetische". Insoweit muß – da vormerkungswidrige Verfügungen zunächst jedermann gegenüber ohne Einschränkung voll wirksam sind[209] – die in § 883 Abs. 2 Satz 1 BGB[210] sowie in § 888 Abs. 1 BGB[211] enthaltene, „nach ihrem insoweit eindeutigen Wortsinn zu weit gefaßte Regel auf den ihr nach dem Regelungszweck ... zukommenden Anwendungsbereich zurückgeführt"[212] werden. Erst im Zeitpunkt der Herbeiführung der beanspruchten Rechtsgestaltung setzt demnach die in den vorerwähnten Vorschriften vorgesehene „effektive" Unwirksamkeit ein[213]. Diese „effektive Unwirksamkeit" ergreift dann – getreu dem Wortlaut des § 883 Abs. 2 Satz 1 BGB – innerhalb des von dieser Vorschrift umrissenen gegenständlichen Rahmens jede Verfügung, welche „nach der Eintragung der Vormerkung über das Grundstück oder das Recht getroffen" wurde. Der Unwirksamkeit kommt damit Rückwirkung zu[214].

In diesem Zusammenhang ist darauf hinzuweisen, daß die „Herbeiführung der beanspruchten Rechtsgestaltung" nicht stets gleichbedeutend sein muß mit dem Erlöschen des vormerkungsgesicherten Anspruchs durch Erfüllung (§ 362 Abs. 1 BGB): Der vormerkungsgesicherte Anspruch ist nämlich erst dann vollständig erfüllt, wenn „sämtliche vormerkungswidrigen Zwischenrechte" – d.h. etwa im Falle der Auflassungsvormerkung nicht nur die Eintragung des vormerkungswidrigen Dritterwerbers als Eigentümer, sondern auch etwa bestehende vormerkungswidrige Grundpfandrechte – „beseitigt sind"[215]. Wurden daher zum vormerkungswidrigen Dritterwerb zusätzlich vormerkungswidrige Grundpfandrechte eingetragen, so ist die Rückwirkung der Unwirksamkeit hinsichtlich jeder einzelnen vormerkungswidrigen Verfügung gesondert zu betrachten[216].

---

209 S. hierzu o. S. 110 f.

210 „Eine Verfügung, die nach der Eintragung der Vormerkung ... getroffen wird, ist ... unwirksam ..."

211 „Soweit der Erwerb eines eingetragenen Rechtes oder eines Rechtes an einem solchen unwirksam ist, ...".

212 So die Definition der „teleologischen Reduktion" bei *Larenz/Canaris*, Methodenlehre, S. 210 f.

213 Die „Unwirksamkeit" im Sinne von § 888 Abs. 1 BGB ist damit stets eine „hypothetische"; denn § 888 Abs. 1 BGB stellt ein Instrument zur Anspruchsverwirklichung dar.

214 Zu der von der Auffassung *Reichels* abweichenden Qualifizierung dieser Rückwirkung s.u. S. 121 f.

215 S. hierzu MünchKomm[2]-*Wacke*, § 886 Rn. 6, sowie Palandt[56]-*Bassenge*, § 886 Rn. 4; *Wieling*, SachenR[2], § 22 V b) (S. 312); *Wilhelm*, SachenR, Rn. 1202 Fn. 60; *M. Wolf*, SachenR, Rn. 353. Erst mit Erlöschen des vormerkungsgesicherten Anspruchs durch vollständige Erfüllung geht wegen ihrer Akzessorietät auch das Erlöschen der Vormerkung selbst einher; s. hierzu die in der vorgenannten Autoren.

Von der dogmatischen Konstruktion her ist von einer Wirksamkeit der vormerkungswidrigen Verfügung unter der auflösenden Rechtsbedingung der Anspruchsverwirklichung auszugehen[217]. Für die auflösende Rechtsbedingung ist die Rückwirkung „wenn auch nicht begriffswesentlich, so doch mehr oder minder charakteristisch", sofern es sich – wie hier – um Endigungsgründe handelt, welche „ein Provisorium entscheiden", welches „noch in dem einen oder anderen Sinn, je nachdem wie die Entscheidung ausfällt, in einen definitiven Zustand übergeführt werden soll"[218]. Denn eine derartige auflösende Rechtsbedingung entscheidet über „die Wirksamkeit des Rechtsgeschäfts, d.h. über den Eintritt von Wirkungen überhaupt" – und unterscheidet sich damit von der „nicht mit Rückwirkung bekleideten" rechtsgeschäftlichen auflösenden Bedingung, welche, „gleichsam als ein ungewisser Endtermin", über die „Fortdauer der Wirkungen" eines Rechtsgeschäfts entscheidet[219].

Auch Hans Heinrich zufolge befindet sich die vormerkungswidrige Rechtsgestaltung bis zu dem Zeitpunkt, in dem die anspruchsmäßige Rechtsgestaltung eintritt, in einem „besonders gearteten Zustand der Unwirksamkeit", nämlich im Zustand der „potentiellen Unwirksamkeit"[220]. Diese „potentielle

---

[216] Dem Vormerkungsberechtigten steht daher zur Beseitigung der übrigen vormerkungswidrigen „Zwischenrechte" nicht der Grundbuchberichtigungsanspruch des § 894 BGB zur Verfügung. Ausweislich der *Protokolle* der 2. Kommission ging auch die Kommissions-Mehrheit davon aus, daß vormerkungswidrige Verfügungen nicht über den Grundbuchberichtigungsanspruch beseitigt werden können. So wollte sie durch die Annahme des Antrages 3, dessen Inhalt bereits der Regelungsgehalt des heutigen § 888 Abs. 1 BGB innewohnte, „den Berichtigungsanspruch des §. 843 [E I-ZustRedKom]", einen entstehungsgeschichtlichen Vorläufer des § 894 BGB, ausdrücklich „erweitern"; Prot. (2. Komm.) III, S. 746; *Mugdan* III, S. 570 (s. hierzu o. S. 52 f.). – Gegen eine Anwendung von § 894 BGB oder § 22 GBO zugunsten des Vormerkungsberechtigten auch OLG Hamm, Beschl. v. 20.11.1992 – 15 W 290/92 = NJW-RR 1993, 529, 530; Palandt[56]-*Bassenge*, § 888 Rn. 2.

[217] Eine „Rechtsbedingung" ist zu definieren als „ein zukünftiger, ungewisser Umstand, von dessen Eintritt die Wirksamkeit des Geschäfts nach seiner Natur, seinem Gegenstande oder besonderer Rechtsvorschrift abhängt." Sie ist zwar nicht Teil des Tatbestandes des Rechtsgeschäfts, wohl aber „Bedingung der Wirksamkeit dieses Tatbestandes"; *Enneccerus/Nipperdey*, AllgT 2, § 194 II 2 a) (S. 1186 f.); ebenso Soergel[12]-*M. Wolf*, Vor § 158 Rn. 7 f.; Staudinger[13]-*Bork*, Vorbem. zu §§ 158 ff. Rn. 23; *Egert*, S. 34. *Ronke*, FS Nottarp, S. 95 f. Wie rechtsgeschäftliche Bedingungen können auch Rechtsbedingungen aufschiebend oder auflösend wirken; *Egert*, S. 187; *Oertmann*, Rechtsbedingung, S. 39. *Egert*, S. 188, bezeichnet zu Recht die Anfechtbarkeit des Rechtsgeschäfts als „Musterbild gesetzlicher auflösender Bedingtheit" (vgl. Mot. I, S. 219; *Mugdan* I, S. 473).

[218] Vgl. *Egert*, S. 205 f. mit S. 187.

[219] *Egert*, S. 188. Ähnlich *Oertmann*, Rechtsbedingung, S. 113 f. – Und anders als bei der bereits oben abgelehnten Annahme einer rechtsgeschäftlichen auflösenden Bedingung (s. hierzu o. S. 112) steht bei der Annahme einer auflösenden Rechtsbedingung im Falle der Auflassungsvormerkung auch nicht § 925 Abs. 2 BGB entgegen; vgl. etwa Erman-*Hagen*, § 925 Rn. 30.

[220] § 6 (S. 106 f.). – Zwar sei der gewählte Ausdruck „potentielle" Unwirksamkeit nicht völlig korrekt, da eine Unwirksamkeit noch nicht eingetreten sei; gegeben sei „lediglich die

Unwirksamkeit" werde zur „aktuellen Unwirksamkeit"[221] mit dem Augenblick, in dem anspruchsmäßige Rechtsgestaltung ins Leben trete „wie alle Rechtsänderungen des Liegenschaftsrechts, nämlich regelmäßig durch Einigung und Eintragung"[222]. Die „aktuelle Unwirksamkeit" werde allerdings nur ex nunc effektiv: Die vormerkungswidrige Verfügung sei und bleibe „von Anfang an vollwirksam; aber die durch die Verfügung herbeigeführte Rechtslage muß, wenn die beanspruchte Rechtsgestaltung ins Leben tritt, dieser Platz machen"[223]. Hier von aufschiebend bedingter Unwirksamkeit zu sprechen[224], sei jedoch unzutreffend; „denn die ‚Bedingung', die die Unwirksamkeit vollends herbeiführte, wäre eine conditio iuris"[225]. Gegen die Auffassung Hans Heinrichs spricht jedoch, daß nach ihr die „aktuelle Unwirksamkeit", in welche die „potentielle Unwirksamkeit" übergehen soll, keine eigenständige Bedeutung entfaltet: Denn ihr Effektivwerden ex nunc fiele quasi in einer „juristischen Sekunde" mit der Herbeiführung der „anspruchsmäßigen Rechtsgestaltung" zugunsten des Vormerkungsgeschützten zusammen.

Gegen eine rückwirkende Unwirksamkeit vormerkungswidriger Verfügungen hat sich allerdings außerdem Klaus Müller mit dem Argument ausgesprochen, damit werde „eine weitergehende Wirkung herbeigeführt, als es von der Funktion der Vormerkung gerechtfertigt ist". Nach der Funktion der Vormerkung solle die Erfüllungswirkung „nur bei der Erfüllung des vorgemerkten Anspruchs ohne Beeinträchtigung durch zeitlich vorausgegangene dingliche Verfügungen eintreten." Deshalb könne vormerkungswidriger Rechtserwerb „nur zum Zeitpunkt der Erfüllung des vorgemerkten Anspruchs ex nunc entfallen"[226].

Möglichkeit, daß sie einmal eintritt"; *H. Heinrich,* a.a.O. (S. 107) Fn. 1. In dem Ausdruck „potentielle Unwirksamkeit" liege jedoch das Gewicht auf „potentiell", während das Wort „Unwirksamkeit" nur proleptisch gebraucht sei; *H. Heinrich,* a.a.O.

[221] Diese „aktuelle Unwirksamkeit" ist *H. Heinrich,* § 5 (S. 88 ff.), zufolge eine „relative".

[222] *H. Heinrich,* § 6 (S. 107).

[223] *H. Heinrich,* § 5 (S. 97 f.).

[224] So ist etwa *E. Wolf,* SachenR, § 13 A II h) (S. 579), der Auffassung, die durch die Vormerkung bewirkte Unwirksamkeit der vormerkungswidrigen Verfügung sei „durch die Vornahme der zur Erfüllung des gesicherten persönlichen Anspruchs notwendigen Verfügung aufschiebend bedingt". Ähnlich *Bongartz,* S. 30 f., dem zufolge „suspensiv bedingte" Unwirksamkeit vorliegt, die „bedingt durch die Geltendmachung des Anspruchs durch den Gläubiger" sei.

[225] *H. Heinrich,* § 6 (S. 107) Fn. 1. – Auch die Annahme (aufschiebend) rechtsbedingter Unwirksamkeit ist jedoch nicht korrekt, da hierbei „die Bedingung in Ausweitung des Begriffes ... nicht auf den Eintritt oder die Endigung der Rechtswirkung, sondern auf den Eintritt einer rechtlichen Situation ... bezogen wird"; vgl. *Egert,* S. 189 (zum anfechtbaren Rechtsgeschäft). Zum Begriff der Rechtsbedingung als „Bedingung der Wirksamkeit" des Tatbestands eines Rechtsgeschäfts s.o. S. 119 Fn. 217. – Ebensowenig zutreffend ist es daher etwa, wenn *Oertmann,* ZZP 33 (1904), 27 f., die „relative Unwirksamkeit" als „(absolute) Nichtigkeit unter der Rechtsbedingung der Geltendmachung des Nichtigkeitsgrundes" klassifiziert.

Dem ist jedoch entgegenzuhalten, daß in Rechtsprechung und Schrifttum zu Recht unumstritten ist, daß eine derartige Rückwirkung, wie sie hier angenommen wird, keine Rückwirkung im unmittelbar wörtlichen Sinne sein kann -- etwa derart, daß sich nach Eintritt des rückwirkenden Ereignisses die geltende Rechtslage der Vergangenheit änderte[227]. Die hier angenommene Rückwirkung ist auch nicht als eine nur „deklarative" Rückwirkung im Sinne der sog. „deklarativen Pendenztheorie"[228] zu begreifen, zu welcher auch Reichel[229] tendiert, wenn er – etwas vage – von der „Resolution des pendenten Rechts" bzw. von der „Purifikation des pendenten Rechts" spricht. Nach dieser „deklarativen Pendenztheorie" ist Rückwirkung „die durch späteren Eintritt eines Umstandes erfolgende Feststellung, daß ein Tatbestand bereits an einem früheren Zeitpunkt eine Rechtsfolge gehabt oder nicht gehabt hat"[230]. Folgte man dieser Theorie, so müßte man „bis zu dem Eintritt des für die Rückwirkung maßgebenden, nur deklarativ wirkenden Ereignisses einen Zustand subjektiver Ungewißheit annehmen", der auf unabsehbare Zeit weiterbestünde, solange die Verwirklichung des vormerkungsgesicherten Anspruchs noch nicht erfolgt sein sollte. Genau das Gegenteil hingegen ist der Fall: Denn bis zur Anspruchsverwirklichung ist, wie oben bereits ausgeführt[231], die vormerkungswidrige Verfügung wirksam[232].

---

[226] *K. Müller*, SachenR[3], Rn. 1170c. Ebenso Staudinger[13]-*Gursky*, § 883 Rn. 164. – Gegen eine Rückwirkung der Vormerkungswirkungen spricht sich auch *Rosenberg*, § 883 Anm. IV 1 e) γ) (S. 314), mit dem Argument aus, auch der Eintritt einer auflösenden Bedingung wirke nicht zurück. Ablehnend auch explizite *Warneyer*, § 883 Anm. V (S. 64); *Sekler*, § 17 I 2 c) (S. 172).

[227] S. hierzu *Jacobi*, S. 4 f. m. umfangr. Nachw.; vgl. auch *Flume*, AllgT II, § 56 (S. 899). – *Esser*, Rechtsfiktionen, § 14 (S. 175), begründet dies zutreffend wie folgt: „Das Gesetz hat weder die Möglichkeit noch einen Grund, in der Vergangenheit liegende soziale Situationen zu regeln. Das folgt aus seinem Charakter als eines Systems von Anordnungen und Geboten. Gebote haben aber nur den Zweck, wenn man sie noch befolgen kann, und ordnen läßt sich nur das Gegenwärtige (oder Künftige), nicht das Gewesene."

[228] Zu den einzelnen Spielarten der „deklarativen Pendenztheorie", welche etwa von *Blomeyer*, FS Rabel, S. 308 f.; *Enneccerus*, Rechtsgeschäft, § 27 (S. 239); *Enneccerus/Nipperdey*, AllgT 1, § 82 II 3 (S. 474 f.); *Fitting*, S. 6 ff.; *Philipsborn*, Gruchot 64 (1920), 10, vertreten wird, s. ausführlich *Jacobi*, S. 9 ff. – Die „deklarative Pendenztheorie" nahm ihren Ausgang auf dem Feld der Deutung bedingter Rechtsübertragungen, wo sie von *Eichenhofer*, AcP 185 (1985), 191 ff., auch heute noch vertreten wird.

[229] *Reichel*, JhJb 46 (1904), 111 (s.o. S. 117).

[230] So die prägnante Formel von *Philipsborn*, a.a.O. – *Fitting*, S. 21, unterscheidet zwischen „Rückziehung" und „Vorwirkung". Sowohl bei Rechtswirkungen mit „Rückziehung" als auch bei jenen mit „Vorwirkung" sei „eine Ungewißheit vorhanden, welche durch ein späteres Ereigniß beseitigt wird". *Fitting* führt hierzu differenzierend aus, daß „bei der Rückziehung ein späterer Umstand die wahre Natur eines vorhergegangenen ungewissen Zustandes offenbart, bei der Vorwirkung dagegen der spätere Umstand nur der Zukunft, nicht auch der Vergangenheit rechtliche Gestaltung gibt"; *Fitting*, S. 48.

[231] S.o. S. 110 f.

[232] Vgl. zum Ganzen *Schubert*, Ex tunc-Wirkung, S. 6 f. (für das anfechtbare Rechtsgeschäft); ebenso *Esser*, Rechtsfiktionen, § 14 (S. 196); kritisch zur „deklarativen Pendenz-

Rückwirkung bedeutet vielmehr nur, daß „von nun an (ex nunc) der Rechtszustand so betrachtet werden soll, als hätte er schon damals (tunc) bestanden“[233]. D.h. die Rückwirkung ist „bei Lichte betrachtet immer bloss eine eigenartige Wirkung in die Zukunft; nicht die Vergangenheit selbst wird dadurch verändert, sondern nur das Bild der Vergangenheit, das für die Folgezeit in einer bestimmten Beziehung massgebend sein soll“[234].

Jacobi beschreibt die praktischen Konsequenzen zutreffend wie folgt: „Die fingierte Rechtsfolge wird (wie in einem Zeitraffer) im Moment des rückwirkenden Ereignisses ‚summiert‘ und dem Tatbestand – wie er ohne das Merkmal der Rückwirkung Folgen zeitigen würde – als geltende Rechtsfolge quasi zugeschlagen.“[235] Die Rückwirkung ist damit nach alledem „nichts anderes als ein rechtstechnischer Kunstgriff“[236], welcher in der Vergangenheit abgeschlossene Vorgänge unangetastet läßt, nicht-abgeschlossene Vorgänge hingegen einer retrospektiven Betrachtung unterwirft.

Die soeben gewonnenen Erkenntnisse lassen sich auch auf die ebenfalls vom spezifischen Schutzzweck bestimmte Rechtslage beim relativen Veräußerungsverbot nach §§ 135, 136 BGB übertragen, welches nicht zuletzt auch nach der Intention des Gesetzgebers mit der Vormerkung gleichbehandelt werden sollte (vgl. § 888 Abs. 2 BGB)[237].

---

theorie“ auch *E. Wolf/Naujoks*, S. 229, sowie ausführlich *Jacobi*, S. 17 ff. – Entgegen *Reichel*, a.a.O., sowie Staudinger[10]-*Kober*, § 883 Rn. 48; ist daher auch kein „Schwebezustand“ gegeben; insbesondere sind vormerkungswidrige Verfügungen nicht etwa nur „schwebend wirksam“. Denn „schwebende Wirksamkeit“ liegt nur dann vor, wenn ein Rechtsgeschäft vorläufig wirksam ist, um endgültig wirksam zu werden, sofern das fehlende Wirksamkeitserfordernis beigebracht wird – bzw. um ex tunc unwirksam zu werden, sofern dies nicht geschieht; Palandt[32]-*Heinrichs*, Überbl. v. § 104 Anm. 4 c). Bei der vormerkungswidrigen Verfügung steht jedoch kein Wirksamkeitserfordernis aus. Ebenso wie das anfechtbare Rechtsgeschäft vor erfolgter Anfechtung – vgl. Palandt[56]-*Heinrichs*, § 142 Rn. 3 – ist auch die vormerkungswidrige Verfügung zunächst wirksam.

233 *v. Lübtow*, S. 658; ebenso etwa *Bernhöft*, FS Bekker, § 5 (S. 268); *Esser*, Rechtsfiktionen, § 14 (S. 175); *Flume*, AllgT II, § 56 (S. 899); *Hellwig*, FS Giessen, § 2 I (S. 25); *U.H. Schneider*, AcP 175 (1975), 286 f.; *v. Tuhr* II 1, § 43 V (S. 22); *E. Wolf/Naujoks*, S. 220. Umfangr. w. Nachw. bei *Schubert*, Ex tunc-Wirkung, S. 5 Fn. 3.

234 *Bierling*, § 25, 3 (S. 238); vgl. auch *Esser*, a.a.O.; *Hellwig*, FS Giessen, a.a.O. (S. 27); *ders.*, FS v. Martitz, S. 160, sowie *Flume*, a.a.O. (zu § 184 BGB): „Ungeachtet der Rückwirkung hat das genehmigungsbedürftige Rechtsgeschäft bis zur Genehmigung nicht gegolten. Die Geltung des Rechtsgeschäfts ist trotz der Rückwirkung eine solche ex nunc. Art und Umfang der Geltung ex nunc werden aber durch die retrospektive Betrachtung bestimmt, wie die Rechtslage wäre, wenn das Rechtsgeschäft sogleich, d.h. ex tunc, mit der Zustimmung vorgenommen worden wäre.“

235 *Jacobi*, S. 29.

236 *Flume*, a.a.O.

237 Vgl. o. S. 105 f.

II. Konsequenzen der hier vertretenen Konzeption von der Unwirksamkeit vormerkungswidriger Verfügungen, dargestellt anhand ausgewählter Beispiele

Anhand ausgewählter Beispiele sollen nun im folgenden die sich für den Untersuchungsgegenstand ergebenden Konsequenzen der soeben entwickelten Konzeption von der Unwirksamkeit vormerkungswidriger Verfügungen dargestellt werden[238]: zum einen am Beispiel des auflassungsvormerkungswidrigen Grundstückseigentumserwerbs, dem ein Kaufvertrag zugrunde liegt; zum anderen am Beispiel des auflassungsvormerkungswidrigen Grundschulderwerbs.

1. Auflassungsvormerkungswidriger Grundstückseigentumserwerb

Was nun zunächst das Beispiel des auflassungsvormerkungswidrigen Grundstückseigentumserwerbs betrifft, welchem ein Kaufvertrag zugrunde liegt, so ist im Hinblick auf faktische Einwirkungen auf das vormerkungsbetroffene Grundstück zwischen zwei Fallgruppen zu differenzieren: zwischen den Fällen faktischer Einwirkungen durch den vormerkungswidrigen Dritterwerber einerseits und den Fällen faktischer Einwirkungen durch sonstige Dritte[239] andererseits.

a) Faktische Einwirkungen durch den Dritterwerber

Sind während des Eintragungszeitraums des Dritterwerbers von diesem faktische Einwirkungen auf das Grundstück ausgegangen, so ergeben sich aus dem Effektivwerden der rückwirkenden Unwirksamkeit keine Ansprüche des Veräußerers aus §§ 989, 990 BGB gegen den Dritterwerber, welche der Veräußerer in (entsprechender) Anwendung von § 281 Abs. 1 BGB an seinen vormerkungsgeschützten Gläubiger abzutreten hätte.

Denn mit der rückwirkenden Unwirksamkeit geht nicht zugleich die Annahme des Bestehens eines Eigentümer-Besitzer-Verhältnisses zwischen Veräußerer und Dritterwerber für den verstrichenen Zeitraum einher: Dem Dritterwerber steht nämlich bis zum Eigentumserwerb des Vormerkungsberechtigten gegenüber dem Veräußerer ein obligatorisches Recht zum Besitz (§ 986

---

[238] Angemerkt sei in diesem Zusammenhang, daß die Konzeption auch auf das dingliche Vorkaufsrecht (vgl. § 1098 Abs. 2 BGB), auf das Vorrecht auf Erbbaurechtserneuerung (vgl. § 31 Abs. 4 Satz 1 ErbbauRVO) sowie für das eingetragene Wiederkaufsrecht gemäß § 20 RSiedlG (s. hierzu o. S. 55 f. Fn. 27) Anwendung findet; hingegen nicht auf die Amtsvormerkung nach § 18 Abs. 2 GBO, für die – s. hierzu etwa MünchKomm^2-*Wacke*, § 883 Rn. 7 – die §§ 883 ff. BGB nicht gelten.

[239] Zum Sonderfall der faktischen Einwirkung durch den Veräußerer s.u. S. 134 Fn. 287.

Abs. 1 Satz 1, 1. Alt. BGB) aus dem Kaufvertrag mit dem Veräußerer zu, welches auch in der Retrospektive nicht entfällt, da nur der sachenrechtliche Verfügungstatbestand als rückwirkend unwirksam anzusehen ist[240]. D.h. es ergeben sich, ohne daß die rückwirkende Unwirksamkeit hierbei irgendwelche Auswirkungen zeitigte, über § 281 Abs. 1 BGB analog[241] abzutretende Schadensersatzansprüche des Veräußerers gegen den Dritterwerber nur aus dem zugrundeliegenden Kaufvertrag – d.h. aus dem Kausalverhältnis – zwischen Veräußerer und Dritterwerber[242].

In diesem Zusammenhang sind zwei Fälle zu unterscheiden: einerseits der Fall der Kenntnis, andererseits der Fall der fehlenden Kenntnis des Dritterwerbers von der Vormerkung[243]. Denn die Auflassungsvormerkung stellt ein

---

[240] Ein auch in der Retrospektive beständiges Recht zum Besitz hat gleichermaßen ein eventueller Besitzmittler des Dritterwerbers – etwa ein Grundstücksmieter oder -pächter (vgl. § 986 Abs. 1 Satz 1, 2. Alt. BGB). Ab dem Zeitpunkt des Rechtserwerbs des Vormerkungsberechtigten ist der Dritterwerber (bzw. dessen Besitzmittler) dann der Vindikation durch den Vormerkungsberechtigten ausgesetzt; s. etwa Palandt[56]-*Bassenge*, § 888 Rn. 9; Soergel[12]-*Stürner*, § 888 Rn. 4; *Wilhelm*, SachenR, Rn. 1176 Fn. 11. – Ansprüche des Veräußerers aus § 823 Abs. 1 BGB scheitern bereits an der dem Dritterwerber mit Übergabe des Kaufgrundstücks eingeräumten Besitz- und Nutzungsberechtigung (vgl. § 446 BGB).

[241] S. hierzu o. S. 79 Fn. 9.

[242] Wurde zwischen Veräußerer und vormerkungsgeschütztem Gläubiger ein Gewährleistungsausschluß vereinbart, so kommen die Grundsätze über die Drittschadensliquidation zur Anwendung, da es andernfalls an einem Schaden des Veräußerers fehlen würde (vgl. hierzu o. S. 82 ff.). – Anders als im folgenden aufgezeigt, berücksichtigt *Flume*, AllgT II, § 17, 6 d) (S. 360 f.), bei seiner für das relative Veräußerungsverbot entwickelten Lösung (s. hierzu bereits o. S. 115 f.) das Kausalverhältnis zwischen Veräußerer und Dritterwerber überhaupt nicht. Für den Fall, daß die anspruchsmäßige Rechtsgestaltung herbeigeführt und damit der Vormerkungsberechtigte als Eigentümer in das Grundbuch eingetragen wurde, stellt sich daher die – von *Flume* nicht beantwortete – Problematik der Anspruchskonkurrenz: d.h. der Konkurrenz des – *Flume* zufolge – „auf der Grundlage des relativen Verfügungsverbots" zu Zwecken von dessen Durchsetzung bestehenden Anspruchs des Veräußerers einerseits sowie den Ansprüchen aus dem Kausalverhältnis Veräußerer – Dritterwerber andererseits. – Zudem ist problematisch, ob dieses Modell, das *Flume* lediglich in bezug auf faktische Einwirkungen durch den Dritterwerber exemplarisch vorgestellt hat, überhaupt auf den von ihm zwar als Problem angesprochenen (a.a.O. [S. 360]), dann allerdings nicht näher untersuchten Fall der faktischen Einwirkung durch sonstige Dritte übertragbar ist. Denn *Flumes* Auffassung stützt sich darauf, daß der Dritterwerber „in Hinsicht auf das Verfügungsverbot" berechtigter Fremdbesitzer sei und als solcher das Verfügungsverbot respektieren müsse. Hieraus leitet *Flume* für den Fall der Beschädigung durch den Dritterwerber Schadensersatzansprüche des Veräußerers gegen den Dritterwerber ab, welche diesem zwar materiellrechtlich nicht zustünden, wohl aber „auf der Grundlage des relativen Verfügungsverbots" bestünden; *Flume*, a.a.O. (S. 360 f.). Für den Fall, daß ein dritter Schädiger zum Zeitpunkt der faktischen Einwirkung überhaupt keinen Besitz am Grundstück gehabt haben sollte, bietet daher die These *Flumes* keinen Lösungsansatz.

[243] Fehlende Kenntnis kann etwa dann vorliegen, wenn die Vormerkung „zu Unrecht gelöscht war, ein gutgläubig lastenfreier Erwerb des Dritten aber nicht mehr zustande gekommen ist", weil „vor Umschreibung des Eigentums auf den Dritten ein Widerspruch

„Recht" dar, das „von Dritten gegen den Käufer geltend gemacht werden kann" (§ 434 BGB)[244]. Kennt nun aber der Dritterwerber diesen Rechtsmangel bei Vertragsschluß, ist die Haftung des Veräußerers hierfür durch § 439 Abs. 1 BGB ausgeschlossen[245].

(1) Kenntnis des Dritterwerbers von der Vormerkung

Im Falle der Kenntnis des Dritterwerbers von der Auflassungsvormerkung ist der Kaufvertrag zwischen Veräußerer und Dritterwerber im Zweifel – d.h. mangels ausdrücklicher Regelung – so auszulegen, daß „die Parteien den Vertrag unter der auflösenden Bedingung der Ausübung des durch die Vormerkung gesicherten Rechts abgeschlossen haben"[246]. Mit Eintritt dieser auflösenden Bedingung entfallen daher – ex nunc – die Wirkungen des Kaufvertrages (§ 158 Abs. 2 BGB). Es liegt damit ein Anwendungsfall des § 812 Abs. 1 Satz 2, 1. Fall BGB[247] vor, welcher der verschärften Haftung nach

---

eingetragen worden ist"; Staudinger[13]-*Gursky*, § 888 Rn. 56. Eine Vormerkung geht nämlich durch bloße Löschung im Grundbuch noch nicht materiellrechtlich unter; zum Erlöschen bedarf es vielmehr noch einer materiellrechtlichen Aufhebungserklärung des Vormerkungsberechtigten entsprechend § 875 BGB; s. hierzu etwa BGH, Urt. v. 15.12.1972 – V ZR 76/71 (Hamm) = BGHZ 60, 46, 50 f.; Palandt[56]-*Bassenge*, § 886 Rn. 3.

[244] Erman-*Grunewald*, § 439 Rn. 3; *dies.*, Rechts- und Sachmängelhaftung, S. 43; Staudinger[13]-*Köhler*, § 434 Rn. 6; s. auch RG, Urt. v. 8.11.1935 – V 97/35 (KG Berlin) = RGZ 149, 195, 197; OLG Breslau, Urt. v. 9.12.1925 – 3 U 148/25 = JW 1926, 2707, 2708.

[245] Gleiches gilt auch bei erfolgter Abbedingung der Rechtsmängelhaftung (§ 443 BGB). – Anzumerken ist in diesem Zusammenhang, daß § 439 Abs. 1 BGB positive Kenntnis vom Rechtsmangel voraussetzt, fahrlässige Unkenntnis genügt nicht; Staudinger[13]-*Köhler*, § 439 Rn. 10. Insbesondere steht es der Kenntnis des Käufer nicht gleich, daß der Rechtsmangel aus dem Grundbuch ersichtlich ist; Erman-*Grunewald*, § 439 Rn. 4; RGRK-*Mezger*, § 439 Rn. 3; Soergel[12]-*Huber*, § 439 Rn. 31; *Köhler*, a.a.O.; vgl. auch BGH, Urt. v. 24.6.1988 – V ZR 49/87 (Frankfurt) = NJW 1988, 2878. Hinzukommen muß, daß der Käufer vom Inhalt des Grundbuchs Kenntnis genommen hat; *Huber*, a.a.O. – Zum Begriff der „Kenntnis" im Sinne von § 439 BGB s. ausführlich *Köhler*, a.a.O. Rn. 11 ff.

[246] Soergel[12]-*Huber*, § 439 Rn. 19; ebenso (für das dingliche Vorkaufsrecht) RG, Urt. v. 2.1.1922 – 264/21 V. (Bamberg) = JW 1922, 576; MünchKomm[3]-*H.P. Westermann*, § 439 Rn. 2; *Huber*, a.a.O. Rn. 17 m.w.N. – Die Annahme einer „konkludent vereinbarten Bedingung scheitert nicht daran, daß sie in den beurkundeten Text des Kaufvertrags nicht aufgenommen ist. Denn auch formbedürftige Verträge sind ergänzender Auslegung zugänglich"; *Huber*, a.a.O. Zur subsidiären Anwendung von §§ 275 Abs. 2, 323 BGB s. *Huber*, a.a.O. Rn. 19 mit Rn. 18: Der Verkäufer hat in diesem Falle das nachträgliche Unvermögen zur Verschaffung rechtsbeständigen Eigentums nicht zu vertreten: „Denn es findet seinen Grund ausschließlich in der Vormerkung, für die der Verkäufer nach § 439 Abs. 1 nicht haftet. Infolgedessen erlöschen mit Ausübung des Vorkaufsrechts die beiderseitigen Erfüllungsansprüche: der des Käufers gemäß § 275, der des Verkäufers gemäß § 323"; *Huber*, a.a.O. Rn. 18 m.w.N.

[247] Dieser Bereicherungsanspruch des Verkäufers aus § 812 Abs. 1 S. 2, 1. Fall BGB kann – da der Vormerkungsberechtigte nunmehr besitzberechtigter Eigentümer ist – „in-

§ 820 Abs. 1 Satz 2 i.V.m. Satz 1 BGB unterworfen ist[248]: D.h. der Dritterwerber haftet für die Auswirkungen infolge seines Verschuldens entstandener Verschlechterungen des Grundstücks gemäß §§ 820 Abs. 1 Satz 2 i.V.m. Satz 1, 818 Abs. 4, 292, 989 BGB[249]. Der hieraus resultierende Anspruch ist dann über § 281 Abs. 1 BGB analog[250] seitens des Veräußerers an seinen vormerkungsgeschützten Gläubiger abzutreten[251].

In Ansehung der Nutzungen wird die verschärfte Haftung des Dritterwerbers gemäß § 820 Abs. 2, 2. Halbs. BGB abgemildert. Auf den Nutzungsherausgabeanspruch findet § 281 Abs. 1 BGB jedoch bereits seinem Wortlaut nach („...für den geschuldeten Gegenstand einen Ersatz oder einen Ersatzanspruch, ...") keine Anwendung. Ein Nutzungsherausgabeanspruch des Dritterwerbers unmittelbar gegenüber dem Vormerkungsberechtigten, wie er teilweise aus §§ 987 f. BGB analog hergeleitet wird[252], ist nicht gegeben, da – wie oben bereits dargelegt[253] – eine entsprechende Anwendbarkeit der Vor-

---

haltlich nur dahin gehen, daß der Käufer die Kaufsache an den Eigentümer herausgibt, wozu der Käufer ja auch gesetzlich verpflichtet ist"; vgl. *Ernst*, § 15 III 1 a) (S. 197).

[248] Vgl. Erman-*H.P. Westermann*, § 820 Rn. 5; MünchKomm²-*Lieb*, § 820 Rn. 8; Staudinger¹³-*Lorenz*, § 820 Rn. 6; *Reinicke/Tiedtke*, KaufR, S. 54. Ein anderer Teil des Schrifttums ist hingegen der Auffassung, bei auflösend bedingtem Schuldverhältnis sei „die Wertung der §§ 158 Abs 2, 446 auch im Rahmen der bereicherungsrechtlichen Abwicklung zu berücksichtigen"; Staudinger¹³-*Köhler*, § 446 Rn. 8; *Larenz*, SchuldR II/1, § 42 II a) (S. 99 f.); *G. Walter*, KaufR, § 6 II 1 c) bb) (S. 272 f.). Hiergegen wendet sich zu Recht *Enneccerus/Lehmann*, § 103 III 1 (S. 419): „Die Annahme, daß die Gefahr mit der Übergabe der Sache endgültig auf den Käufer übergegangen sei, widerspricht der Bedingung"; ebenso – mit zutreffenden Argumenten aus Entstehungsgeschichte und Gesetzessystematik – *Kohler*, Rückabwicklung, § 1 A (S. 7 ff.).

[249] Hierbei muß er sich gemäß § 278 BGB auch das Verschulden von Erfüllungsgehilfen zurechnen lassen, „da er aus einem gesetzlichen Schuldverhältnis haftet"; *Larenz/Canaris*, SchuldR II / 2, § 73 II 3 a) (S. 314); *Medicus*, JuS 1993, 706 f. Hierunter fallen Personen, deren er sich zur Erfüllung seiner Sachbewahrungspflicht bedient; *Medicus*, a.a.O., 707 (vgl. hierzu noch u. S. 131 Fn. 270).

[250] Vgl. o. S. 79 Fn. 9.

[251] Der im Tatbestand des § 281 Abs. 1 BGB vorausgesetzte ursächliche Zusammenhang zwischen dem Unmöglichwerden der Leistung und dem Erwerb des Ersatzes durch den Verkäufer ist gegeben, da für § 281 BGB ein adäquater Kausalzusammenhang genügt (vgl. hierzu BGH, Urt. v. 4.3.1955 – V ZR 56/54 (Celle) = LM § 281 BGB Nr. 1 (Bl. 2); RGRK-*Alff*, § 281 Rn. 5; Staudinger¹³-*Löwisch*, § 281 Rn. 13; noch weitergehend MünchKomm³-*Emmerich*, § 281 Rn. 14). – Für den Anspruch aus § 281 BGB (analog) gilt grundsätzlich die gleiche Verjährungsfrist wie für den vertraglichen Erfüllungsanspruch, an dessen Stelle er getreten ist (s. hierzu o. S. 81 f. Fn. 18).

[252] BGH, Urt. v. 20.5.1983 – V ZR 291/81 (Düsseldorf) = BGHZ 87, 296, 301 (dingliches Vorkaufsrecht); *Wilhelm*, SachenR, Rn. 608 Fn. 829, Rn. 1215; Palandt⁵⁶-*Bassenge*, § 888 Rn. 9 (ab Fälligkeit des Auflassungs- und Zustimmungsanspruchs); *K. Müller*, SachenR³, Rn. 1171n f. (nach erfolgter Auflassung in Erfüllung des vormerkungsgesicherten Anspruchs).

[253] Vgl. o. S. 55 ff.

schriften des Eigentümer-Besitzer-Verhältnisses abzulehnen ist[254]. Aus demselben Grund stehen dem Dritterwerber gegenüber dem Vormerkungsberechtigten auch keine Verwendungsersatzansprüche aus §§ 994 ff., 999 Abs. 2 BGB analog zu[255]. Ebensowenig hat der Dritterwerber wegen vorgenommener Verwendungen gegen den Vormerkungsberechtigten Ansprüche aus Geschäftsführung ohne Auftrag oder bereicherungsrechtliche Ansprüche[256]. Ver-

---

[254] Auch gebühren die Nutzungen dem Vormerkungsberechtigten „aufgrund des Schuldverhältnisses [zum Veräußerer] erst ab Übergabe oder Übereignung des Grundstücks (§ 446 Abs. 1 Satz 2, Abs. 2 BGB) oder von der Rechtshängigkeit des Übereignungsanspruchs (§ 292 Abs. 2 BGB) oder dem Verzug des Verkäufers (§ 286 BGB) an"; *Rosien*, § 11 B IV 3 b) (S. 132 f.). Ebenso bereits Staudinger[13]-*Gursky*, § 888 Rn. 60; *ders.*, JR 1984, 6; MünchKomm[2]-*Wacke*, § 888 Rn. 16; *Kohler*, NJW 1984, 2857. – Ablehnend auch *Wieling*, SachenR[2], § 22 IV b) gg) (S. 310).

[255] So aber BGH, Urt. v. 5.10.1979 – V ZR 71/78 (Frankfurt a.M.) = BGHZ 75, 288, 291 ff. (eingetragenes Wiederkaufsrecht nach § 20 RSiedlG; s. hierzu o. S. 55 f. Fn. 27); BGH, Urt. v. 20.5.1983 – V ZR 291/81 (Düsseldorf) = BGHZ 87, 296, 301 (dingliches Vorkaufsrecht; abweichend von BGHZ 75, 288, 291 ff. bezüglich des Zeitpunkts der Bösgläubigkeit); Erman-*Hagen*, § 888 Rn. 5; MünchKomm[2]-*Wacke*, § 888 Rn. 19; Palandt[56]-*Bassenge*, § 888 Rn. 8 (ab Fälligkeit des Auflassungs- und Zustimmungsanspruchs); Staudinger[13]-*Gursky*, § 888 Rn. 56; *ders.*, JR 1984, 5 f.; *Baur/Stürner*, § 20 IV 1 e) (S. 200); *K. Müller*, SachenR[3], Rn. 1171 k; *Tiedtke*, Jura 1981, 357; Westermann-*Eickmann*, SachenR II, § 100 IV 4 d) (S. 149) m.w.N. – Auch die „indirekte" Konstruktion über § 999 Abs. 2 BGB, welche *Kohler*, NJW 1984, 2852 f., vorschlägt, ist abzulehnen, weil sich diese Konzeption „unter Ausblendung der ... zugrunde liegenden obligatorischen Beziehung" Veräußerer-Zwischenerwerber auf eine „im Verhältnis zum Vorgemerkten fingierte Vindikationslage zwischen Veräußerer und Zwischenerwerber" stützen muß. – Vor Eintritt des Eigentumserwerbs des Vormerkungsberechtigten hat damit der Dritterwerber auch kein Zurückbehaltungsrecht nach § 273 Abs. 2 BGB gegenüber dem Anspruch des Vormerkungsberechtigten aus § 888 Abs. 1 BGB; so aber BGHZ 75, 288, 293; Soergel[12]-*Stürner*, § 888 Rn. 4; *Kohler*, a.a.O., 2855; *Räfle*, LM § 888 BGB Nr. 3 (Bl. 1) (wieder anders Staudinger[13]-*Gursky*, § 888 Rn. 58: § 1000 BGB analog).

[256] Ansprüche aus Geschäftsführung ohne Auftrag (§§ 677 ff. BGB) scheiden deswegen aus, weil der Dritterwerber zum Zeitpunkt der Verwendung kein fremdes, sondern gutgläubig ein eigenes Geschäft geführt hat; Staudinger[13]-*Gursky*, § 888 Rn. 56; *Legart*, Gruchot 73 (1933), 311 f.; *Sponholz*, S. 6 f.; ebenso OLG Hamburg, Beschl. v. 2.10.1961 – 8 U 56/61 = NJW 1961, 2350, 2351. – Auch eine Leistungskondiktion (§ 812 Abs. 1 Satz 1, 1. Fall BGB) ist mangels Leistung – d.h. bewußter und zweckgerichteter Vermehrung fremden Vermögens – auszuschließen, da der damals eingetragene Dritterwerber mit der werterhöhenden Aufwendung sein eigenes Vermögen vermehren wollte; s. *Kohler*, NJW 1984, 2856, sowie die berechtigte Kritik von *Meyer*, NJW 1971, 1317 f.; *E. Schwerdtner*, BWNotZ 1972, 150 f., und *M. Walter*, NJW 1971, 1845 f., an OLG Hamburg, Urt. v. 11.2.1971 – 6 U 70/70 = NJW 1971, 1317 ff. – Auch steht dem Dritterwerber gegenüber dem Vormerkungsberechtigten keine Nichtleistungskondiktion in Gestalt der Verwendungskondiktion (§ 812 Abs. 1 Satz 1, 2. Fall BGB) zu, da dem Vermögen des Vormerkungsberechtigten „die Verwendung erst durch die Erfüllung des vorgemerkten Anspruchs zufließt, also der unmittelbare Zusammenhang zwischen Bereicherung und Entreicherung

wendungsersatz kann der Dritterwerber allerdings vom Veräußerer gemäß §§ 820 Abs. 1 Satz 2 i.V.m. Satz 1, 818 Abs. 4, 292, 994 Abs. 2 BGB verlangen[257].

(2) Keine Kenntnis des Dritterwerbers von der Vormerkung

Hat der Dritterwerber bei Vertragsschluß hingegen keine Kenntnis von der Vormerkung bzw. wurde § 439 Abs. 1 BGB abbedungen[258], so greift zu seinen Gunsten die Rechtsmängelhaftung nach §§ 440 Abs. 1, 326, 325 BGB ein[259]. Unter den Voraussetzungen der §§ 325, 326 BGB kann er dann vom Kaufvertrag zurücktreten oder Schadensersatz wegen Nichterfüllung verlangen.

---

nicht gegeben ist"; vgl. *K. Müller*, SachenR[3] Rn. 1171 m; ebenso OLG Hamburg, NJW 1961, 2350, 2351; Staudinger[13]-*Gursky*, § 888 Rn. 56; *ders.*, JR 1984, 4; *Kohler*, NJW 1984, 2856 (auch zu § 951 Abs. 1 Satz 1 BGB); *Räfle*, LM § 888 BGB Nr. 3 (Bl. 1). Dies verkennt *E. Schwerdtner*, BWNotZ 1972, 152.

[257] Im Verhältnis des Veräußerers zum vormerkungsgesicherten Käufer könnte dann jedoch der Vormerkungsberechtigte – nicht zuletzt auch deswegen, weil er keinen Verwendungsersatzansprüchen des Dritterwerbers ausgesetzt ist – „den Verwendungserfolg und damit uU einen ganz erheblichen Vermögenswert ohne Vergütung" erhalten; vgl. Staudinger[13]-*Gursky*, § 888 Rn. 56. Denn es ist hier der Fall gegeben, daß „die Kaufsache ohne Zutun des Verkäufers vor Gefahrübergang *Verbesserungen*" erfahren hat, die nicht unter § 450 BGB zu subsumieren sind; vgl. *Knütel*, FS H. Hübner, S. 551 (hier auch Fn. 2); *Larenz*, SchuldR II/1, § 40 I a) (S. 24) Fn. 7. *Knütel*, a.a.O., S. 552 ff., der diese Problematik sowohl in entstehungsgeschichtlicher als auch rechtsvergleichender Hinsicht untersucht hat, kommt zu dem zutreffenden Schluß, daß „wesentliche Verbesserungen der Kaufsache vor Gefahrübergang" nachträglich das Äquivalenzverhältnis verändern: „Der Verkäufer leistet mehr." (*Knütel*, a.a.O., S. 560). Da speziellere Regelungen nicht in Betracht kommen (s. hierzu *Knütel*, a.a.O., S. 562 f.), ist „das Problem der nachträglichen Verbesserungen … mithin nach den grundsätzlichen Regeln der Geschäftsgrundlage zu lösen" (*Knütel*, a.a.O., S. 563): „Wären die Verbesserungen vor Vertragsabschluß bekannt gewesen, so wäre der Vertrag, wenn überhaupt, dann mit einem dem Verkäufer günstigeren Inhalt – also zu höherem Preis abgeschlossen worden. Da der Käufer im Prinzip den Anspruch auf Übereignung der verbesserten Sache behalten muß, ist die vor Gefahrübergang eingetretene Verbesserung durch eine proportionale Erhöhung des Preises auszugleichen. Hierbei ist, weil die vertragliche Wertrelation maßgeblich bleiben muß, § 472 BGB in der Umkehrung anzuwenden; es handelt sich praktisch um eine umgekehrte ‚Minderung'. Nur wenn der Käufer damit nicht einverstanden ist, muß dem Verkäufer das Recht zustehen zurückzutreten"; *Knütel*, a.a.O.; ihm folgend Soergel[12]-*Huber*, § 446 Rn. 69; *Larenz*, a.a.O. Zu Einschränkungen dieses Rücktrittsrechts s. *Knütel*, a.a.O., S. 564 f.; ebenso *Huber*, a.a.O.

[258] Auch § 439 Abs. 1 BGB ist dispositiv; s. etwa Staudinger[13]-*Köhler*, § 439 Rn. 28.

[259] S. hierzu Soergel[12]-*Huber*, § 439 Rn. 15 ff. – *Huber*, a.a.O. sowie § 440 Rn. 7, bezeichnet die Verweisung auf § 326 Abs. 1 BGB als „Fundament" des § 440 Abs. 1 BGB.

Was den Anspruch auf Schadensersatz wegen Nichterfüllung betrifft[260], so kommt bei Herbeiführung der durch Auflassungsvormerkung gesicherten Rechtsgestaltung nur die Geltendmachung des sog. „großen“ Schadensersatzes in Betracht, bei dem der Käufer (hier: der Dritterwerber) „die Sache zurückgeben und dadurch den status quo ante wiederherstellen“ muß, um dann „so gestellt zu werden, als habe er vom Verkäufer überhaupt nichts bekommen“[261]. Der Veräußerer seinerseits kann dann vom Käufer „die geleistete Sache kondizieren, weil aufgrund der Geltendmachung des Schadensersatzes wegen Nichterfüllung feststeht, daß er mit dieser Sache die bezweckte Befreiung von seiner Leistungspflicht nicht erreicht hat“[262]. Ist nun aber beim Käufer (Dritterwerber) infolge faktischer Einwirkung eine Sachverschlechterung eingetreten, so kann ihn wegen dieser Sachverschlechterung eine Bereicherungshaftung (§ 818 Abs. 2 BGB) treffen, „wenn und soweit nämlich der Sachverschlechterung eine Bereicherung des Käufers, etwa ... wegen der Abnutzung der Sache selbst, korrespondiert“[263]. Ein hieraus resultierender An-

---

[260] Entgegen *R. Schmidt*, AcP 152 (1952 / 1953), 112 (ebenso auch *Kohler*, Rückabwicklung, § 8 III 2 a) [S. 399]), ist der Anspruch auf Schadensersatz „wegen Nichterfüllung der ganzen Verbindlichkeit“ nicht nur deswegen gegeben, weil die „teilweise Erfüllung“ durch Besitzübertragung an den Käufer für diesen „meist ohne Interesse“ sein werde,wenn er nicht Eigentümer geworden sei (§§ 440 Abs. 1, 326 Abs. 1 Satz 3, 325 Abs. 1 Satz 2, 280 Abs. 2 BGB i.V.m. §§ 346–356 BGB). Denn sowohl die Besitz- als auch die Eigentumsverschaffungspflicht sind „von so wesentlicher Natur, dass dem Verkäufer seine Leistung gänzlich unmöglich ist, wenn er auch nur einer von ihnen nicht nachzukommen vermag“; *Titze*, § 2, 3 (S. 44). Daß „das Gesetzbuch die Verpflichtung des Verkäufers zur Besitz- und Eigentumsverschaffung als etwas Unteilbares auffasst“, ergibt sich – wie *Titze*, a.a.O. (S. 45) Fn. 17, nachgewiesen hat – „aus § 440 Abs. 2 und 4, wonach der Käufer bei Nichtverschaffung des Rechtes Schadensersatz wegen Nichterfüllung der ganzen Verbindlichkeit nicht nur dann verlangen kann, wenn er den Besitz der Sache dem Verkäufer zurückgewährt, sondern auch dann, wenn die Sache durch sein Verschulden untergegangen ist. Griffen hier die Vorschriften über die Folgen teilweisen Unvermögens zur Leistung Platz, so würden die Rechte des Käufers mit Rücksicht auf die §§ 280 Abs. 2, 347 und 351 weit geringerer Art sein.“ – A.A. etwa Soergel[12]-*Huber*, § 440 Rn. 23, der dann allerdings an anderer Stelle – a.a.O. Rn. 48 – gegen die Lösung *R. Schmidts* einwendet, § 280 Abs. 2 BGB passe „nur auf den Fall einer körperlich abgegrenzten Teilleistung, die als solche für den Käufer ohne Interesse ist“.

[261] Soergel[12]-*Huber*, § 440 Rn. 46. – Zum sog. „kleinen“ Schadensersatz s. *Huber*, a.a.O. Rn. 45.; Staudinger[13]-*Köhler*, § 440 Rn. 39.

[262] *Ernst*, § 15 II (S. 193). Weil die Kaufsache für den Käufer „erst dadurch zum *indebitum* wird, daß er Schadensersatz wegen Nichterfüllung verlangt“, ist die Kondiktion als condictio ob causam finitam (§ 812 Abs. 1 S. 2, 1. Fall BGB) zu klassifizieren; *Ernst*, a.a.O. (S. 194) Fn. 7. Dieser Bereicherungsanspruch des Verkäufers aus § 812 Abs. 1 S. 2, 1. Fall BGB kann – da der Vormerkungsberechtigte nunmehr besitzberechtigter Eigentümer ist – „inhaltlich nur dahin gehen, daß der Käufer die Kaufsache an den Eigentümer herausgibt, wozu der Käufer ja auch gesetzlich verpflichtet ist“; *Ernst*, § 15 III 1 a) (S. 197) (s. hierzu bereits o. S. 125 f. Fn. 247).

[263] *Ernst*, § 16 II f) (S. 225). Dies ist dann der Fall, wenn die Sachverschlechterung „eine Risikoentscheidung des Käufers verwirklicht, mithin einem willentlichen ‚Verbrauch‘ gleichsteht“; vgl. *Ernst*, § 16 II d) (S. 223) sowie § 16 II c) bb) (S. 220), unter Berufung

spruch stellt einen Anspruch im Sinne von § 281 Abs. 1 BGB analog[264] dar, welchen der Veräußerer seinem vormerkungsgeschützten Gläubiger abzutreten hat[265]. Als Konsequenz aus dem „Nichterfüllungscharakter der Rechtsmängelhaftung" folgt zugleich, daß „der Verkäufer vom Käufer auch die von diesem gezogenen *Nutzungen* – damit zugleich Ersatz für den Vorteil des genossenen Gebrauchs – beanspruchen kann, § 818 Abs. 1 BGB"[266]. Hierbei handelt es sich allerdings um keinen Ersatzanspruch im Sinne von § 281 Abs. 1 BGB[267].

Für seine Verwendungen auf das Grundstück kann der Dritterwerber nach den §§ 439 Abs. 1, 440 Abs. 1, 325, 326 BGB Schadensersatz verlangen, da ihm „die verwendungsbedingte Wertsteigerung der Kaufsache" „gerade wegen des Rechtsmangels" entgeht[268].

---

auf *Flumes* Theorie der „vermögensmäßigen Entscheidung" (s. hierzu *Flume*, FS Niedermeyer, S. 155 ff.; *dens.*, NJW 1970, 1161 ff.; *dens.*, AcP 194 [1994], 439 ff.) sowie m.w.N. zum Streitstand hinsichtlich der „juristischen Erfassung des Untergangs einer als *indebitum* beim Bereicherungsschuldner befindlichen Sache". Ob in diesem Zusammenhang die Sachverschlechterung durch den Käufer selbst erfolgt ist oder etwa durch jemanden, dem dieser das Grundstück vermietet oder verpachtet hat, ist für die Anwendung von § 818 Abs. 2 BGB unmaßgeblich; vgl. Staudinger[13]-*Lorenz*, § 818 Rn. 24. – Führt der Käufer die Sachverschlechterung „durch deren Einsatz zu einem Zeitpunkt herbei, in welchem er bereits *Kenntnis vom Rechtsmangel* hatte, kommt für ihn eine Berufung auf den Wegfall der Bereicherung keinesfalls in Betracht" (§§ 819 Abs. 1, 818 Abs. 4 BGB); vgl. *Ernst*, § 16 II c) bb) (S. 221). – Diese Lösung steht auch nicht im Widerspruch zu der Regelung der Gefahrtragung beim Kauf (§ 446 BGB): „Daß der Käufer trotz erfolgter Übergabe von der Sachgefahr verschont bleibt, hat seinen Grund ... darin, daß der Verkäufer in dem Zeitpunkt, zu dem die Eigentumsverschaffung fällig ist, *wegen des Bestehens eines Drittrechts* nicht in der Lage ist, dem Käufer das unbelastete Eigentum zu verschaffen"; *Ernst*, § 16 II e) (S. 224) Fn. 134. „In dem Fall, daß der Käufer ... nicht Eigentümer der Sache geworden ist, trifft der Sachuntergang [bzw. die Sachverschlechterung] ... unverändert den ... Eigentümer, und es ist nicht zu sehen, warum außer dem Eigentümer auch noch der Käufer mit der Sachgefahr belastet sein sollte"; *Ernst*, a.a.O. (S. 223 f.) (gegenteiliger Auffassung etwa Soergel[12]-*Huber*, § 440 Rn. 48, § 446 Rn. 58 m. umfangr. Nachw.). – Gegenstand des Wertersatzes ist „der Wert der Sache als Gegenstand", „begrenzt auf den vom Käufer gezahlten Kaufpreis"; *Ernst*, § 16 II c) bb) (S. 220) mit Fn. 117.

[264] Vgl. hierzu o. S. 79 Fn. 9.

[265] Der für § 281 Abs. 1 BGB erforderliche ursächliche Zusammenhang zwischen dem Unmöglichwerden der Leistung und dem Erwerb des Ersatzes durch den Verkäufers ist trotz des Umstandes gegeben, daß der Bereicherungsanspruch des Verkäufers die erfolgte Ausübung des Wahlrechts zwischen Schadensersatz oder Rücktritt zur Voraussetzung hat. Denn für § 281 BGB genügt ein adäquater Kausalzusammenhang (vgl. hierzu bereits o. S. 126 Fn. 251).

[266] *Ernst*, § 15 II (S. 195).

[267] Vgl. o. S. 126.

[268] Staudinger[13]-*Gursky*, § 888 Rn. 56; *ders.*, JR 1984, 5; *Ernst*, § 15 II (S. 195 f.). Der Dritterwerber kann jedoch nur für solche Verwendungen Schadensersatz beanspruchen, die er „bis zu seiner eigenen Kenntnis vom Rechtsmangel gemacht hat"; s. *Ernst*, a.a.O. – Der Verkäufer kann seinerseits gegenüber seinem vormerkungsgeschützten Käufer nach der Lösung *Knütels* vorgehen (s. hierzu o. S. 128 Fn. 257).

Wählt der Dritterwerber hingegen den Rücktritt, so finden auf das Rücktrittsrecht gemäß § 327 Satz 1 BGB die §§ 346 ff. BGB Anwendung[269]. Bei Verschlechterungen, die nicht „wesentlich" im Sinne des § 351 BGB sind, hat der Veräußerer gegen den Dritterwerber daher einen Schadensersatzanspruch aus § 327 Satz 1 BGB i.V.m. §§ 347 Satz 1, 989 BGB[270], welchen er dem vormerkungsgeschützten Gläubiger gemäß § 281 BGB abzutreten hat[271]. Nutzungsersatzansprüche des Verkäufers gegen den Dritterwerber resultieren aus § 327 Satz 1 BGB i.V.m. §§ 347 Satz 2, 987 BGB. Ein Verwendungsersatzanspruch des Dritterwerbers gegen den vormerkungswidrig Verfügenden folgt aus § 327 Satz 1 BGB i.V.m. §§ 347 Satz 2, 994 Abs. 2 BGB[272].

---

[269] Erfolgt der Rücktritt – wie hier – wegen eines Umstandes, den der Rücktrittsberechtigte nicht zu vertreten hat, so wollen die Rechtsprechung sowie ein Teil des Schrifttums den Rücktrittsgläubiger durch Anwendung des Bereicherungsrechts (§ 327 Satz 2 BGB i.V.m. § 818 BGB) privilegieren; RG, Urt. v. 24.10.1930 – II 183/30 (Marienwerder) = RGZ 130, 119, 123 f.; BGH, Urt. v. 8.1.1970 – VII ZR 130/68 (Hamm) = BGHZ 53, 144, 148 f.; BGH, Urt. v. 31.10.1986 – V ZR 166/85 (Hamm) = WM 1987, 47 = JZ 1987, 675, 676; RGRK-*Ballhaus*, § 327 Rn. 3; Staudinger[13]-*Otto,* § 327 Rn. 43 ff.; ebenso *Medicus*, SchuldR I, Rn. 558; Palandt[56]-*Heinrichs*, § 327 Rn. 2 f.; *Vogt*, S. 38 f. – *Woopen*, JZ 1991, 541, zufolge ist § 327 Satz 2 BGB gar „der eigentliche praktische Regelfall für einen Rücktritt nach §§ 325, 326 BGB"; hiergegen mit treffenden Argumenten *Kohler*, Jura 1994, 524 ff. – Der wohl überwiegende Teil des Schrifttums will demgegenüber desungeachtet § 327 Satz 1 BGB i.V.m. §§ 346 ff. BGB anwenden; so Erman-*Grunewald*, § 440 Rn. 6; Soergel[12]-*Huber*, § 440 Rn. 39; Staudinger[13]-*Kaiser*, § 347 Rn. 18 ff.; Staudinger[13]-*Köhler*, § 440 Rn. 35 f.; *Giesen*, Jura 1993, 356; *U. Huber*, JZ 1987, 652 ff.; *Kohler*, a.a.O.; *Larenz*, SchuldR I, § 26 b) 1 (S. 410 f.); *Leser*, S. 207 ff.; *Reinicke/Tiedtke*, KaufR, S. 96 ff. Für diese Auffassung sprechen nicht nur der Wortlaut des § 327 Satz 2 BGB sowie die Entstehungsgeschichte – s. hierzu *Kaiser*, a.a.O. Rn. 19; *U. Huber*, a.a.O., 656 f. – sondern auch der Umstand, daß eine Bereicherungshaftung des Käufers „mit der Möglichkeit der Berufung auf den Wegfall der Bereicherung im ausgewogenen System der §§ 346 ff einen Fremdkörper darstellen würde" (*Köhler*, a.a.O.). Näher hierzu *Kaiser*, a.a.O. Rn. 18 ff.; *Köhler*, a.a.O.; *U. Huber*, a.a.O., 652 ff.; *Kohler*, a.a.O. – Auch nach § 346 Satz 1 BGB kann der Verkäufer „nichts anderes verlangen dürfen als die Herausgabe der Sache an den Eigentümer"; *Ernst*, § 15 III 1 a) (S. 198) Fn. 25.

[270] Die Haftung erstreckt sich auch auf die Erfüllungsgehilfen seiner Sachbewahrungspflicht (vgl. §§ 351 Satz 2, 2. Halbsatz, 278 BGB), d.h. Personen, denen er „Einfluß auf den Leistungsgegenstand einräumt, also insbesondere diejenigen, denen er die Benutzung der oder den Umgang mit der Sache [hier: dem Grundstück] erlaubt"; Staudinger[13]-*Kaiser*, § 347 Rn. 29 i.V.m. § 351 Rn. 43 m.w.N. Dies gilt u.a. auch in Ansehung von Grundstücksmietern oder -pächtern; vgl. *Kaiser*, a.a.O. (vgl. hierzu bereits o. S. 126 Fn. 249).

[271] Zur Kausalität im Sinne von § 281 Abs. 1 BGB vgl. die Ausführungen o. S. 130 f. Fn. 265.

[272] Auch in diesem Falle kann der Verkäufer gegenüber seinem vormerkungsgeschützten Käufer nach der Lösung *Knütels* vorgehen (vgl. o. S. 130 Fn. 268 mit S. 128 Fn. 257).

b) Faktische Einwirkungen durch sonstige Dritte / Versicherungsrechtliche Situation

In bezug auf faktische Einwirkungen durch sonstige Dritte während der Zeit der Eintragung des Dritterwerbers als Eigentümer gilt es zu differenzieren:

(1) Bereits erfolgte Leistung an den Dritterwerber

Sollte der dritte Schädiger bis zur Eintragung des Vormerkungsberechtigten als neuer Eigentümer bereits an den Dritterwerber Schadensersatz geleistet haben, so wird er hierdurch auch für den Fall des Eintritts der Rückwirkung vor erneuter Inanspruchnahme – diesmal seitens des Veräußerers – befreit. Denn die Rückwirkung läßt in der Vergangenheit abgeschlossene Vorgänge unangetastet[273]. Dasselbe gilt auch zugunsten des Versicherers für den Fall, daß dieser vor Effektivwerden der Rückwirkung die Entschädigungssumme an den Dritterwerber, der gemäß § 69 Abs. 1 VVG in das vom Versicherer mit dem Veräußerer begründete Versicherungsverhältnis eingetreten ist[274], geleistet haben sollte[275]. Der Veräußerer kann jedoch seinerseits die seitens des Dritterwerbers empfangenen Schadensersatz- bzw. Versicherungs-

---

[273] S. hierzu o. S. 122.

[274] Zeitpunkt des Vertragsübergangs ist die sachenrechtliche Vollendung des Erwerbs, der bei Grundstücken erst nach Auflassung und Eintragung (§§ 873, 925 BGB) eintritt; RG, Urt. v. 28.4.1914 – Rep. VII. 79/14 (Celle) = RGZ 84, 409, 410 ff.; RG, Urt. v. 15.1.1943 – VI (VII) 95/42 (Hamburg) = RGZ 170, 285, 290; BGHZ 99, 385, 387; *Bronisch / Sasse / Starke*, § 69 VVG Anm. 4; *Prölss / Martin-Kollhosser*, § 69 VVG Anm. 3 a); *Schlegelberger*, § 49 ADS Rn. 1; *Bonsmann*, DB-Beil. 14/1973, 17; *Eckardt*, BB 1994, 1947 m.w.N. Weiter als die herrschende formelle Theorie etwa *Bruck/Möller-Sieg*, § 69 VVG Anm. 20 ff. (ab Bestehen eines Anwartschaftsrechts); *Lenski*, S. 19; *Sprinz*, Anm. zu § 69 VVG (S. 141) (ab Gefahrübergang), sowie jüngst obiter BGH, Urt. v. 10.3.1995 – V ZR 7/94 (Hamm) = BGHZ 129, 103, 106 f. (Gleichstellung der „Anwartschaftsberechtigung" auf Grund Auflassungsvormerkung mit dem Grundstückseigentumserwerb). Gegen die letztgenannten Auffassungen spricht jedoch, daß, wie *Sieg*, a.a.O. Anm. 21 (hier allerdings zur Untermauerung seiner vorerwähnten These) ausführt, „ein fester Ausgangspunkt nur zu gewinnen ist, wenn das V[ersicherung]srecht dem bürgerlichen Recht, hier dem Schadensersatzrecht, folgt". Wie oben bereits dargelegt, bestehen jedoch vor Eigentumserwerb keine Deliktsansprüche des Grundstückserwerbers wegen Substanzschäden am Grundstück vor Eigentumserwerb (s.o. S. 22 ff., 60 ff.).

[275] Es bedarf daher keiner (analogen) Anwendung von § 409 BGB, wie sie *Bruck/ Möller-Sieg*, § 69 VVG Anm. 12 mit Anm. 72, für den Fall des angefochtenen Veräußerungsgeschäfts (vgl. § 142 Abs. 1 BGB) vertritt, da er – mit *Lenski*, S. 74 – zwischenzeitlich erbrachte Versicherungsleistungen für rechtsgrundlos erbracht hält. – Für den Fall der „relativen Unwirksamkeit" geht *Sieg*, a.a.O. Anm. 13 (ebenso *Lenski*, S. 78) – anders als hier vertreten – nicht von rückwirkender Unwirksamkeit des Dritterwerbs ab Rechtserwerb des Verbotsgeschützten aus und gelangt auf diese Weise für den Fall bereits erfolgter Leistung an den Dritterwerber zum selben Ergebnis wie hier aufgezeigt (anders jedoch für den Fall noch nicht erfolgter Leistung an den Dritterwerber; s. hierzu u. S. 135 f.).

leistungen von diesem herausverlangen. Was die hierfür zugrundezulegende Rechtsgrundlage betrifft, so ist – wie im Fall der faktischen Einwirkung durch den Dritterwerber – wiederum zwischen dem Fall der Kenntnis des Dritterwerbers von der Auflassungsvormerkung und dem Fall dessen fehlender Kenntnis hiervon zu differenzieren[276]:

Im Falle der Kenntnis des Dritterwerbers von der Auflassungsvormerkung ist der Kaufvertrag zwischen Veräußerer und Dritterwerber – wie oben dargelegt[277] – im Zweifel so auszulegen, daß „die Parteien den Vertrag unter der auflösenden Bedingung der Ausübung des durch die Vormerkung gesicherten Rechts abgeschlossen haben“[278]. Der Dritterwerber haftet für die Auswirkungen entstandener Verschlechterungen des Grundstücks gemäß §§ 820 Abs. 1 Satz 2 i.V.m. Satz 1, 818 Abs. 4 BGB „nach den allgemeinen Vorschriften“ – wobei sich diese in § 818 Abs. 4 BGB ausgesprochene Verweisung insbesondere auch auf die Surrogationsvorschrift des § 281 BGB erstreckt[279].

Wird im Falle fehlender Kenntnis des Dritterwerbers von der Vormerkung seitens des Dritterwerbers Schadensersatz wegen Nichterfüllung gewählt (§§ 440 Abs. 1, 326, 325 BGB)[280], so folgt als Konsequenz aus dem „Nichterfüllungscharakter der Rechtsmängelhaftung“ zugleich der Surrogatsherausgabeanspruch des Veräußerers aus § 818 Abs. 1, 2. Halbs. BGB[281]. Wählt der Dritterwerber den Rücktritt[282], so findet § 281 BGB – mangels speziellerer Regelung – auch auf das Rückgewährschuldverhältnis aus § 327 Satz 1 BGB i.V.m. §§ 346 ff. BGB Anwendung[283]. Der aus den vorerwähnten Vorschrif-

---

[276] S. hierzu o. S. 124 ff.

[277] S.o. S. 125 ff.

[278] Soergel[12]-*Huber*, § 439 Rn. 19.

[279] S. hierzu ausführlich BGH, Urt. v. 11.10.1979 – VII ZR 285/78 (Düsseldorf) = BGHZ 75, 203, 205 ff., sowie OLG Köln, Urt. v. 18.3.1994 – 6 U 184/93 = NJW-RR 1995, 51, 52; Erman-*H.P. Westermann*, § 818 Rn. 50; MünchKomm[3]-*Emmerich*, § 281 Rn. 5; Staudinger[13]-*Löwisch*, § 281 Rn. 7; *R. Frank*, JuS 1981, 105; *Girisch*, LM § 818 Abs. 4 BGB Nr. 4 (Bl. 1); *Larenz/Canaris*, SchuldR II / 2, § 73 II 3 b) (S. 315); kritisch zum Ganzen *Schubert*, JR 1980, 199 f.

[280] S. hierzu o. S. 128 ff.

[281] Vgl. *Ernst*, § 15 II (S. 195) (zur Nutzungsherausgabe; vgl. o. S. 130). Nach Kenntniserlangung von der Vormerkung ist für den Dritterwerber eine Berufung auf einen Wegfall der Bereicherung nicht mehr möglich (§§ 819 Abs. 1, 818 Abs. 4 BGB); vgl. o. S. 129 f. Fn. 263.

[282] S. hierzu o. S. 131.

[283] MünchKomm[3]-*Emmerich*, § 281 Rn. 5; MünchKomm[3]-*Janßen*, § 347 Rn. 7; Staudinger[13]-*Löwisch*, § 281 Rn. 6. Staudinger[13]-*Kaiser*, § 347 Rn. 39; BGH, Urt. v. 27.10.1982 – V ZR 24/82 (Braunschweig) = NJW 1983, 929, 930; *Knütel*, JR 1983, 355; *Medicus*, JuS 1990, 693. – Für die Anwendung von § 281 BGB ist unbeachtlich, ob die Rückgewähr nach oder – wie hier – vor Ausübung des Rücktrittsrechts (teilweise) unmöglich wurde; MünchKomm[3]-*Emmerich*, § 281 Rn. 5; enger Staudinger[13]-*Löwisch*, § 281 Rn. 6 (nur für den – hier einschlägigen – Fall, daß §§ 351–353 BGB keine Anwendung finden); enger

ten resultierende einschlägige Surrogatsherausgabeanspruch ist dann über § 281 Abs. 1 BGB analog[284] seitens des Veräußerers an seinen vormerkungsgeschützten Gläubiger abzutreten[285].

(2) Noch nicht erfolgte Leistung an den Dritterwerber

Wurde hingegen seitens des dritten Schädigers während der Zeit der Eintragung des Dritterwerbers an diesen weder Schadensersatz- noch Versicherungsleistungen erbracht, so entfaltet die Rückwirkung der Unwirksamkeit vormerkungswidriger Verfügungen unmittelbare Folgen für den „Eingriffsschutz" des Vormerkungsberechtigten: Infolge der retrospektiven Betrachtung[286] wird es so angesehen, als ob im Zeitraum vor Eintritt der Rückwirkung das Eigentum des Veräußerers an dem Grundstück fortbestanden hätte und Schadensersatzansprüche gegen einen sonstigen Dritten – etwa aus § 823 Abs. 1 BGB – nicht in der Person des Dritterwerbers, sondern in der Person des Veräußerers entstanden wären[287]. Offene Schadensersatzansprüche gegen sonstige Dritte wegen faktischer Einwirkungen, welche während des Eintragungszeitraums des Dritterwerbers erfolgt sind, stehen somit nach Eintritt der Rückwirkung dem Veräußerer zur eigenen Geltendmachung zu[288], d.h. der

---

noch BGH, a.a.O. (für den Fall des vertraglich vereinbarten Rücktrittsrechts, da der Rücktrittsgegner hier von vornherein mit der Möglichkeit eines Rücktritts habe rechnen müssen; ebenso Staudinger[13]-*Löwisch*, § 281 Rn. 19); demgegenüber jedoch zu Recht *Emmerich*, a.a.O., sowie *Knütel*, a.a.O., 355 f., ausdrücklich auch für den Fall des gesetzlichen Rücktrittsrechts wegen des hier gleichermaßen schützenswerten Interesses des Rücktrittsberechtigten.

[284] Vgl. o. S. 79 Fn. 9.

[285] Der im Tatbestand des § 281 Abs. 1 BGB vorausgesetzte ursächliche Zusammenhang zwischen dem Unmöglichwerden der Leistung und dem Erwerb des Ersatzes durch den Verkäufer ist gegeben, da für § 281 BGB ein adäquater Kausalzusammenhang genügt (vgl. hierzu o. S. 126 Fn. 251).

[286] S. hierzu o. S. 122.

[287] Bei Substanzverletzungen allerdings, welche durch den Veräußerer selbst während des Eintragungszeitraums des Dritterwerbers verursacht wurden, tritt in Ansehung von hieraus resultierenden Schadensersatzansprüchen des Dritterwerbers gegen den Veräußerer aus unerlaubter Handlung mit dem Eintritt der rückwirkenden Unwirksamkeit Erlöschen durch Konfusion ein, da sich dann Gläubiger- und Schuldnerstellung in einer Person vereinigen; vgl. Palandt[56]-*Heinrichs*, Überbl. v. § 362 Rn. 4. Der Vormerkungsberechtigte bleibt in diesem Fall auf seine sonstigen Ansprüche gegen den Veräußerer aus dem Vertragsverhältnis (s.o. S. 77 ff.) beschränkt.

[288] Dies hat keinen Einfluß auf den Lauf der Verjährung dieser Schadensersatzansprüche, da die Ansprüche dieselben bleiben; vgl. Palandt[56]-*Heinrichs*, § 221 Rn. 1, § 404 Rn. 5. – Eine befreiende Leistung des dritten Schädigers an den – zur Zeit der Deliktshandlung eingetragen gewesenen – vormerkungswidrigen Dritterwerber ist nach Eintritt der Rückwirkung – obwohl keine cessio legis im eigentlichen Sinne (vgl. § 412 BGB) vorliegt – wegen der Gleichartigkeit der Interessenlage in entsprechender Anwendung von § 407 BGB möglich. Eine analoge Anwendung von § 893, 1. Fall BGB verbietet sich demgegen-

Veräußerer kann etwa jene Ansprüche mit dem Ziel der Leistung an sich einklagen und so z.B. eine Verjährungsunterbrechung (vgl. § 209 Abs. 1 BGB) erwirken[289].

Des weiteren wird es so angesehen, als ob mit der Entstehung dieser Schadensersatzansprüche in der Person des Veräußerers ein Anspruch des vormerkungsgeschützten Gläubigers auf Abtretung dieses Ersatzanspruchs gemäß § 281 Abs. 1 BGB analog[290] entstanden wäre[291]. Was die versicherungsrechtliche Situation betrifft, so wird es – auf vergleichbare Art und Weise – in der Retrospektive so angesehen, als wäre der Eintritt des Dritterwerbers in das vom Versicherer mit dem Veräußerer begründete Versicherungsverhältnis (vgl. § 69 Abs. 1 VVG)[292] nicht erfolgt[293] und als wären Ansprüche gegen

über. Denn seinem Wortlaut („... auf Grund dieses Rechtes eine Leistung bewirkt ...") und seiner Systemstellung nach kann § 893, 1. Fall BGB „nur solche Leistungen meinen, deren Rechtsgrund das dingliche Recht selbst bildet" – nicht jedoch Leistungen auf einen obligatorischen Anspruch des Buchberechtigten hin; vgl. Staudinger[13]-*Gursky*, § 893 Rn. 6, MünchKomm[2]-*Wacke*, § 893 Rn. 2, 5; *H. Altmeppen*, § 8 III 1 (S. 115); *Weimar*, MDR 1966, 817; verfehlt daher *Ramdohr*, Gruchot 44 (1900), 356 f. (mit 352 ff.). – Muß der Veräußerer auf Grund analoger Anwendung des § 407 BGB eine vom dritten Schädiger an den Dritterwerber erbrachte Leistung gegen sich gelten lassen, so kann er vom Dritterwerber jedenfalls gemäß § 816 Abs. 2 BGB Herausgabe des Geleisteten verlangen; vgl. Palandt[56]-*Thomas*, § 816 Rn. 20. Der vormerkungsgeschützte Gläubiger wiederum kann vom Veräußerer gemäß § 281 Abs. 1 BGB analog Abtretung dieses Anspruchs fordern.

[289] Sollte der Dritterwerber jene Schadensersatzansprüche bereits vor Eintritt der Rückwirkung rechtshängig gemacht haben, so findet § 265 Abs. 2 ZPO entsprechende Anwendung. Denn unter „Abtretung" des geltend gemachten Anspruchs (§ 265 Abs. 2 Satz 1 i.V.m. Abs. 1 ZPO) ist jeder – zum Wegfall der Aktivlegitimation führende – Rechtsübergang zu verstehen, der nicht den §§ 239 ff. ZPO unterfällt; vgl. MünchKommZPO-*Lüke*, § 265 ZPO Rn. 34; Zöller[20]-*Greger*, § 265 ZPO Rn. 5. Wurde seitens des Dritterwerbers vor Eintritt der Rückwirkung bereits ein Titel erwirkt, so kann der dritte Schädiger wegen des Wegfalls der Aktivlegitimation des Dritterwerbers gegebenenfalls nach § 767 ZPO vorgehen; vgl. Zöller[20]-*Herget*, § 767 ZPO Rn. 12.

[290] Vgl. o. S. 79 Fn. 9.

[291] Obwohl angesichts des die rückwirkende Unwirksamkeit auslösenden Eigentumserwerbs des Vormerkungsberechtigten bereits Gefahrübergang (vgl. § 446 Abs. 2 i.V.m. Abs. 1 Satz 1 BGB) eingetreten ist, wird der Anspruch aus § 281 Abs. 1 BGB analog nicht durch die Gewährleistungsvorschriften verdrängt (s. hierzu bereits o. S. 80 f.). – Der Lauf der Verjährungsfrist für den Anspruch aus § 281 BGB (analog) (s.o. S. 81 f. Fn. 18) beginnt erst mit dem Zeitpunkt, in dem die Möglichkeit der Geltendmachung dieses Anspruchs erstmals gegeben war (vgl. *Jacobi*, S. 166), d. h. nicht rückwirkend.

[292] S. hierzu o. S. 132.

[293] Es liegt „nicht etwa ein Übergang [des Versicherungsverhältnisses] und später ein Rückerwerb vor"; vgl. *Bruck/Möller-Sieg*, § 69 VVG Anm. 11; *Lenski*, S. 73 f. (m. umfangr. Nachw. auch zu abweichenden Auffassungen) als Vertreter der ganz h.M. zum angefochtenen Veräußerungsgeschäft, für welche spricht, daß der „Rückerwerb" des Veräußerers nicht auf einem Rechtsgeschäft beruht, weswegen man im rechtstechnischen Sinne „nicht von einem Rückerwerb sprechen kann"; vgl. *Lenski*, S. 74. Die §§ 69–72 VVG sind damit in dieser Hinsicht grundsätzlich nicht anwendbar; vgl. *Sieg*, a.a.O.; *Lenski*, a.a.O. Gleichwohl ist § 69 Abs. 3 VVG i.V.m. § 407 BGB auf den Fall der nach Eintritt

den Versicherer nicht in der Person des Dritterwerbers, sondern in der Person des Veräußerers entstanden. Offene Ansprüche gegen den Versicherer wegen eines während des Eintragungszeitraums des Dritterwerbers eingetretenen Versicherungsfalls stehen somit nach Eintritt der Rückwirkung dem Veräußerer zu. Auch wird es so angesehen, als wäre mit der Entstehung dieses Versicherungsanspruchs in der Person des Veräußerers ein Anspruch des vormerkungsgeschützten Gläubigers auf Abtretung dieses Versicherungsanspruchs gemäß § 281 Abs. 1 BGB analog entstanden[294].

2. Auflassungsvormerkungswidriger Grundschulderwerb: das Urteil des BGH vom 30. Januar 1987

Mit der hiervon gesondert zu beurteilenden Frage, wie sich die Rechtslage darstellt, wenn bei bestehender Auflassungsvormerkung der (Feuer-)Versicherer an den vormerkungswidrig eingetragenen Grundschuldgläubiger die (Feuer-)Versicherungssumme geleistet hat, mußte sich bereits der BGH in einem Urteil vom 30. Januar 1987[295] auseinandersetzen.

Diesem Urteil, welches im Schrifttum später auf Kritik gestoßen ist[296], lag folgender Sachverhalt zugrunde[297]:

Am 26. Mai 1977 verkaufte der – inzwischen verstorbene – Ehemann der Klägerin mit notariellem Vertrag den Eheleuten E. ein ihm gehörendes Anwesen u.a. gegen Vereinbarung einer monatlichen Rente, zahlbar an sich und

---

der Rückwirkung erfolgenden Leistung des Versicherers an den Dritterwerber entsprechend anzuwenden, um den Versicherer insoweit nicht gegenüber dem dritten Schädiger (vgl. o. S. 134 f. Fn. 288) schlechterzustellen.

[294] Vgl. o. S. 135. – Daß der vormerkungsgeschützte Gläubiger mittlerweile selbst Grundstückseigentümer geworden ist, steht diesem Anspruch regelmäßig nicht entgegen, da § 69 VVG – entgegen der anderslautenden pauschalen Äußerung von *Ehmann/Rust*, Jura 1996, 250, 253 – „nicht die Entschädigungsansprüche [erfaßt], die vor der Veräußerung der versicherten Sache aus einem Vers[icherungs]Fall entstanden sind"; *Prölss/Martin-Kollhosser*, § 69 VVG Anm. 4 m.w.N. Diese verbleiben beim Veräußerer; einer Abtretung an den Grundstückserwerber steht jedoch selbst bei der Gebäudeversicherung mit Wiederherstellungsklausel nichts entgegen (s. § 98 i.V.m. § 97 VVG). Lediglich in Neuwertversicherungen mit Wiederherstellungsklauseln, bei denen der Anspruch auf den Neuwertanteil der Entschädigung erst dann entsteht, „wenn die Wiederherstellung ... erfolgt oder mindestens sichergestellt ist", „erwirbt der Erwerber ... dann den Anspruch auf den Neuwertanteil, wenn er gemäß § 69 [VVG] in das Vers[icherungs]Verhältnis eingetreten ist"; *Kollhosser*, a.a.O. m.w.N., auch zur Gegenauffassung). In einem derartigen Fall bedarf es daher keines Vorgehens über § 281 Abs. 1 BGB analog.

[295] BGH, Urt. v. 30.1.1987 – V ZR 32/86 (Celle) = BGHZ 99, 385 ff. = NJW 1987, 1631 f. = WM 1987, 469 f.

[296] S. hierzu *K. Berger*, WuB IV A. § 883 BGB 1.87 (S. 840 ff.); *Kohler*, JR 1987, 456 f. Dem BGH zustimmend hingegen *Baur/Stürner*, § 39 VI 4 (S. 418).

[297] Zum Folgenden s. BGHZ 99, 385 f.

die Klägerin. Der Vertrag sah außerdem vor, daß sich die Käufer als Gesamtschuldner verpflichteten, „den Grundbesitz auf den Verkäufer und, falls dieser nicht mehr leben sollte, auf die Ehefrau E.B. [d.h. die Klägerin] zurückzuübertragen, wenn Käufer mit drei geschuldeten Rentenleistungen im Verzug sind". Zur Sicherung des Anspruchs auf Rückübertragung des Eigentums zugunsten der Klägerin wurde ebenfalls am 26. Mai 1977 eine Vormerkung in das Grundbuch eingetragen.

Am 9. März 1978 wurden dann zugunsten der Beklagten zwei Grundschulden in Höhe von 25.000,– DM zuzüglich 12% Zinsen in das Grundbuch eingetragen. Nachdem bei einem Brand das Wohngebäude auf dem Grundstück weitgehend zerstört worden war, zahlte der Feuerversicherer im Jahre 1983 „im Hinblick auf die beiden Grundschulden an die Beklagte aus der Versicherungssumme einen Betrag von 38.643,30 DM".

Nach dem Brand gerieten die Eheleute E. im Sommer 1983 mit drei Monatsraten in Rückstand. Am 31. Januar 1984 schließlich wurde die Klägerin als Eigentümerin in das Grundbuch eingetragen. Die Klägerin forderte nun von der Beklagten im Hinblick auf ihre gegenüber den Grundschulden vorrangige Auflassungsvormerkung die Zahlung von 38.643,30 DM nebst Zinsen.

Nachdem das LG Stade der Klage stattgegeben hatte, blieb die Berufung der Beklagten zum OLG Celle ohne Erfolg. Die Revision des Beklagten wurde zurückgewiesen. Das OLG Celle[298] war davon ausgegangen, daß sich ein Anspruch der Klägerin gegen die Beklagte aus § 816 Abs. 2 BGB ergebe: Von der Schutzwirkung der Vormerkung aus § 883 Abs. 2 BGB seien nicht nur Verfügungen über das Grundstücks selbst, sondern auch Verfügungen über die aus einer Grundstücksbeeinträchtigung resultierende Versicherungsforderung erfaßt. Da man dieser Schutzwirkung Rückwirkung auf den Zeitpunkt der Vormerkungseintragung beizumessen habe, sei „der Vormerkungsberechtigte dem Eigentümer gleichzustellen, wenn zur Zeit der letzten Tatsachenverhandlung anstelle der Vormerkung das Eigentum selbst eingetragen ist"[299].

Bereits gegen die Annahme des OLG Celle jedoch, daß Verfügungen über derartige Versicherungsforderungen unmittelbar von der Schutzwirkung der Vormerkung erfaßt würden, ist einzuwenden, daß die Sicherungswirkung der Vormerkung „durch den Inhalt des vorgemerkten Anspruchs begrenzt wird"[300] (arg. § 883 Abs. 1, Abs. 2 BGB) – d.h. im vorliegenden Fall durch

[298] OLG Celle, Urt. v. 20.12.1985 – 5 U 17/85 = WM 1986, 569 f.

[299] OLG Celle, a.a.O., 570, unter Hinweis auf RG, Urt. v. 26.6.1936 – VII 16/36 (Breslau) = RGZ 151, 389, 395.

[300] *K. Berger*, WM 1986, 873; *Kohler*, JR 1987, 457; vgl. auch MünchKomm^2-*Wacke*, § 883 Rn. 44; Staudinger^{13}-*Gursky*, § 883 Rn. 170; *K. Berger*, WuB IV A. § 883 BGB 1.

den Inhalt des obligatorischen Anspruchs der Klägerin auf Rückauflassung. Des weiteren beruht die Entscheidung des OLG Celle auf der bereits oben[301] abgelehnten Fiktion einer Rückwirkung des Vollrechtserwerbs des Vormerkungsberechtigten[302]. Die vormerkungsgesicherte Klägerin trat vielmehr kraft Gesetzes „erst mit dem Erwerb des Grundstücks vom Versicherungsnehmer für die Dauer ihres Eigentums in seine Rechte und Pflichten ein (§ 69 Abs. 1 VVG)“[303].

Der BGH hingegen hielt den Klageanspruch für aus Eingriffskondiktion (§ 812 Abs. 1 Satz 1, 2. Fall BGB) gerechtfertigt. Der Klägerin gebühre die Versicherungssumme „aufgrund des für sie vorgemerkten Anspruchs auf Übereignung des Grundstücks“, da ihr gegenüber die Grundschuldbestellung unwirksam gewesen sei (§§ 883 Abs. 1 Satz 2, 883 Abs. 2 BGB). Es sei „gerade der Sinn einer Vormerkung künftiger Ansprüche, daß die Schutzwirkung (§ 883 Abs. 2 BGB) mit rückwirkender Kraft ab Eintragung der Vormerkung gilt, allerdings erst mit Entstehung des Anspruchs geltend gemacht werden kann“[304]. Daher hätte die Klägerin – so der BGH weiter – „nach Entstehen ihres Auflassungsanspruchs im Sommer 1983 von der Beklagten die Löschung der Grundschulden verlangen können (§ 888 BGB). Rückwirkend wäre somit ihr gegenüber das aus der Grundschuld folgende Pfandrecht an der Versicherungsforderung und damit die Einziehungsbefugnis der Beklagten insoweit entfallen. Gleichzeitig hätte sie gegen die Schuldner des vorgemerkten Anspruchs (Ehepaar E.) einen Anspruch auf Abtretung der Ersatz-

---

87 (S. 841). – Wenn demgegenüber die ganz h.M. zu Recht davon ausgeht, daß die Auflassungsvormerkung den Vormerkungsberechtigten auch gegen beeinträchtigende Verfügungen über im Eigentum des Veräußerers stehendes Grundstückszubehör schützt – s. etwa BGH, Urt. v. 18.12.1956 – VIII ZR 24/56 (Celle) = LM § 559 BGB Nr. 1; MünchKomm[2]-*Wacke*, § 883 Rn. 45; *Gursky*, a.a.O. Rn. 167 ff.; *Biermann*, Widerspruch und Vormerkung, § 20 X (S. 202 ff.); *K. Müller*, SachenR[3], Rn. 1170 h ff.; vgl. auch bereits Prot. (2. Komm.) III, S. 747; *Mugdan* III, S. 571 (a.A. *S. Schmidt*, BWNotZ 1975, 106 ff.) –, so wird hierdurch „nur dem Umstand Rechnung getragen, daß Grundstück und Zubehör im allgemeinen als wirtschaftliche Einheit behandelt werden (vgl. §§ 314, 926 BGB)“; *K. Berger*, WM 1986, 874.

[301] S.o. S. 32.

[302] So auch die Kritik von BGHZ 99, 385, 387, sowie *K. Berger*, a.a.O., 873 f.

[303] BGH, a.a.O.; *K. Berger*, WuB IV A. § 883 BGB 1. 87 (S. 840). Vgl. o. S. 132 Fn. 274.

[304] BGH, a.a.O., 388 unter Hinweis auf BGH, Urt. v. 31.10.1980 – V ZR 95/79 (Frankfurt) = NJW 1981, 446, 447, wo hierzu weiter ausgeführt wurde: „Wollte man einen Vormerkungsschutz für künftige Ansprüche erst von dem Zeitpunkt eintreten lassen, in dem die gesicherten Ansprüche entstehen, so wäre er sinnentleert. § 883 I 2 BGB würde seine Bedeutung verlieren und wäre überflüssig.“ Ebenso bereits *M. Pfeiffer*, ZBlFG 1914, 552. Dem BGH zustimmend Erman-*Hagen*, § 883 Rn. 17; Palandt[56]-*Heinrichs*, § 883 Rn. 20; *Reinicke/Tiedtke*, Kreditsicherung, S. 321; s. auch *Haegele / Schöner / Stöber*, Rn. 1520. Gegen die Auffassung des BGH *K. Müller*, SachenR[3], Rn. 1170c (s. hierzu bereits o. S. 120 ff.).

forderung gegen den Versicherer gehabt (§ 281 Abs. 1 BGB), solange die Beklagte den Klagebetrag nicht eingezogen hatte, weil dem Ehepaar E. die Übereignung des Wohngebäudes unmöglich geworden und dadurch in seinem Vermögen die Versicherungsforderung an die Stelle der unmöglich gewordenen Leistung getreten war“[305].

Die Beklagte habe nun aber einen Teil der Feuerversicherungssumme „als Grundschuldgläubigerin und Inhaberin eines Pfandrechts an dem Ersatzanspruch des Versicherungsnehmers eingezogen (§§ 1192 Abs. 1, 1127 Abs. 1, 1128 Abs. 3, 1282 Abs. 1 Satz 1 und 2, 1228 Abs. 2 BGB)“[306]. Mit der Zahlung sei der Anspruch des Ehepaars E. auf die Versicherungssumme erloschen, „weil die Grundschuld im Verhältnis zwischen dem Versicherer und der Beklagten wirksam war“[307]. Die Klägerin habe „damit auch keine Möglichkeit mehr, sich von dem Ehepaar E. einen Ersatzanspruch gegen den Versicherer abtreten zu lassen“[308]. Daraus folge, daß „die Beklagte nach Eintritt der Vormerkungswirkung mit Entgegennahme der Versicherungssumme ‚auf Kosten‘ der Klägerin bereichert ist“[309]. Zur Bejahung einer Eingriffskondiktion fehle es auch nicht an der Unmittelbarkeit der Vermögensverschiebung: „Die Klägerin hat mit der Zahlung der Versicherungssumme an die Beklagte die Möglichkeit verloren, nach Eintritt der Rückauflassungsvoraussetzungen einen Anspruch nach § 281 BGB gegen das Ehepaar E. durchzusetzen, und dieser Vorgang hat gleichzeitig zu einer Vermögensmehrung bei der Beklagten geführt.“[310]

Dieser Argumentation des BGH ist jedoch entgegenzuhalten, daß sich die Grundschuldgläubigerin durch Einziehung der Versicherungsforderung nicht auf Kosten der Vormerkungsberechtigten „in sonstiger Weise“ im Sinne des

[305] § 281 BGB gelte „auch für aufschiebend bedingte Verpflichtungen, wenn der Schuldner der unmöglich gewordenen Leistung den Erstattungsanspruch vor Eintritt der Bedingung erlangt hat“. So der zweite Leitsatz von BGHZ 99, 385 ff. S. hierzu BGH, a.a.O., 388 f.; vgl. auch Mot. II, S. 47; *Mugdan* II, S. 25 f., sowie Prot. (2. Komm.) I, S. 316 f.; *Mugdan* II, S. 530. Ebenso etwa Palandt[56]-*Heinrichs*, § 281 Rn. 4; *Kohler*, JR 1987, 458.

[306] BGH, a.a.O., 387 f.; *Reinicke / Tiedtke*, Kreditsicherung, S. 321.

[307] BGH, a.a.O., 389 f. Der BGH geht demnach von einer „relativen Unwirksamkeit“ in der Gestalt einer „Duplizität des Rechtssubjekts“ aus (s. hierzu o. S. 110 f.).

[308] BGH, a.a.O., 390.

[309] BGH, a.a.O.

[310] BGH, a.a.O. Dieses Ergebnis sei auch billig: „Die Beklagte konnte aus dem Grundbuch die rangbessere Vormerkung der Klägerin ersehen und mußte damit rechnen, daß bei Eintritt der Bedingung für den vorgemerkten Anspruch ihre Grundschulden gegenüber der Vormerkungsinhaberin rückwirkend unwirksam sein würden. Dürfte die Beklagte die Feuerversicherungssumme behalten, dann hätte sie sich im Ergebnis doch aus dem Eigentum (d.h. dessen Surrogat, der Versicherungsleistung) befriedigt, auf das die Klägerin einen vorgemerkten Anspruch hatte. Von dem rein zufälligen Zahlungszeitpunkt kann es nicht abhängen, ob letztlich die Beklagte oder die Klägerin endgültig die Brandentschädigung erhält“; BGH, a.a.O.

§ 812 Abs. 1 Satz 1, 2. Fall BGB rechtsgrundlos bereichert hat[311]: Denn in der vorliegenden Fallkonstellation ist die vom BGH – im Einklang mit der ganz h.M. – zu Recht geforderte Voraussetzung für die Bejahung einer Eingriffskondiktion, daß der herauszugebende Vermögensvorteil „nach dem maßgeblichen Zuweisungsgehalt der einschlägigen Rechtsordnung dem Bereicherungsgläubiger gebührt“[312], nicht erfüllt[313]. Ein lediglich obligatorischer Anspruch auf eine Leistung – wie etwa der vormerkungsgesicherte Anspruch – bewirkt nämlich „vor seiner Erfüllung noch keine Rechtsgüterzuordnung, in die ein anderer ‚in sonstiger Weise‘ zu Lasten des Gläubigers eingreifen könnte“[314]. Klaus Berger zufolge bedarf es hier „auch unter Billigkeitsgesichtspunkten keiner Einbeziehung des stellvertretenden commodum in den Schutzbereich der Vormerkung“: „Bei einer verschuldeten Leistungsstörung, die das stellvertretende commodum betrifft, haftet der Schuldner nach § 280 BGB mit seinem *gesamten Vermögen* auf Schadensersatz“[315]. Nach Kohler[316] wiederum hat der Veräußerer hier „als Surrogat für den abzutretenden Anspruch gegen die Versicherung, dessen Abtretung nun seinerseits unmöglich ist, die Befreiung von seiner Schuld gegenüber dem Grundschuldgläubiger erlangt, und den Wert dieser Befreiung mag er unter erneuter Anwendung des § 281 BGB herausgeben“.

Sowohl Klaus Berger als auch Kohler gehen mithin davon aus, daß im Falle der Einziehung der Versicherungssumme durch den auflassungsvormer-

---

[311] *K. Berger*, WuB IV A. § 883 BGB 1. 87 (S. 841).

[312] BGH, a.a.O., 387 m. umfangr. Nachw. – Zum Stand der Diskussion zwischen „Zuweisungstheorie“ einerseits und „Rechtswidrigkeitstheorie“ andererseits s. *Larenz / Canaris*, SchuldR II / 2, § 69 I 1 (S. 168 ff.).

[313] *K. Berger*, a.a.O.

[314] *K. Berger*, a.a.O. (S. 841 f.) unter Hinweis auf BGH, Urt. v. 31.10.1986 – V ZR 140 / 85 (Düsseldorf) = NJW 1987, 771. Vgl. auch *Kohler*, JR 1987, 458. Lediglich für den – von der Warte des Vormerkungsberechtigten her gesehen hier nicht einschlägigen – Fall, daß „der Schuldner an einen Nichtberechtigten eine Leistung erbringt, die dem Gläubiger gegenüber aufgrund bestimmter gesetzlicher Vorschriften (z.B. §§ 407, 409, 808, 2367 BGB) wirksam ist“, existiert in Gestalt des § 816 Abs. 2 BGB eine „Sonderregelung“; *K. Berger*, a.a.O. (S. 841 f.) m.w.N.

[315] *K. Berger*, a.a.O. (S. 841). *K. Berger*, a.a.O. (842), weist ansonsten noch auf einen möglichen Schadensersatzanspruch des Vormerkungsberechtigten aus § 826 BGB wegen sittenwidriger Verletzung seiner Vertragsrechte hin: „Zu denken ist hier an ein kollusives Zusammenwirken zwischen dem Vormerkungsverpflichteten und dem nachrangigen Grundpfandrechtsgläubiger“ (vgl. hierzu bereits *Rimmelspacher*, WuB IV A. § 883 BGB 2.86 [S. 1000]). Gleichzeitig räumt *K. Berger*, a.a.O., allerdings ein, daß für eine derartige Konstellation „der vorliegende Fall indes keine Anhaltspunkte“ biete. – Wie jedoch die folgenden Ausführungen erweisen werden, ergibt sich bereits infolge des Grundsatzes der rückwirkenden Unwirksamkeit der vormerkungswidrigen Grundschuldbestellung kein Schaden des vormerkungsgeschützten Gläubigers, welcher über § 826 BGB geltend gemacht werden könnte (vgl. u. S. 141 ff.).

[316] JR 1987, 458.

kungswidrigen Grundschuldgläubiger dem Vormerkungsverpflichteten die Erfüllung seiner Verpflichtung aus § 281 Abs. 1 BGB unmöglich werde[317].

In der vorliegenden Fallkonstellation liegt jedoch keine Unmöglichkeit vor. Denn eine Leistung ist „im allgemeinen noch nicht unmöglich, wenn ihr nur ein zeitweiliges Hindernis im Wege steht, das voraussichtlich behoben werden kann"[318]. Ein derartiges zeitweiliges Hindernis stellt aber hier das Erlöschen des Versicherungsanspruchs der damaligen Grundstückseigentümer, der Eheleute E., infolge der Leistung des Versicherers an die beklagte Grundschuldgläubigerin dar. Dieses Hindernis kann sogar durch den vormerkungsgeschützten Gläubiger selbst beseitigt werden, indem er die Verwirklichung seines vormerkungsgesicherten Anspruchs auf Verschaffung unbelasteten Eigentums an dem Grundstück – notfalls über eine Klage gegen den vormerkungswidrigen Grundschuldgläubiger auf Zustimmung zur Löschung der Grundschuld(en) (vgl. § 888 Abs. 1 BGB) – erwirkt und mit erfolgter Löschung[319] die rückwirkende Unwirksamkeit des vormerkungswidrigen Grundschulderwerbs effektiv werden läßt[320].

Darüber, ob eine Löschung der Grundschulden im vorliegenden Fall erfolgt ist, lassen sich aus dem Urteilstatbestand keine Anhaltspunkte entnehmen. Denn es ist nur die Rede davon, daß die Klägerin „am 31. Januar 1984 als Eigentümerin in das Grundbuch eingetragen" worden sei[321].

Mit Effektivwerden der rückwirkenden Unwirksamkeit der vormerkungswidrigen Grundschuldbestellung jedenfalls wird es dann – infolge der retro-

---

[317] Vgl. auch *Rimmelspacher*, a.a.O.: „Macht sich der Auflassungsschuldner die Erfüllung seiner aus § 281 BGB erwachsenen Verpflichtung unmöglich, so kommt nicht die Sanktion der §§ 883 ff zum Zuge, vielmehr greift das allgemeine Recht der Leistungsstörungen Platz." In der Tat würde der Schuldner in einem derartigen Falle „nach den allgemeinen Bestimmungen der §§ 275–281, bei gegenseitigen Verträgen nach §§ 323–325, unter Zugrundelegung des Haftungsmaßstabes für das ursprüngliche Schuldverhältnis" haften; vgl. Soergel[12]-*Wiedemann*, § 281 Rn. 40 m. umfangr. Nachw.; ablehnend zur Gegenauffassung, welche die §§ 818, 819 BGB anwenden will (s. etwa *Lopau*, Surrogationsansprüche, § 4 [S. 24 f.]), mit begründeten Argumenten *Römer*, AcP 119 (1921), 358 f.

[318] *Larenz*, SchuldR I, § 21 I a) (S. 305). Vgl. auch Erman-*Battes*, § 275 Rn. 10, sowie Palandt[56]-*Heinrichs*, § 275 Rn. 17.

[319] Vgl. hierzu o. S. 118.

[320] Angesichts dieser besonderen Konstellation – das vorübergehende Leistungshindernis ist wegen der von ihm bewirkten vormerkungswidrigen Grundschuldbestellung vom Schuldner zu vertreten; die Beseitigung des Leistungshindernisses kann hingegen vom vormerkungsgeschützten Gläubiger selbst erreicht werden – ist davon auszugehen, daß entsprechend dem Rechtsgedanken des § 275 BGB die Leistungspflicht des Schuldners während des Bestehens des Leistungshindernisses ausgeschlossen ist und daher bereits deswegen kein Verzug (vgl. § 284 BGB) eintreten kann; der Schuldner kann während dieser Zeit gegebenenfalls nur zu künftiger Leistung verurteilt werden; vgl. *Heinrichs*, a.a.O; *Battes*, a.a.O.

[321] Vgl. BGHZ 99, 385, 386 (s. hierzu o. S. 137).

spektiven Betrachtungsweise – so angesehen, als wäre diese Grundschuldbestellung nicht wirksam erfolgt[322].

Zwar hat desungeachtet der Versicherer an die Grundschuldgläubigerin befreiend geleistet, da die rückwirkende Unwirksamkeit der auflassungsvormerkungswidrigen Grundschuldbestellung in der Vergangenheit abgeschlossene Vorgänge unangetastet läßt[323]. Der Vormerkungsverpflichtete kann jedoch seinerseits die seitens des Grundschuldgläubigers erlangte Versicherungsleistung von diesem herausverlangen. Was die hierfür zugrundezulegende Rechtsgrundlage betrifft, so gilt folgendes:

Der dinglichen Grundschuldbestellung nach §§ 1191, 873 BGB liegt generell ein Kausalverhältnis zugrunde, das etwa in einem Kauf-, Tausch- oder Schenkungsvertrag liegen kann[324], häufig aber auch – wie offenbar im vorliegenden Fall[325] – in der Abrede, daß die (Sicherungs-)Grundschuld eine (Darlehens-)Forderung sichern soll[326]. Die Rechtsnatur dieses Sicherungsvertrages[327] ist streitig. Richtigerweise ist er als unvollkommen zweiseitig verpflichtender Vertrag atypischer Art anzusehen[328]. Der Sicherungsnehmer –

---

[322] Vgl. o. S. 122.

[323] Vgl. ebd.

[324] *Felgentraeger*, FS J. v. Gierke, S. 146 f.; *K. Müller*, SachenR³, Rn. 2006; *Seckelmann*, S. 63; s. hierzu auch *Küchler*, S. 25; vgl. Erman-Räfle, § 1191 Rn. 3.

[325] Vgl. o. S. 136 f.

[326] Vgl. BGH, Urt. v. 8.12.1988 – III ZR 107/87 (Frankfurt a.M.) = NJW 1989, 1732, 1733; Jauernig-*Jauernig*, § 1191 Anm. 2 a); MünchKomm²-*Eickmann*, § 1191 Rn. 13; *ders.* in: *Westermann*, SachenR II, § 131 I 3 (S. 326), II 1 (S. 326 f.); *Felgentraeger*, FS J. v. Gierke, S. 147; *U. Huber*, Sicherungsgrundschuld, § 10 a) (S. 88); *Küchler*, S. 25; *K. Müller*, SachenR³, Rn. 2006 f., 2066 f.; *H. Weber*, AcP 169 (1969), 238; *Wieling*, SachenR I, § 33 IV 1 a) (S. 442); *Wilhelm*, SachenR, Rn. 859.

[327] Zur im Schrifttum uneinheitlichen Terminologie („Sicherungsvereinbarung" – „Sicherungsabrede" oder „Sicherungsvertrag" s. *Jäckle*, JZ 1982, 51 Fn. 20 m. umfangr. Nachw.).

[328] Erman-*Räfle*, § 1191 Rn. 5; MünchKomm²-*Eickmann*, § 1191 Rn. 14; *ders.* in: *Westermann*, SachenR II, § 131 II 1 (S. 327); *Seckelmann*, S. 128 ff.; ebenso i.E. *Lopau*, JuS 1976, 317 Fn. 8; *H. Weber*, AcP 169 (1969), 238, sowie *Jäckle*, JZ 1982, 55, der allerdings die Bezeichnung „gewöhnlich zweiseitig verpflichtender Vertrag" vorzieht. Ähnlich *U. Huber*, Sicherungsgrundschuld, § 9 e) (S. 84); *Serick V*, § 56 I 2 c) (S. 14): „zweiseitig verpflichtender Vertrag", da „die Verpflichtung des Sicherungsnehmers, den Sicherungszweck zu beachten, zu den notwendigen und nicht nur zu den beiläufigen Rechtsfolgen des Vertrags" gehöre; *U. Huber*, a.a.O. Fn. 39. Der Sicherungsvertragsschuldner ist jedoch wegen der Verpflichtung, die Grundschuld zu bestellen, primär verpflichtet; *Seckelmann*, S. 132. – Teilweise wird der Sicherungsvertrag – insbesondere bei Darlehensgewährung gegen Bestellung eines Grundpfandrechts – als gegenseitiger Vertrag angesehen (s. etwa OLG Frankfurt a.M., Urt. v. 1.3.1968 – 10 U 103/67 = NJW 1969, 327, 328; Palandt⁵⁶-*Putzo*, § 445 Rn. 3; Einf. v. § 607 Rn. 2; Soergel¹²-*Huber*, § 445 Rn. 12; Staudinger¹³-*Köhler*, § 445 Rn. 10; Staudinger¹²-*Scherübl*, § 1191 Rn. 18; *Felgentraeger*, FS J. v. Gierke, S. 147; *Küchler*, S. 27; *W. Schütz*, NJW 1969, 327; abweichend *Zeiss*, AcP 164 (1964), 70: nur bei Koppelung der Sicherungsabrede mit der Darlehensgewährung „im Sinne eines

hier: die Grundschuldgläubigerin – kann daher, wenn der Sicherungsgeber – hier: die Vormerkungsverpflichteten – die „Pflicht zur Hingabe der Grundschuld nicht oder nicht rechtzeitig erfüllt, die Ansprüche aus den §§ 280 ff., 286 ff. BGB geltend machen. Die Rechte nach den §§ 325 ff. BGB kann er mangels eines gegenseitigen Vertrages nicht ausüben."[329] Als Konsequenz aus dem „Nichterfüllungscharakter der Rechtsmängelhaftung" der Vormerkungsverpflichteten folgt jedoch im Gegenzug der Surrogatsherausgabeanspruch der Vormerkungsverpflichteten gegen die Grundschuldgläubigerin aus § 818 Abs. 1, 2. Halbs. BGB[330], welcher sich auch auf die vereinnahmte Versicherungssumme erstreckt[331]. Dieser Anspruch wäre dann in dem dem Urteil des BGH vom 30. Januar 1987 zugrundeliegenden Fall über § 281 Abs. 1 BGB analog[332] seitens der Vormerkungsverpflichteten – d.h. der Eheleute E – an ihre vormerkungsgeschützte Gläubigerin – hier: die Klägerin – abzutreten gewesen[333].

---

synallagmatischen Verhältnisses"), auf den nach vereinzelter Auffassung gar punktuell Auftragsrecht Anwendung finden soll; so *Scherübl*, a.a.O. (§ 667 BGB); *H. Scholz*, FS Ph. Möhring, S. 421 f.; für Letzteres auch Staudinger[13]-*Wolfsteiner*, Vorbem. zu §§ 1191 ff. Rn. 19. Die Rechtsprechung hingegen beschränkt den Anwendungsbereich der §§ 320 ff. BGB – teilweise unter Heranziehung des § 445 BGB i.V.m. §§ 440 Abs. 1, 320 ff. BGB (so etwa RG, Urt. v. 20.11.1922 – V. 163/22 (KG) = SeuffA 78 (1924) Nr. 68 (S. 117); Urt. v. 15.6.1937 – IV 4/37 = JW 1937, 2765; OLG Frankfurt a.M. NJW 1969, 327; zustimmend *Putzo*, a.a.O.) – auf diejenigen Fälle, in denen sich die Kreditgewährung für den Kreditgeber „wirtschaftlich als ein Kapitalanlagegeschäft", rechtlich als „Kauf" der Sicherheit – wobei „alle Beleihungen von Grundstücken durch Bankinstitute ... unter diesem Gesichtspunkte zu betrachten sein [werden]" – darstellt; RG, Urt. v. 29.3.1909 – VI 180/08 (Stettin) = JW 1909, 309, 310; BGH, Urt. v. 30.10.1961 – VII ZR 99 / 60 = WM 1962, 114, 115; Urt. v. 24.9.1962 – VIII ZR 234 /6= WM 1962, 1264, 1265; OLG Frankfurt a.M., a.a.O. – Ein gegenseitiger Vertrag liegt jedoch nicht vor, weil „der Anspruch auf Einräumung einer Sicherungsgrundschuld ... regelmäßig nicht mit anderen Ansprüchen im Gegenseitigkeitsverhältnis [steht]"; *Lopau*, a.a.O.; MünchKomm[2]-*Eickmann*, § 1191 Rn. 14; *ders.* in: *Westermann*, SachenR II, § 131 II 1 (S. 327); *Wolfsteiner*, a.a.O.; *Seckelmann*, S. 128 f. Selbst wenn die Pflicht zur Darlehensgewährung in den Vertrag mit einbezogen sein sollte, ist nicht die Grundschuldbestellung hierfür Gegenleistung im Sinne des Synallagmas, sondern die Verzinsungsvereinbarung; Erman-*Räfle*, § 1191 Rn. 5; MünchKomm[2]-*Eickmann*, § 1191 Rn. 14; *ders.* in: *Westermann*, SachenR II, § 131 II 1 (S. 327); Soergel[12]-*Konzen*, §§ 1191, 1192 Rn. 13; *v. Caemmerer*, FS Lewald, S. 449 f.; *U. Huber*, Sicherungsgrundschuld, § 10 c) (S. 94); *Jäckle*, JZ 1982, 52; *Seckelmann*, S. 129; *H. Weber*, AcP 169 (1969), 241; *Wilhelm*, SachenR, Rn. 859. Zu weiteren Argumenten – insbesondere gegen die Heranziehung von § 445 BGB s. *Jäckle*, JZ 1982, 52 f.

329 *Seckelmann*, S. 132; ebenso MünchKomm[2]-*Eickmann*, § 1191 Rn. 21; *ders.* in: *Westermann*, SachenR II, § 131 II 1 (S. 327).

330 Vgl. *Ernst*, § 15 II (S. 195) (zur Nutzungsherausgabe) und o. S. 133.

331 Sollte der Sicherungsvertrag zwischen Grundschuldgläubiger und Vormerkungsverpflichteten „unter der auflösenden Bedingung der Ausübung des durch die Vormerkung gesicherten Rechts" (vgl. Soergel[12]-*Huber*, § 439 Rn. 19) geschlossen worden sein, so bestünde ein Surrogatsherausgabeanspruch des Vormerkungsverpflichteten nach §§ 820 Abs. 1 Satz 2 i.V.m. Satz 1, 818 Abs. 4, 281 BGB; vgl. o. S. 133.

332 Vgl. o. S. 79 Fn. 9.

Charakteristisch für beide Beispiele, welche vorstehend zur Darstellung der Konsequenzen der rückwirkenden Unwirksamkeit vormerkungswidriger Verfügungen gewählt wurden, ist nach alledem die enge „Verzahnung" der dinglichen[334] Sicherungswirkung des § 883 Abs. 2 BGB mit dem schuldrechtlichen Instrument des § 281 Abs. 1 BGB (in dessen analoger Anwendung): Erst das Zusammenwirken beider Komponenten macht den eigentlichen „Eingriffsschutz" des Vormerkungsberechtigten aus, kraft dessen der Vormerkungsgeschützte Zugriff auf Surrogationsansprüche des Vormerkungsverpflichteten aus dessen Kausalverhältnis mit dem vormerkungswidrigen Erwerber erlangen kann. Daß der Vormerkungsberechtigte bei dieser Lösung allerdings dem Risiko der Insolvenz des Vormerkungsverpflichteten ausgesetzt ist[335], resultiert daraus, daß der Vormerkungsberechtigte trotz seiner gesicherten Aussicht auf Befriedigung – selbst in der Retrospektive – bis zur Herbeiführung der anspruchsmäßigen Rechtsgestaltung lediglich obligatorisch Berechtigter ist[336].

---

[333] Der im Tatbestand des § 281 Abs. 1 BGB vorausgesetzte ursächliche Zusammenhang zwischen dem Unmöglichwerden der Leistung und dem Erwerb des Ersatzes durch den Verkäufer ist gegeben, da für § 281 BGB ein adäquater Kausalzusammenhang genügt (vgl. hierzu o. S. 126 Fn. 251).

[334] S. hierzu o. S. 63 f.

[335] In den Fällen fehlender Kenntnis des Dritterwerbers von der Vormerkung etwa – welche allerdings nicht den Normalfall ausmachen (vgl. hierzu o. S. 124 f.) – steht außerdem wegen der Möglichkeit des Wegfalls der Bereicherung des Dritterwerbers (s. hierzu etwa o. S. 133 Fn. 281) die Einbringlichkeit bereits bei diesem in Frage.

[336] Vgl. o. S. 77.

Zusammenfassung der wichtigsten Ergebnisse

Die vom BGH in seinem Urteil vom 5. April 1991[1] vertretene Rechtsauffassung, der vormerkungsberechtigte Auflassungsempfänger erfahre als „Anwartschaftsberechtigter“ Deliktsschutz (hier: gemäß § 823 Abs. 2 i.V.m. § 909 BGB), ist unzutreffend: Zum einen ist bei der hier gegebenen Konstellation „Auflassung plus Vormerkung“ bereits das Vorliegen eines Anwartschaftsrechts zu verneinen[2]. Insbesondere stellt auch die Rechtsposition des Vormerkungsberechtigten für sich genommen kein Anwartschaftsrecht dar[3]: Die Vormerkung verkörpert weder bereits das bedingte dingliche Vollrecht selbst[4] noch ist der Vormerkungsberechtigte wertungsmäßig dem Berechtigten aus aufschiebend bedingter Verfügung gleichzustellen[5]. Zum anderen läßt sich auch aus der vom BGH angestellten Erwägung, daß „im Falle mehraktiger Eigentumsübertragung der objektive Sachwert bereits auf zwei Personen verteilt“ sei[6], kein deliktischer Schutz des vormerkungsberechtigten Auflassungsempfängers ableiten[7].

Ein Anwartschaftsrecht des (vormerkungsgesicherten) Auflassungsempfängers läßt sich nur dann bejahen, wenn der Auflassungsempfänger bereits selbst den Eintragungsantrag beim Grundbuchamt gestellt hat[8]. Doch selbst in diesem Fall kommt der Rechtsposition des Auflassungsempfängers kein Deliktsschutz über § 823 Abs. 1 BGB zu. Denn dem Auflassungsempfänger würde ansonsten hierdurch – insbesondere gegenüber rechtlichen Beeinträchtigungen – ein stärkerer Schutz zuteil als kraft der bloßen Verfahrensvorschrift des § 17 GBO, auf die sich hier die Annahme eines Anwartschaftsrechts entscheidend stützt[9]. Auch muß berücksichtigt werden, daß der Auflassungsempfänger, der den Eintragungsantrag selbst gestellt hat, nur obligato-

---

[1] BGH, Urt. v. 5.4.1991 – V ZR 39/90 (Saarbrücken) = BGHZ 114, 161 ff. (s. hierzu o. S. 19 ff.).

[2] S.o. S. 43 ff.

[3] S.o. S. 23 ff.

[4] S.o. S. 34 ff.

[5] S.o. S. 36 f.

[6] BGH, a.a.O., 164 (s.o. S. 21).

[7] S.o. S. 45.

[8] S.o. S. 39 f.

[9] S.o. S. 40 f.

risch Berechtigter ohne Herrschaftsbefugnisse in Ansehung des Grundstücks selbst ist. Damit rechtfertigt sich letztendlich auch kein Schutz über die gegenüber § 823 Abs. 1 BGB speziellere[10] Regelung der § 823 Abs. 2 i.V.m. § 909 BGB[11]. Ein Automatismus einer Ableitung von Rechtsfolgen aus dem bloßen Begriff des „Anwartschaftsrechts" verbietet sich[12]. Lediglich in dem Fall, daß dem Vormerkungsberechtigten vom Veräußerer bereits der Besitz an dem vormerkungsbetroffenen Grundstück eingeräumt worden ist, stehen dem Vormerkungsberechtigten die Besitzschutzansprüche der §§ 861 ff. BGB sowie deliktsrechtliche Ansprüche zur Verfügung, von denen allerdings letztere in der Regel den Substanzschaden nicht umfassen[13].

Die Rechtsstellung des Vormerkungsberechtigten für sich genommen hingegen wird vor Erfüllung des vormerkungsgesicherten Anspruchs weder über Schadensersatzansprüche noch über Unterlassungs- bzw. Beseitigungsansprüche gegen faktische Einwirkungen des Dritterwerbers wie auch sonstiger Dritter auf das vormerkungsbetroffene Grundstück geschützt.

Zum einen lassen sich die §§ 883 Abs. 2, 888 Abs. 1 BGB nicht zum Schutz vor faktischen Einwirkungen instrumentalisieren, da diese Vorschriften auf vormerkungswidrige rechtsgeschäftliche Verfügungen zugeschnitten sind[14]. Zum anderen können Schadensersatzansprüche des Vormerkungsberechtigten gegen den Dritterwerber weder aus einer analogen Anwendung der §§ 989, 990 BGB[15] noch aus einer Anwendung des § 823 Abs. 1 BGB[16] bzw. gar des § 826 BGB[17] hergeleitet werden. Auch ein Schutz über die Regelung des § 823 Abs. 2 BGB i.V.m. § 909 BGB kann wegen der fehlenden „Zuordnung" des Grundstücks nicht eingreifen[18]. Ebensowenig ergeben sich Unterlassungs- oder Beseitigungsansprüche gegen den Dritterwerber analog §§ 1004 Abs. 1 BGB bzw. 1134 BGB[19]. Bei Einwirkungen sonstiger Dritter können zugunsten des Vormerkungsberechtigten auch keine Ansprüche analog § 869 BGB bzw. analog § 1134 Abs. 1 BGB konstruiert werden[20]. Der Vormerkungsberechtigte bleibt daher wegen faktischer Einwirkungen auf das

---

[10] S. hierzu u. S. 41 Fn. 125.

[11] S.o. S. 41.

[12] S.o. S. 22 f.

[13] S.o. S. 46, S. 76 Fn. 7.

[14] S. hierzu o. S. 48 f.

[15] S. hierzu o. S. 55 ff.

[16] S. hierzu o. S. 60 ff.

[17] S. hierzu o. S. 73 f.

[18] S.o. S. 72.

[19] S.o. S. 75 f.

[20] S.o. S. 71 f., 75 f.

vormerkungsbetroffene Grundstück auf seine Leistungsstörungs- bzw. Sachmängelgewährleistungsansprüche aus dem Vertragsverhältnis mit dem Vormerkungsverpflichteten beschränkt[21].

Bei einer Auflassungsvormerkung etwa, welche – wie in der dem Urteil des BGH vom 5. April 1991[22] zugrundeliegenden Fallgestaltung – einen Eigentumsverschaffungsanspruch aus Kaufvertrag sichert, stellen faktische Einwirkungen auf das vormerkungsbetroffene Grundstück Sachmängel dar, wenn sie eine Fehlerhaftigkeit des Kaufobjekts im Sinne des § 459 Abs. 1 BGB zur Folge haben[23].

Obwohl die Sachmängelgewährleistungsansprüche ab Gefahrübergang grundsätzlich die Vorschriften des allgemeinen Leistungsstörungsrechts verdrängen[24], findet die Vorschrift des § 281 Abs. 1 BGB bei Beschädigungen des Kaufgegenstandes bzw. wesentlicher Bestandteile desselben – etwa bei Beschädigungen auf vormerkungsbetroffenen Grundstücken befindlicher Gebäude – auch dann analoge[25] Anwendung, wenn nach erfolgter faktischer Einwirkung bereits Gefahrübergang (§ 446 BGB) erfolgt ist. Denn der Vorschrift kommt eine „bereicherungsrechtliche Ordnungsfunktion" zu – was zur Folge hat, daß sie den Gewährleistungsrechten nicht „funktionsäquivalent" ist[26].

Wurde – wie etwa in dem der Entscheidung des BGH vom 5. April 1991 zugrundeliegenden Fall[27] – ein Gewährleistungsausschluß vereinbart und ist nach erfolgter faktischer Einwirkung mittlerweile Gefahrübergang eingetreten, so finden die Grundsätze über die Drittschadensliquidation Anwendung[28]. Damit wäre nach alledem der BGH-Fall über den den Klägern von der früheren Grundstückseigentümerin – entsprechend ihrer Verpflichtung aus § 281 BGB analog – abgetretenen Anspruch aus § 823 Abs. 2 BGB i.V.m. § 909 BGB zu lösen gewesen, dessen Inhalt sich nach dem Ersatzinteresse der Kläger bestimmte, wie es Gegenstand des Revisionsverfahrens war[29]. Der Schutz des vormerkungsgeschützten Gläubigers über § 281 Abs. 1 BGB analog entfällt selbst dann nicht, wenn die faktische Einwirkung während der Zeit erfolgt ist, in der ein vormerkungswidriger Rechtserwerb in das Grundbuch

---

[21] S. hierzu o. S. 77 ff.

[22] BGH, a.a.O., 161 ff. (vgl. o. S. 19 ff.).

[23] S.o. S. 78.

[24] S. hierzu o. S. 78 f.

[25] S. hierzu o. S. 79 Fn. 9.

[26] S. hierzu o. S. 80 f.

[27] BGH, a.a.O., 161 (vgl. o. S. 19).

[28] S. hierzu o. S. 82 ff.

[29] S.o. S. 86 f.

eingetragen war[30]. Denn im Falle vormerkungswidrigen Rechtserwerbs kommt die in der vorliegenden Untersuchung entwickelte eigenständige Konzeption von der „relativen Unwirksamkeit" vormerkungswidriger Verfügungen zum Tragen[31]:

Wegen der Anspruchsakzessorietät der Vormerkung ist nämlich die Unwirksamkeit vormerkungswidriger Verfügungen bis zur Verwirklichung des vormerkungsgesicherten Anspruchs – d.h. bis zum Einsetzen der „effektiven" Unwirksamkeit – lediglich eine „hypothetische": Denn solange der vormerkungsgesicherte Anspruch vor seiner Verwirklichung noch erlöschen kann, erschiene eine bereits ab Eintragung einer vormerkungswidrigen Verfügung einsetzende Unwirksamkeit derselben vom Zweck der Vormerkung – der Anspruchssicherung (§ 883 Abs. 1 BGB) – nicht mehr gerechtfertigt.

Die „effektive Unwirksamkeit" ergreift dann – getreu dem Wortlaut des § 883 Abs. 2 Satz 1 BGB – innerhalb des von dieser Vorschrift umrissenen gegenständlichen Rahmens jede Verfügung, welche „nach der Eintragung der Vormerkung über das Grundstück oder das Recht getroffen" wurde. Der Unwirksamkeit kommt daher Rückwirkung zu. Dogmatisch ist dies als Wirksamkeit der vormerkungswidrigen Verfügung unter der auflösenden Rechtsbedingung der Anspruchsverwirklichung zu deuten; denn anders als der auflösenden rechtsgeschäftlichen Bedingung kann der auflösenden Rechtsbedingung Rückwirkung zukommen. Die Rückwirkung bedeutet hierbei nur, daß „von nun an (ex nunc) der Rechtszustand so betrachtet werden soll, als hätte er schon damals (tunc) bestanden"[32]. D.h. es wird beispielsweise im Falle des auflassungsvormerkungswidrigen Grundstückseigentumserwerbs so angesehen, als ob der Veräußerer auch für den Eintragungszeitraum des Dritterwerbers Eigentümer des Grundstücks geblieben wäre. Dem Vollrechtserwerb des Vormerkungsberechtigten hingegen kommt keine Rückwirkung zu[33]. Auch läßt die Rückwirkung in der Vergangenheit abgeschlossene Vorgänge – etwa die befreiende Leistung eines außenstehenden Schädigers bzw. eines Versicherers an den Dritterwerber – unangetastet. Nicht-Abgeschlossenes hingegen – wie z.B. noch offene Schadensersatz- oder Versicherungsansprüche des Dritterwerbers – unterwirft sie der retrospektiven Betrachtung.

Wie am Beispiel des auflassungsvormerkungswidrigen Grundstückseigentumserwerbs[34] sowie am Beispiel des auflassungsvormerkungswidrigen

[30] S. hierzu o. S. 87 ff.

[31] S. hierzu im einzelnen o. S. 116 ff.

[32] Vgl. *v. Lübtow*, S. 658 (s.o. S. 122).

[33] S. hierzu o. S. 30 ff.

[34] S.o. S. 123 ff.

Grundschulderwerbs[35] dargestellt wurde, macht bei zwischenzeitlich erfolgtem vormerkungswidrigem Rechtserwerb gerade das Zusammenwirken der dinglichen Sicherungswirkung des § 883 Abs. 2 BGB mit dem schuldrechtlichen Instrument des § 281 Abs. 1 BGB (in dessen analoger Anwendung) den eigentlichen „Eingriffsschutz" des Vormerkungsberechtigten aus, kraft dessen der Vormerkungsgeschützte Zugriff auf Surrogationsansprüche des Vormerkungsverpflichteten aus dessen Kausalverhältnis mit dem vormerkungswidrigen Erwerber erlangen kann.

Die hier gewonnenen Erkenntnisse lassen sich auch auf die ebenfalls vom spezifischen Schutzzweck bestimmte Rechtslage beim relativen Veräußerungsverbot nach §§ 135, 136 BGB übertragen, welches nicht zuletzt auch nach der Intention des Gesetzgebers mit der Vormerkung gleichbehandelt werden sollte (vgl. § 888 Abs. 2 BGB)[36].

---

[35] S.o. S. 136 ff.

[36] Vgl. o. S. 105 f.

Literatur

AK (Alternativkommentar): Kommentar zum Bürgerlichen Gesetzbuch in sechs Bänden (Reihe Alternativkommentare). Band 4: Sachenrecht (§§ 854–1296), Neuwied / Darmstadt 1983 (zit.: AK-*Bearbeiter*)

Altmeppen, Holger: Disponibilität des Rechtsscheins. Struktur und Wirkungen des Redlichkeitsschutzes im Privatrecht, Köln 1993

Baur, Fritz: Lehrbuch des Sachenrechts, 10. Aufl. München 1978 (zit.: *F. Baur*, SachenR[10])

Baur, Jürgen F.: Die Durchsetzung einer gutgläubig erworbenen Auflassungsvormerkung, JZ 1967, 437 ff.

Baur, Jürgen F. / *Riede*, Marc: Der praktische Fall – Bürgerliches Recht: Die Auflassungsvormerkung, JuS 1987, 380 ff.

Baur, Jürgen F. / *Stürner*, Rolf: Lehrbuch des Sachenrechts. Begründet von Fritz Baur, fortgeführt von Jürgen F. Baur und Rolf Stürner, 16. Aufl. München 1992 (zit.: *Baur / Stürner*)

Beer, Hubert: Die relative Unwirksamkeit. Eine Darstellung unter besonderer Berücksichtigung der Interessen- und Wertungsjurisprudenz (Diss. München 1975), Berlin 1975

— Die relative Unwirksamkeit, JA 1976, 213 ff.

Bendix: Die Vormerkung des neuen Rechts, Gruchot 49 (1905), 288 ff., 510 ff.

Berg, Hans: Drittschadensliquidation und Vertrag mit Schutzwirkung für Dritte, MDR 1969, 613 ff.

— Verträge mit Drittschutzwirkung und Drittschadensliquidation, JuS 1977, 363 ff.

Berger, Klaus: Auflassungsvormerkung und Versicherungsforderung aus einer Gebäudeversicherung, WM 1986, 873 ff.

— Anmerkung zu BGH, Urt. v. 30.1.1987 – V ZR 32 / 86 (Celle) = WuB IV A. § 883 BGB 1.87 (S. 839 f.); in: WuB IV A. § 883 BGB 1.87 (S. 840 ff.).

Berger, Wolfgang: Eigentumsvorbehalt und Anwartschaftsrecht – Besitzloses Pfandrecht und Eigentum (Diss. Trier 1984), Frankfurt a.M. u.a. 1984 (zit.: *W. Berger*, Eigentumsvorbehalt und AnwartschaftsR)

Bergermann, Alfred: Die Abtretung und die Verpfändung der Ansprüche auf Übereignung eines Grundstücks und der Rechte aus einer Auflassung, MittRhNotK 1969, 687 ff.

Bernhöft, Franz: Zur Lehre von den Fiktionen, in: Aus römischem und bürgerlichen Recht. Ernst Immanuel Bekker zum 16. August 1907 überreicht, Weimar 1907, S. 239 ff. (zit.: *Bernhöft*, FS Bekker)

Bierling, Ernst Rudolf: Juristische Prinzipienlehre, in 5 Bänden, Bd. II, 2. Tübingen 1898

Biermann, Johannes: Widerspruch und Vormerkung nach deutschem Grundbuchrecht, Jena 1901 (zit.: *Biermann*, Widerspruch und Vormerkung)

— Das Sachenrecht des Bürgerlichen Gesetzbuchs. 2. Aufl. Berlin 1903 (zit.: *Biermann*, SachenR)

Blomeyer, Arwed: Eigentumsvorbehalt und gutgläubiger Erwerb, AcP 153 (1954), 239 ff.

— Der unbestimmte Gläubiger, in: Festschrift für Ernst Rabel, Bd. I: Rechtsvergleichung und Internationales Privatrecht, Tübingen 1954, S. 307 ff. (zit.: *Blomeyer*, FS Rabel)

— Die Rechtsstellung des Vorbehaltskäufers, AcP 162 (1963), 193 ff.

Boehm, J.: Das materielle und formelle Reichsgrundbuchrecht. Für die Praxis erläutert von J. Boehm, Hannover 1898

Bongartz, Heinrich: Die Wirkungen der Vormerkung zur Sicherung des Anspruchs auf Eintragung einer Hypothek, Diss. Rostock 1904

Bonsmann, Paul: Die Veräußerung der versicherten Sache, DB 1973, Beil. 14, 15 ff.

Brecht, Arnold: Bedingung und Anwartschaft (Das aufschiebend bedingte Eigentum, seine Bestellung, Weiterübertragung und Pfändung), JhJb 61 (1912), 263 ff.

Bronisch, Otfried / *Sasse*, Jürgen / *Starke*, Otto-Ernst: Recht der privaten Versicherungen, Frankfurt a.M. 1962

Brox, Hans: Gefahrtragung bei Untergang oder Verschlechterung der Kaufsache, JuS 1975, 1 ff.

Bruck, Ernst / *Möller*, Hans: Kommentar zum Versicherungsvertragsgesetz und zu den Allgemeinen Versicherungsbedingungen unter Einschluß des Versicherungsvermittlerrechtes, Zweiter Band: §§ 49 – 80 VVG, 8. Aufl. Berlin / New York 1980 (zit.: *Bruck / Möller-Bearbeiter*)

Bülow, Peter: Grundfragen der Verfügungsverbote, JuS 1994, 1 ff.

— Recht der Kreditsicherheiten – Sachen und Rechte, Personen. Ein Lehrbuch, 4. Aufl. Heidelberg 1997

von *Caemmerer*, Ernst: Bereicherungsausgleich bei Verpfändung fremder Sachen, in: Festschrift Hans Lewald bei Vollendung des vierzigsten Amtsjahres als ordentlicher Professor im Oktober 1953, Basel 1953, S. 443 ff. (zit.: *v. Caemmerer*, FS Lewald)

Canaris, Claus-Wilhelm: Der praktische Fall – Bürgerliches Recht: Das parzellierte Grundstück, JuS 1969, 80 ff.

— Die Verdinglichung obligatorischer Rechte, in: Festschrift für Werner Flume zum 70. Geburtstag, 12. September 1978, Köln 1978, Bd. I, S. 371 ff. (zit.: *Canaris*, FS Flume)

Collier, Dieter: Nichtigkeit und Unwirksamkeit im System der bürgerlichen Rechtsordnung, Diss. Hamburg 1967

Cosack, Konrad: Lehrbuch des Deutschen bürgerlichen Rechts. Zweiter Band: Das Sachenrecht – Das Recht der Wertpapiere – Das Gemeinschaftsrecht – Das Recht der juristischen Personen – Das Familienrecht – Das Erbrecht, 5. Aufl. Jena 1912

Crome, Carl: System des Deutschen Bürgerlichen Rechts. Erster Band: Einleitung und Allgemeiner Theil, Tübingen / Leipzig 1900 (zit.: *Crome* I); Zweiter Band: Recht der Schuldverhältnisse, Erste Halbbd., Tübingen / Leipzig 1902 (zit.: *Crome* II); Dritter Band: Rechte an Sachen und an Rechten, Tübingen 1905 (zit.: *Crome* III)

Denck, Johannes: Die Auflassungsvormerkung für den Versprechensempfänger und der Schutz des unbenannten Dritten, NJW 1984, 1019 ff.

Denkschrift: Denkschrift zum Entwurf eines Bürgerlichen Gesetzbuchs nebst drei Anlagen, dem Reichstag vorgelegt, Berlin 1896

Deppert, Armin: Der gutgläubige Erwerb der Vormerkung. Zugleich ein Beitrag zu der Lehre von der Rechtsnatur der Vormerkung, Diss. Frankfurt a.M. 1970

Dettmar, Uwe: Materielle und formelle Funktion des Rangs im Grundstückssachenrecht, Diss. Marburg 1977

Dieckmann, Albrecht: Zum Schutz des Auflassungsempfängers, der sich mit dem Berechtigten geeinigt und den Eintragungsantrag gestellt hat, in: Festschrift für Gerhard Schiedermair zum 70. Geburtstag, München 1976, S. 93 ff. (zit.: *Dieckmann*, FS Schiedermair)

Diederichs, Petra: Der deliktische Schutz gegen Dritte aus § 823 Abs.1 BGB beim Kauf unter Eigentumsvorbehalt, Diss. Bonn 1976

Diederichsen, Uwe: Das Recht zum Besitz aus Schuldverhältnissen, Hamburg 1965

Dörner, Heinrich: Dynamische Relativität. Der Übergang vertraglicher Rechte und Pflichten, München 1985

Dulckeit, Gerhard: Die Verdinglichung obligatorischer Rechte, Tübingen 1951

Eckardt, Diederich: Der Anspruch des Grundstückskäufers auf die Feuerversicherungssumme als Fehlersurrogat, BB 1994, 1946 ff.

Egert, Hans: Die Rechtsbedingung im System des bürgerlichen Rechts, Berlin 1974

Ehmann, Horst / *Rust*, Ulrich: Der Anspruch auf das stellvertretende commodum aufgrund Sachmangels – BGH, Urt. v. 10.3.1995 – V ZR 7 / 94 –, Jura 1996, 247 ff.

Eichenhofer, Eberhard: Anwartschaftslehre und Pendenztheorie. Zwei Deutungen von Vorbehaltseigentum, AcP 185 (1985), 162 ff.

Eichler, Hermann: Institutionen des Sachenrechts – Ein Lehrbuch. Erster Band: Allgemeiner Teil – Grundlagen des Sachenrechts. Berlin 1954 (zit.: *Eichler* I); Zweiter Band, Zweiter Halbband: Besonderer Teil – Die dinglichen Rechte, Berlin 1960 (zit.: *Eichler* II 2)

Eickmann, Dieter: Anmerkung zu OLG Düsseldorf, Beschl. v. 12.11.1980 – 3 W 298 / 80 = Rpfleger 1981, 199 f., in: Rpfleger 1981, 200 f.

Emmerich, Volker: Anmerkung zu BGH, Urt. v. 10.3.1995 – V ZR 7 / 94 (Hamm), in: JuS 1995, 934 f.

— BGB-Schuldrecht. Besonderer Teil, 8. Aufl. Heidelberg 1996 (zit.: *Emmerich*, BGB-SchuldR)

Endemann, Friedrich: Lehrbuch des Bürgerlichen Rechts – Einführung in das Studium des Bürgerlichen Gesetzbuchs. Zweiter Band, Erste Abteilung: Sachenrecht, 8. / 9. Aufl. Berlin 1905

Enneccerus, Ludwig: Rechtsgeschäft, Bedingung und Anfangstermin. Erste Abtheilung: Die Grundlagen, Marburg 1888 (zit.: *Enneccerus*, Rechtsgeschäft)

Enneccerus, Ludwig / *Lehmann*, Heinrich: Lehrbuch des Bürgerlichen Rechts (begründet von Ludwig Enneccerus, Theodor Kipp und Martin Wolff). Zweiter Band: Recht der Schuldverhältnisse, 15. Bearb. Tübingen 1958

Enneccerus, Ludwig / *Nipperdey*, Hans Carl: Lehrbuch des Bürgerlichen Rechts (begründet von Ludwig Enneccerus, Theodor Kipp und Martin Wolff). Erster Band: Allgemeiner Teil des Bürgerlichen Rechts – Ein Lehrbuch. Erster Halbband: Allgemeine Lehren, Personen, Rechtsobjekte, 15. Aufl. Tübingen 1959 (zit.: *Enneccerus / Nipperdey*, AllgT 1); Zweiter Halbband: Entstehung, Untergang und Veränderung der Rechte; Ansprüche und Einreden, Ausübung und Sicherung der Rechte, 15. Aufl. Tübingen 1960 (zit.: *Enneccerus / Nipperdey*, AllgT 2)

Entwurf eines Bürgerlichen Gesetzbuches für das Deutsche Reich: Erste Lesung, ausgearbeitet durch die von dem Bundesrathe berufene Kommission. Amtliche Ausgabe, Berlin / Leipzig 1888; Zweite Lesung, nach den Beschlüssen der Redaktionskommission, Buch I – III (Allgemeiner Theil – Recht der Schuldverhältnisse – Sachenrecht), Text-Ausgabe, 2. Aufl. Berlin 1894

Erman, Walter: Handkommentar zum Bürgerlichen Gesetzbuch mit Einführungsgesetz, Verbraucherkreditgesetz, Gesetz zur Regelung der Miethöhe, Produkthaftungsgesetz, Haustürwiderrufsgesetz, AGB-Gesetz, Erbbaurechtsverordnung, Wohnungseigentumsgesetz, Schiffsrechtegesetz, Ehegesetz, Hausratsverordnung, Beurkundungsgesetz (teilkommentiert) in zwei Bänden. 1. Band: §§ 1 – 853, MHG, ProdHaftG, VerbrKrG, HausTWG, AGBG, 9. Aufl. Münster 1993; 2. Band: §§ 854 – 2385, EGBGB, ErbbauRVO, WEG, SchiffsRG, EheG, Hausrats-VO, BeurkG, 9. Aufl. Münster 1993 (zit.: Erman-*Bearbeiter*)

Ernst, Wolfgang: Rechtsmängelhaftung, Tübingen 1995

Esser, Josef: Wert und Bedeutung der Rechtsfiktionen. Kritisches zur Technik der Gesetzgebung und zur bisherigen Dogmatik des Privatrechts, Frankfurt a.M. 1940 (zit.: *Esser*, Rechtsfiktionen)

Esser, Josef / *Weyers*, Hans-Leo: Schuldrecht – Ein Lehrbuch. Band II. Besonderer Teil, 7. Aufl. Heidelberg 1991

Felgentraeger, Wilhelm: Hypothek und Grundschuld, in: Festschrift für Julius von Gierke zu seinem goldenen Doktorjubiläum am 25. Oktober 1948, Berlin 1950, S. 140 ff. (zit.: *Felgentraeger*, FS J. v. Gierke)

Fikentscher, Wolfgang: Schuldrecht, 8. Aufl. Berlin / New York 1992

Fitting, H.: Über den Begriff der Rückziehung, Erlangen 1856

Flume, Werner: Der Wegfall der Bereicherung in der Entwicklung vom römischen zum geltenden Recht, in: Festschrift für Hans Niedermeyer zum 70. Geburtstag, 30. November 1953, Göttingen 1953, S. 103 ff. (zit.: *Flume*, FS Niedermeyer)

— Die Rechtsstellung des Vorbehaltskäufers, AcP 161 (1962), 385 ff.

— Die Entreicherungsgefahr und die Gefahrtragung bei Rücktritt und Wandlung, NJW 1970, 1161 ff.

— Allgemeiner Teil des Bürgerlichen Rechts. Zweiter Band: Das Rechtsgeschäft, 4. Aufl. Berlin u.a. 1992 (zit.: *Flume*, AllgT II)

— Die Saldotheorie und die Rechtsfigur der ungerechtfertigten Bereicherung, AcP 194 (1994), 427 ff.

Foerste, Ulrich: Grenzen der Durchsetzung von Verfügungsbeschränkung und Erwerbsverbot im Grundstücksrecht – Grundbuchsperre und gutgläubiger Erwerb (Diss. Münster 1985), Berlin 1986

Fraenkel, Michael: Tatbestand und Zurechnung bei § 823 Abs. 1 BGB (Diss. Bonn 1978), Berlin 1979

Frank, Rainer: Anwendbarkeit des § 281 BGB auf den verschärft haftenden Bereicherungsschuldner – BGHZ 75, 203, JuS 1981, 102 ff.

Friedemann, Herbert: Macht versehentliche Löschung einer Vormerkung das Grundbuch unrichtig?, Diss. Dresden 1934

Fuchs, Eugen: Grundbuchrecht. Kommentar zu den grundbuchrechtlichen Normen des Bürgerlichen Gesetzbuchs und zur Grundbuchordnung. Bd. I: Materielles Grundbuchrecht, Berlin 1902 (zit.: *Fuchs*, GrundbR)

— Probleme des Sachenrechts (Sache, Sachenrecht, dingliches Recht, Vormerkung, Miethe.). Ein Vortrag, gehalten in der Juristischen Gesellschaft zu Berlin am 9. November 1901, Gruchot 46 (1902), 549 ff.

— Zur Lehre von der Vormerkung, LZ 1914, Sp. 3 ff., 139 ff.

— Grundbegriffe des Sachenrechts, Berlin 1917 (zit.: *Fuchs*, Grundbegriffe)

Gebhard, Albert: Kommission zur Ausarbeitung des Entwurfes eines bürgerlichen Gesetzbuches. Entwurf eines bürgerlichen Gesetzbuches für das Deutsche Reich. ... Buch. Allgemeiner Theil. Vorlage des Redaktors Gebhard. Berlin 1881 (zit.: *Gebhard*, TE-AllgT). Unveränderter photomechanischer Nachdruck bei *Schubert*, RedVorl AllgT I

Georgiades, Apostolos: Die Eigentumsanwartschaft beim Vorbehaltskauf. Zur Theorie der dinglichen Anwartschaften, Tübingen 1963

Gerhardt, Walter: Immobiliarsachenrecht – Grundeigentum und Grundpfandrechte. Fälle und Erläuterungen zum Sachenrecht für Anfangssemester, Bd. II, 4. Aufl. München 1996

Gernhuber, Joachim: Das Schuldverhältnis – Begründung und Änderung, Pflichten und Strukturen, Drittwirkungen, Tübingen 1989

von Gierke, Julius: Das Sachenrecht des bürgerlichen Rechts, 4. Aufl. Berlin / Frankfurt a.M. 1959

von Gierke, Otto: Deutsches Privatrecht. Zweiter Band: Sachenrecht, Leipzig 1905

Giesen, Dieter: Grundsätze der Konfliktlösung im Besonderen Schuldrecht. Teil A: Das Recht des Kaufvertrags, Teil 1: Grundlagen, Jura 1993, 169 ff.; Teil 2: Die Gewährleistung des Verkäufers, Jura 1993, 354 ff.

Girisch: Anmerkung zu BGH, Urt. v. 11.10.1979 – VII ZR 285/78 (Düsseldorf) = LM § 818 Abs. 4 BGB Nr. 4 (Bl. 1); in: LM § 818 Abs. 4 BGB Nr. 4 (Bl. 1 f.).

Görmer, Gerald: Gutglaubensschutz beim Erwerb einer Auflassungsvormerkung, JuS 1991, 1011 ff.

Goetzke, Heinrich / *Habermann*, Norbert: Die Wirkung der gutgläubig erworbenen Auflassungsvormerkung gegenüber dem wahren Berechtigten – BGHZ 57, 341, JuS 1975, 82 ff.

Goldmann, E. / *Lilienthal*, L.: Das Bürgerliche Gesetzbuch systematisch dargestellt. Zweiter Band: Sachenrecht, Berlin 1912

Grunewald, Barbara: Die Grenzziehung zwischen der Rechts- und Sachmängelhaftung beim Kauf, Bonn 1980

Güthe, Georg: Die Unrichtigkeit des Grundbuches im Rechtsgebiete der Vormerkung, Gruchot 57 (1913), 1 ff.

Güthe, Georg / *Triebel*, Franz: Güthes Grundbuchordnung für das Deutsche Reich und die preußischen Ausführungsbestimmungen, Erster Band, 6. Aufl. Berlin 1936

Gursky, Karl-Heinz: Verwendungsersatzansprüche und Nutzungsherausgabepflicht des Dritterwerbers, der einem Vormerkungsgläubiger oder Vorkaufsberechtigten weichen muß, JR 1984, 3 ff.

— Fälle und Lösungen nach höchstrichterlichen Entscheidungen. Bd. 4: Sachenrecht, 9. Aufl. Heidelberg 1996 (zit.: *Gursky*, SachenR)

Haegele, Karl: Zur Vormerkung nach § 883 BGB, namentlich in Sonderfällen, BWNotZ 1971, 1 ff.

Haegele, Karl / *Schöner*, Hartmut / *Stöber*, Kurt: Grundbuchrecht, 10. Aufl. München 1993

Hagen, Horst: Drittschadensliquidation bei „Gefahrentlastung"? – BGH, NJW 1970, 38, JuS 1970, 442 ff.

— Die Drittschadensliquidation im Wandel der Rechtsdogmatik. Ein Beitrag zur Koordinierung von Rechtsfortbildungen. Frankfurt a.M. 1971 (zit.: *Hagen*, Drittschadensliquidation)

— Besprechung zu „Michael Junker, Die Vertretung im Vertrauen im Schadensrecht. Ein Beitrag zum Problem des Drittschadensersatzes", in: AcP 192 (1992), 568 ff.

Hager, Johannes: Die Vormerkung, JuS 1990, 429 ff.

— Die Anwartschaft des Auflassungsempfängers, JuS 1991, 1 ff.

Harms, Wolfgang: Sachenrecht, 4. Aufl. Frankfurt a.M. 1983

Heck, Philipp: Grundriß des Sachenrechts, Tübingen 1930

Hedemann, Justus Wilhelm: Sachenrecht des Bürgerlichen Gesetzbuches, 3. Aufl. Berlin 1960

Heinrich, Hans: Die Wirkungen der Vormerkung (Diss. Erlangen 1911), Nürnberg 1911

Hellwig, Konrad: Wesen und subjektive Begrenzung der Rechtskraft. Eine prozessuale Abhandlung mit Beiträgen zum bürgerlichen Recht, insbesondere zur Lehre von der Rechtsnachfolge und der Verfügungsmacht des Nichtberechtigten, Leipzig 1901 (zit.: *Hellwig*, Rechtskraft)

— Grenzen der Rückwirkung. In: Festschrift für die juristische Fakultät in Giessen zum Universitäts-Jubiläum, Giessen 1907, S. 21 ff. (zit.: *Hellwig*, FS Giessen)

— Erbschaftsausschlagung und Gläubigeranfechtung, in: Festschrift der Berliner Juristischen Fakultät für Ferdinand von Martitz zum fünfzigjährigen Doktorjubiläum am 24. Juli 1911, Berlin 1911, S. 157 ff. (zit.: *Hellwig*, FS v. Martitz)

Heuer, Klaus: Grundzüge des Bodenrechts der DDR 1949–1990, München 1991

Hieber, Hans: Die „dingliche Anwartschaft" bei der Grundstücksübereignung, DNotZ 1959, 350 ff.

Hoche, Ulrich: Abtretung und Verpfändung des Anwartschaftsrechts aus der Auflassung. NJW 1955, 652 ff.

— Anmerkung zu OLG München, Beschl. v. 15.11.1962 – 3 W 1437/62 = NJW 1963, 301 ff., in: NJW 1963, 301 f.

Huber, Ulrich: Die Sicherungsgrundschuld, Heidelberg 1965 (zit.: *U. Huber*, Sicherungsgrundschuld)

— Die Haftung des Rücktrittsgläubigers beim gesetzlichen Rücktritt und des Käufers bei der Wandelung, JZ 1987, 649 ff.

Hübner, Heinz: Zum Abbau von Nichtigkeitsvorschriften, in: Festschrift für Franz Wieacker zum 70. Geburtstag, Göttingen 1978, S. 399 ff. (zit.: *H. Hübner*, FS Wieacker)

— Allgemeiner Teil des Bürgerlichen Gesetzbuches, 2. Aufl. Berlin / New York 1996 (zit.: *H. Hübner*, AllgT)

Hübner, Ulrich: Zur dogmatischen Einordnung der Rechtsposition des Vorbehaltskäufers, NJW 1980, 729 ff.

— Personale Relativierung der Unwirksamkeit von Rechtsgeschäften nach dem Schutzzweck der Norm, in: Festschrift für Heinz Hübner zum 70. Geburtstag am 7. November 1984, Berlin / New York 1984, S. 487 ff. (zit.: *U. Hübner*, FS H. Hübner)

Hüffer, Udo: Grundfälle zur Gefahrtragung beim Kaufvertrag, JuS 1988, 123 ff.

Jacobi, Bernhard: Über Rückwirkungsanordnungen im Bürgerlichen Gesetzbuch, Diss. Hamburg 1966

Jäckle, Wolfgang: Die Sicherungsgrundschuld bei Störungen des Kreditverhältnisses, JZ 1982, 20 ff.

Jaeger, Ernst: Kommentar zur Konkursordnung und den Einführungsgesetzen mit einem Anhang, enthaltend das Anfechtungsgesetz, Auszüge aus den Kostengesetzen, Ausführungsgesetze und Geschäftsordnungen. 3./4. Aufl. Berlin 1907 (zit.: *Jaeger*$^{3/4}$)

— Kommentar zur Konkursordnung und den Einführungsgesetzen. Erster Band (KO, §§ 1–6). 6./7. Aufl. Berlin / Leipzig 1931 (zit.: *Jaeger*$^{6/7}$)

— Konkursordnung mit Einführungsgesetzen. Kommentar, begründet von Ernst Jaeger, 8. Aufl. bearb. von Friedrich Lent und Friedrich Weber. Erster Band: (§§ 1–6 KO), Erste Lfg. §§ 1–16 KO, Berlin 1955 (zit.: Jaeger^{8}-*Bearbeiter*)

Jakobs, Horst Heinrich / *Schubert*, Werner (Hrsg.): Die Beratung des Bürgerlichen Gesetzbuches in systematischer Zusammenstellung der unveröffentlichten Quellen.

— Materialien zur Entstehungsgeschichte des BGB. Einführung, Biographien, Materialien, von Werner Schubert, Berlin / New York 1978 (zit.: *Jakobs / Schubert,* Einführung)

— Allgemeiner Teil: §§ 1–240. 1. Teilbd: §§ 1–144, ebd. 1985 (zit.: *Jakobs / Schubert,* AllgT I); 2. Teilbd.: §§ 145–240, ebd. 1985 (zit.: *Jakobs / Schubert,* AllgT II)

— Recht der Schuldverhältnisse I: §§ 241–432, ebd. 1978 (zit.: *Jakobs / Schubert,* SchuldR I)

— Sachenrecht I: §§ 854–1017, ebd. 1985 (zit.: *Jakobs / Schubert,* SachenR I)

— Sachenrecht II: §§ 1018 – 1296, ebd. 1991 (zit.: *Jakobs / Schubert,* SachenR II)

— Sachenrecht IV: Gesetz über die Zwangsversteigerung und die Zwangsverwaltung, ebd. 1983 (zit.: *Jakobs / Schubert,* SachenR IV)

Jauernig, Othmar (Hrsg.): Bürgerliches Gesetzbuch mit Gesetz zur Regelung des Rechts der Allgemeinen Geschäftsbedingungen. 7. Aufl. München 1994 (zit.: Jauernig-*Bearbeiter*)

Johow, Reinhold: Kommission zur Ausarbeitung des Entwurfes eines bürgerlichen Gesetzbuches. Entwurf eines bürgerlichen Gesetzbuches für das Deutsche Reich. … Buch. Sachenrecht.

— Vorlage des Redaktors R. Johow. Hierzu Begründung in drei Bänden, Berlin 1880 (zit.: *Johow*, TE-SachenR)

— Begründung. Vorlage des Redaktors R. Johow, Erster Band, ebd. 1880 (zit.: *Johow*, Begründung, Bd. I)

— Begründung. Vorlage des Redaktors R. Johow. Dritter Band. ebd. 1880 – 1882 (zit.: Johow, Begründung Bd. III). Unveränderter photomechanischer Nachdruck bei Schubert, RedVorl SachenR I und II

Junker, Michael: Die Vertretung im Vertrauen im Schadensrecht. Ein Beitrag zum Problem des Drittschadensersatzes (Diss. München 1989 / 90), München 1991 (zit.: *Junker*, Vertretung im Vertrauen)

— Das „wirtschaftliche Eigentum“ als sonstiges Recht im Sinne des § 823 Abs. 1 BGB. AcP 193 (1993), 348 ff.

Kempf, L.: Zur Rechtsnatur der Vormerkung – BGHZ 25, 16, JuS 1961, 22 ff.

Kisch, Wilhelm: Die Wirkungen der nachträglich eintretenden Unmöglichkeit der Erfüllung bei gegenseitigen Verträgen nach dem Bürgerlichen Gesetzbuche für das Deutsche Reich, Jena 1900

Knöpfle, Robert: Die Vormerkung, JuS 1981, 157 ff.

Knoke, Paul: Zur Lehre vom relativen Veräußerungsverbot, in: Festgabe für Karl Güterbock zur achtzigsten Wiederkehr seines Geburtstages, Berlin 1910, S. 401 ff. (zit.: *Knoke*, FG Güterbock)

Knütel, Rolf: § 281 BGB beim Rückgewähranspruch, JR 1983, 355 f.

— Von Landanschwemmungen und Schätzen. Die commoda ex re vendita und § 446 BGB, in: Festschrift für Heinz Hübner zum 70. Geburtstag am 7. November 1984, Berlin / New York 1984, S. 551 ff. (zit.: *Knütel*, FS H. Hübner)

Köhler, Helmut: Das Verhältnis der Gewährleistungsansprüche zu anderen Rechtsbehelfen des Käufers, JA 1982, 159 ff.

Kohler, Jürgen: Das Verfügungsverbot gemäß § 938 Abs.2 ZPO im Liegenschaftsrecht (Diss. Köln 1983), Köln u.a. 1984 (zit.: *Kohler*, Verfügungsverbot)

— Verwendungsersatzansprüche des Zwischenerwerbers gegen den Vormerkungsgeschützten, NJW 1984, 2849 ff.

— Anmerkung zu BGH Urt. v. 30.1.1987 – V ZR 32 / 86 (Celle) = JR 1987, 455 f., in: JR 1987, 456 ff.

— Die gestörte Rückabwicklung gescheiterter Austauschverträge, Köln u.a. 1989 (zit.: *Kohler*, Rückabwicklung)

— Philologisch-systematische oder historisch-teleologische Auslegung des § 327 Satz 2 BGB?, Jura 1994, 524 ff.

Kollhosser, Helmut: Grundfälle zu Besitz und Besitzschutz. 3. Teil: Der Besitzschutz, JuS 1992, 567 ff.

Krauthausen, Udo: Gutgläubiger Erwerb der Vormerkung, Diss. Mainz 1964

Kreuz, Theodor: Die Vormerkung, ein dingliches Recht, Diss. Breslau 1935

Krüger, Wolfgang: Das Anwartschaftsrecht – ein Faszinosum, JuS 1994, 905 ff.

Küchler, Kurt: Die Sicherungsgrundschuld, Berlin 1939

Kuhn, Georg / *Uhlenbruck*, Wilhelm: Konkursordnung. Kommentar, 11. Aufl. München 1994

Kuntze, Joachim / *Ertl*, Rudolf / *Herrmann*, Hans / *Eickmann*, Dieter: Grundbuchrecht. Kommentar zu Grundbuchordnung und Grundbuchverfügung einschließlich Wohnungseigentumsgrundbuchverfügung, 3. Aufl. Berlin / New York 1985 (zit.: K / E / H / E³-*Bearbeiter*); 4. Aufl. ebd. 1991 (zit.: K / E / H / E⁴-*Bearbeiter*)

Kupisch, Berthold: Durchgangserwerb oder Direkterwerb? Eine verfehlte Fragestellung zu einem überlebten Begriff, JZ 1976, 417 ff.

— Auflassungsvormerkung und guter Glaube – Ein Analogieproblem, JZ 1977, 486 ff.

Lang, Martin: Vormerkung und Verfügungsbeschränkung, Diss. Jena 1930

Lange, Heinrich: Sachenrecht des BGB, Stuttgart u.a. 1967

Lange, Heinrich / *Kuchinke*, Kurt: Lehrbuch des Erbrechts. Begründet von Heinrich Lange, fortgeführt von Kurt Kuchinke, 4. Aufl. München 1995

Lange, Hermann: Schadensersatz, 2. Aufl. Tübingen 1990

Lange, Jürgen: Übertragung, Verpfändung und Pfändung des Anwartschaftsrechts im Immobiliarsachenrecht, Diss. Köln 1978

Larenz, Karl: Allgemeiner Teil des Deutschen Bürgerlichen Rechts, 7. Aufl. München 1989 (zit.: *Larenz*, AllgT)

— Lehrbuch des Schuldrechts. Erster Band: Allgemeiner Teil, 14. Aufl. München 1987 (zit.: *Larenz*, SchuldR I); Zweiter Band: Besonderer Teil, 1. Halbbd., 13. Aufl. ebd. 1986 (zit.: *Larenz*, SchuldR II / 1)

Larenz, Karl / *Canaris*, Claus- Wilhelm: Lehrbuch des Schuldrechts. Zweiter Band: Besonderer Teil, 2. Halbbd., 13. Aufl. München 1994 (zit.: *Larenz / Canaris*, SchuldR II / 2)

— Methodenlehre der Rechtswissenschaft, 3. Aufl. Berlin u.a. 1995 (zit.: *Larenz / Canaris*, Methodenlehre)

Legart, Günter: Der Aufwendungsersatzanspruch des Grundstückserwerbers, der dem Vormerkungsberechtigten weichen muß, Gruchot 73 (1933), 307 ff.

Lehmann, Rudolf: Vorrang oder Zustimmung – Wie wird ein eigentumsvormerkungswidriges Finanzierungsgrundpfandrecht wirksam?, NJW 1993, 1558 ff.

Lempenau, Gerhard: Direkterwerb oder Durchgangserwerb bei Übertragung künftiger Rechte, Bad Homburg v.d.H. u.a. 1968

Lenski, Wolfgang: Zur Veräußerung der versicherten Sache. Rechtsprechung und Schrifttum, Karlsruhe 1965

Leser, Hans G.: Der Rücktritt vom Vertrag. Abwicklungsverhältnis und Gestaltungsbefugnisse bei Leistungsstörungen, Tübingen 1975

Leyser, Benno: Die rechtliche Natur der Vormerkung des Bürgerlichen Gesetzbuches, Diss. Rostock 1904

Lobinger, Thomas: Der Anspruch auf das Fehlersurrogat nach § 281 BGB – BGHZ 114, 34, JuS 1993, 453 ff.

Locher, Eugen: Das „Recht zum Grundstück", AcP 148 (1949), 1 ff.

Löwisch, Manfred: Der Deliktsschutz relativer Rechte, Berlin 1970

Löwisch, Manfred / *Friedrich*, Karsten: Das Anwartschaftsrecht des Auflassungsempfängers und die Sicherung des Eigentümers bei rechtsgrundloser Auflassung, JZ 1972, 302 ff.

Lohr, Karl: Das Anwartschaftsrecht aus der Auflassung unter besonderer Berücksichtigung der Vormerkung zugunsten und zu Lasten des Auflassungsempfängers, Diss. Köln 1964

Lopau, Eberhard: Surrogationsansprüche und Bereicherungsrecht. Der Gegenstand der Ansprüche auf Herausgabe des rechtsgeschäftlichen Surrogates und die Regelung des diesen Ansprüchen zugrunde liegenden Interessenkonfliktes im Recht der ungerechtfertigten Bereicherung (zugleich ein Beitrag zum Problem der Übertragbarkeit von Gestaltungsrechten), Berlin 1971 (zit.: *Lopau*, Surrogationsansprüche)

— Der praktische Fall – Bürgerliches Recht: Die nichtvalutierte Sicherungsgrundschuld am zwangsversteigerten Grundstück, JuS 1976, 315 ff.

von Lübtow, Ulrich: Erbrecht. Eine systematische Darstellung, 2. Halbbd., Berlin 1971

Ludwig, Georg: Anmerkung zu BGH, Urt. v. 30.4.1982 – V ZR 104/81 (Hamm) = DNotZ 1982, 619 ff., in: DNotZ 1982, 622 ff.

Marotzke, Wolfgang: Das Anwartschaftsrecht als methodisches Problem, JA 1977, 429 ff.

— Das Anwartschaftsrecht – ein Beispiel sinnvoller Rechtsfortbildung? Zugleich ein Beitrag zum Recht der Verfügungen (Diss. Bielefeld 1977), Berlin 1977 (zit.: *Marotzke*, AnwartschaftsR)

— Der Eigentumsvorbehalt im neuen Insolvenzrecht, JZ 1995, 803 ff.

Matthiaß, Bernhard: Lehrbuch des Bürgerlichen Rechtes. Zweiter Band: Das Sachenrecht, das Persönlichkeits- und Immmaterialgüterrecht, das Familienrecht und das Erbrecht. 3./4. Aufl. Berlin 1900 (zit.: *Matthiaß*$^{3/4}$)

— Lehrbuch des Bürgerlichen Rechtes mit Berücksichtigung des gesamten Reichsrechtes, 5. Aufl. Berlin 1910

Medicus, Dieter: Das Anwartschaftsrecht des Auflassungsempfängers, DNotZ 1990, 275 ff.

— Typen bei der Rückabwicklung von Leistungen, JuS 1990, 689 ff.

— Die verschärfte Haftung des Bereicherungsschuldners, JuS 1993, 705 ff.

— Allgemeiner Teil des BGB. Ein Lehrbuch, 6. Aufl. Heidelberg 1994 (zit.: *Medicus*, AllgT)

— Schuldrecht I: Allgemeiner Teil. Ein Studienbuch, 9. Aufl. München 1996 (zit.: *Medicus*, SchuldR I)

— Bürgerliches Recht. Eine nach Anspruchsgrundlagen geordnete Darstellung zur Examensvorbereitung, 17. Aufl. Köln u.a. 1996 (zit.: *Medicus*, BR)

Mehrtens, Gerhard: Das gesetzliche Veräußerungsverbot, Diss. Göttingen 1974

Meyer, Dieter: Anmerkung zu OLG Hamburg Urt. v. 11.2.1971 – 6 U 70/70 = NJW 1971, 1317 ff., in: NJW 1971, 1317 f.

Motive: Motive zu dem Entwurfe eines Bürgerlichen Gesetzbuches für das Deutsche Reich. Amtliche Ausgabe. Bd. I: Allgemeiner Theil, Berlin / Leipzig 1888 (zit.: Mot. I); Bd. II: Recht der Schuldverhältnisse, ebd. 1888 (zit.: Mot. II); Bd. III: Sachenrecht, ebd. 1888 (zit.: Mot. III); Bd. V: Erbrecht, ebd. 1888 (zit.: Mot. V)

Müller, Hildegard: Der gutgläubige Erwerb einer Vormerkung, Diss. Breslau 1932

Müller, Klaus: Sachenrecht, 2. Aufl. Köln u.a. 1990 (zit.: *K. Müller*, SachenR^2); 3. Aufl. ebd. 1993 (zit.: *K. Müller*, SachenR^3)

Müller-Laube, Hans-Martin: Die Konkurrenz zwischen Eigentümer und Anwartschaftsberechtigtem um die Drittschutzansprüche, JuS 1993, 529 ff.

Münchener Kommentar zum Bürgerlichen Gesetzbuch:

— Bd. I: Allgemeiner Teil (§§ 1–240), AGB-Gesetz, 3. Aufl. München 1993

— Bd. II: Schuldrecht, Allgemeiner Teil (§§ 241–432), 3. Aufl. ebd. 1994

— Bd. III: Schuldrecht, Besonderer Teil I (§§ 433–606), Finanzierungsleasing, Verbraucherkreditgesetz, Haustürwiderrufsgesetz, Erbschaft- und Schenkungsteuergesetz, Gesetz zur Regelung der Miethöhe, HeizkostenVO, 3. Aufl. ebd. 1995

— Band III: Schuldrecht, Besonderer Teil II (§§ 652–853), 2. Aufl. ebd. 1986

— Bd. IV: Sachenrecht (§§ 854–1296), Wohnungseigentumsgesetz, Erbbaurechtsverordnung, 2. Aufl. ebd. 1986

— Bd. VI: Erbrecht (§§ 1922–2385), Beurkundungsgesetz (§§ 27–35), 2. Aufl. ebd. 1989 (zit.: MünchKomm^2-*Bearbeiter* bzw. MünchKomm^3-*Bearbeiter*)

Münchener Kommentar zur Zivilprozeßordnung:

— Bd I: §§ 1–354, München 1992 (zit.: MünchKommZPO-*Bearbeiter*)

Münzberg, Wolfgang: Abschied von der Pfändung der Auflassungsanwartschaft?, in: Festschrift für Gerhard Schiedermair zum 70. Geburtstag, München 1976, S. 439 ff. (zit.: *Münzberg*, FS Schiedermair)

Münzel, Karl: Grundsätzliches zum Anwartschaftsrecht, MDR 1959, 345 ff.

Mugdan, Benno (Hrsg.): Die gesammten Materialien zum Bürgerlichen Gesetzbuch für das Deutsche Reich, Berlin

— I. Bd.: Einführungsgesetz und Allgemeiner Theil, 1899 (zit.: *Mugdan* I)

— II. Bd.: Recht der Schuldverhältnisse, 1899 (zit.: *Mugdan* II)

— III. Bd.: Sachenrecht, 1899 (zit.: *Mugdan* III)

— V. Bd.: Erbrecht, 1899 (zit.: *Mugdan* V)

Neumann, Hans Wolfgang: Vormerkung, Verfügungsbeschränkung und Veräußerungsverbot, Diss. Hamburg 1930

Neumann, Joh.: Vormerkung und Veräußerungsverbot, JW 1902, 454 ff.

Oberneck, Hermann: Das Reichsgrundbuchrecht, Bd. I, 4. Aufl. Berlin 1909

Oertmann, Paul: Die Wirkungen der Gläubigeranfechtung, ZZP 33 (1904), 1 ff.

— Die Rechtsbedingung (Conditio Iuris). Untersuchungen zum Bürgerlichen Recht und zur Allgemeinen Rechtslehre, Leipzig 1924

— Kommentar zum Bürgerlichen Gesetzbuch und seinen Nebengesetzen. Bürgerliches Gesetzbuch. Zweites Buch: Recht der Schuldverhältnisse, Zweite Abteilung: §§ 433–853, 5. Aufl. Berlin 1929 (zit.: *Oertmann*, BGB)

Othmer, Wilhelm: Die rechtliche Wirkung der Vormerkung nach Reichsrecht, Breslau 1902

Palandt, Otto: Bürgerliches Gesetzbuch mit Einführungsgesetz, Beurkundungsgesetz, Abzahlungsgesetz, Wohnraumkündigungsschutzgesetz, Wohnungseigentumsgesetz, Ehegesetz, Jugendwohlfahrtsgesetz, Truppenschäden-Regelung. 32. Aufl. München 1973 (zit.: Palandt^{32}-*Bearbeiter*)

— Bürgerliches Gesetzbuch mit Einführungsgesetz (Auszug), Gesetz zur Regelung des Rechts der Allgemeinen Geschäftsbedingungen, Verbraucherkreditgesetz, Gesetz über den Widerruf von Haustürgeschäften und ähnlichen Geschäften, Gesetz zur Regelung der Miethöhe (Art. 3 des 2. WKSchG), Produkthaftungsgesetz, Erbbaurechtsverordnung, Wohnungseigentumsgesetz, Ehegesetz, Hausratsverordnung. 56. Aufl. München 1997 (zit.: Palandt^{56}-*Bearbeiter*)

Paulus, Christoph: Richterliches Verfügungsverbot und Vormerkung im Konkurs. Ein Beitrag zur Systematik der Vorzugsrechte (Diss. München 1980), Berlin 1981 (zit.: *Paulus*, Verfügungsverbot)

— Deliktsschutz für den Vormerkungsberechtigten?, JZ 1993, 555 ff.

Pawlowski, Hans-Martin: Rechtsgeschäftliche Folgen nichtiger Willenserklärungen (Amts- und Parteinichtigkeit von Rechtsgeschäften). Zum Verhältnis von Privatautonomie und objektivem Recht, Göttingen 1966

Peters, Frank: Zum Problem der Drittschadensliquidation, AcP 180 (1980), 329 ff.

Pfeiffer, Martin: Vormerkungen für künftige Ansprüche, ZBlFG 1914, 552.

Pfeiffer, Thomas: Anmerkung zu BGH, Urt. v. 10.3.1995 – V ZR 7/94 (Hamm) = LM § 323 BGB Nr. 11 (Bl. 1 f.), in: LM § 323 BGB Nr. 11 (Bl. 2 f.)

Pflüger, H.: Über das Wesen der Dinglichkeit, AcP 79 (1892), 406 ff.

Philipsborn, Alexander: Begriff und Anwendungsfälle der Rückwirkung, Gruchot 64 (1920), 10 ff.

Philipsen, Kurt: Die Vormerkung nach Bürgerlichem Gesetzbuche (Diss. Jena 1903), Berlin 1903

Planck, Gottlieb: Plancks Kommentar zum Bürgerlichen Gesetzbuch nebst Einführungsgesetz. I. Bd.: Allgemeiner Teil (§§ 1–240), 4. Aufl. Berlin 1913; II. Bd., 2. Hälfte: Recht der Schuldverhältnisse (Besonderer Teil), 4. Aufl. Berlin/Leipzig 1928; III. Bd.: Sachenrecht, 4. Aufl. ebd. 1920 (zit.: Planck-*Bearbeiter*)

Pottschmidt, Günter/*Rohr*, Ulrich: Kreditsicherungsrecht. Ein Handbuch für Studium und Praxis, 3. Aufl. München 1986

Predari, C.: Kommentar zum Bürgerlichen Gesetzbuch und seinen Nebengesetzen. Die Grundbuchordnung vom 24. März 1897, 2. Aufl. Berlin 1913

Priester, Oskar: Die alte und die neue Vormerkung, ArchBürgR 22 (1903), 143 ff.

Prinz, Wolfgang: Der gutgläubige Vormerkungserwerb und seine rechtlichen Wirkungen (Diss. Köln 1988), Frankfurt a.M. u.a. 1989

Prölss, Jürgen / *Martin*, Anton: Versicherungsvertragsgesetz. Kommentar zu VVG und EGVVG sowie Kommentierung wichtiger Versicherungsbedingungen, unter Berücksichtigung österreichischer Rechtsprechung, 25. Aufl. München 1992 (zit.: Prölss / Martin-*Bearbeiter*)

Protokolle: Protokolle der Kommission für die zweite Lesung des Entwurfs des Bürgerlichen Gesetzbuchs. Im Auftrage des Reichs-Justizamts bearbeitet von Achilles / Gebhard / Spahn

— Bd. I: Allgemeiner Theil und Recht der Schuldverhältnisse, Abschn. I, Abschn. II, Tit. I, Berlin 1897 (zit.: Prot. (2. Komm.) I)

— Bd. II: Recht der Schuldverhältnisse, Abschn. II, Tit. 2–20, Abschn. III, IV. Berlin 1898 (zit.: Prot. (2. Komm.) II)

— Bd. III: Sachenrecht, Berlin 1899 (zit.: Prot. (2. Komm.) III)

— Bd. V, Erbrecht, Berlin 1899 (zit.: Prot. (2. Komm.) V)

Raape, Leo: Das gesetzliche Veräußerungsverbot des Bürgerlichen Gesetzbuchs, Berlin 1908 (zit.: *Raape*, Veräußerungsverbot)

Räfle: Anmerkung zu BGH, Urt. v. 5.10.1979 – V ZR 71 / 78 (Frankfurt a.M.) = LM § 888 BGB Nr. 3 (Bl. 1); in: LM § 888 BGB Nr. 3 (Bl. 1 f.).

Rahn: Gutglaubensschutz und Rechtsnatur der Vormerkung. Eine Entgegnung auf die gleichnamige Abhandlung von Prof. Dr. Wunner, NJW 1969, 113 ff. in: BWNotZ 1970, 25 ff.

Raiser, Ludwig: Dingliche Anwartschaften, Tübingen 1961

Ramdohr, Hermann: Das Rechtsprinzip zum Schutze mangelhafter menschlicher Erkenntnißfähigkeit im B.G.B. (Fortsetzung), Gruchot 44 (1900), 324 ff.

Reeb, Hartmut: Recht der Kreditfinanzierung, München / Wien 1994

Reichel, Hans: Die Vormerkung im Deutschen Bürgerlichen Gesetzbuche, JhJb 46 (1904), 59 ff.

Reinicke, Dietrich / *Tiedtke*, Klaus: Das Anwartschaftsrecht des Auflassungsempfängers und die Formbedürftigkeit der Aufhebung eines Grundstücksvertrages, NJW 1982, 2281 ff.

— Kaufrecht einschließlich Abzahlungsgeschäfte, AGB-Gesetz, Eigentumsvorbehalt, Factoring, finanzierte Kaufverträge, Haustürgeschäfte, Leasing, Pool-Vereinbarungen, Produzentenhaftung, UN-Kaufrecht und Verbraucherkreditgesetz, 5. Aufl. Neuwied u.a. 1992 (zit.: *Reinicke / Tiedtke*, KaufR)

— Kreditsicherung durch Schuldbeitritt, Bürgschaft, Patronatserklärung, Garantie, Sicherungsübereignung, Sicherungsabtretung, Eigentumsvorbehalt, Pool-Vereinbarungen, Pfandrecht an beweglichen Sachen und Rechten, Hypothek und Grundschuld, 3. Aufl. Neuwied u.a. 1994 (zit.: *Reinicke / Tiedtke*, Kreditsicherung)

RGRK: Das Bürgerliche Gesetzbuch mit besonderer Berücksichtigung der Rechtsprechung des Reichsgerichts und des Bundesgerichtshofes. 12. Aufl. Berlin / New York (zit.: RGRK-*Bearbeiter*)

— Bd. I: §§ 1–240, 1982

— Bd. II, 1. Teil: §§ 241–413, 1976

— Bd. II, 2. Teil: §§ 414–610 (Anhang nach § 455: Abzahlungsgesetz), 1978

— Bd. III, 1. Teil: §§ 854–1011, 1979

Rieder, Josef: Vormerkung und Widerspruch im Grundstücksverkehr, 3. Aufl. Stuttgart 1992

Ries, Gerhard: Grundprobleme der Drittschadensliquidation und des Vertrags mit Schutzwirkung für Dritte, JA 1982, 453 ff.

Rimmelspacher, Bruno: Anmerkung zu OLG Celle, Urt. v. 20.12.1985 – 4 U 17/85) = WuB IV A. § 883 BGB 2. 86 (S. 997 f.), in: WuB IV A. § 883 BGB 2. 86 (S. 998 ff.).

— Kreditsicherungsrecht, 2. Aufl. München 1987

Rinnewitz, Jürgen: Zur dogmatischen Struktur des Anwartschaftsrechts aus dem Eigentumsvorbehalt, Diss. Göttingen 1989

Römer, Gerhard: Ist § 281 BGB. auf das durch Rechtsgeschäft erlangte Entgelt anwendbar?, AcP 119 (1921), 293 ff.

Röwer, Heinz-H.: Verletzung des durch Auflassung erlangten Anwartschaftsrechts, NJW 1961, 539 f.

Ronke, Maximilian: Zur Pfändung und Verpfändung des mit der Auflassung entstehenden sogenannten dinglichen Anwartschaftsrechts, in: Festschrift der Rechts- und Staatswissenschaftlichen Fakultät der Julius-Maximilians-Universität Würzburg zum 75. Geburtstag von Hermann Nottarp, Karlsruhe 1961, S. 91 ff. (zit.: *Ronke*, FS Nottarp)

Rosenberg, Leo: Kommentar zum Bürgerlichen Gesetzbuch. Dritter Band: Sachenrecht, Erster Halbbd.: §§ 854 –872; Allgemeine Vorschriften über Rechte an Grundstücken, §§ 873–902, München 1919

Rosien, Ekkehard: Der Schutz des Vormerkungsberechtigten (Diss. Osnabrück 1992), Köln u.a. 1994

Rottenfußer, Walter: Der gutgläubige Erwerb der Auflassungsvormerkung, Diss. Erlangen-Nürnberg 1981

Ruhwedel, Edgar: Grundlagen und Rechtswirkungen sogenannter relativer Verfügungsverbote, JuS 1980, 161 ff.

Sandweg, Hans-Eberhard: Anspruch und Belastungsgegenstand bei der Auflassungsvormerkung, BWNotZ 1994, 5 ff.

Schaper, Jürgen / *Kandelhard*, Ronald: Leistungsstörungen und Gewährleistungsrecht, NJW 1997, 837 ff.

Schapp, Jan: Sachenrecht, 2. Aufl. München 1995

Schlegel, Ralf-Oliver: Ausgewählte Probleme zum Anwartschaftsrecht aus der Auflassung. Zugleich ein rechtsvergleichender Beitrag über den außerbücherlichen Erwerb im österreichischen Recht (Diss. Freiburg i.Br. 1995), Frankfurt a.M. u.a. 1995

Schlegelberger, Franz: Seeversicherungsrecht. Allgemeine Deutsche Seeversicherungsbedingungen. Berlin / Frankfurt a.M. 1960

Schmidt, Karsten: Anmerkung zu BGH, Urt. v. 30.1.1987 – V ZR 32/86 (Celle), in: JuS 1987, 988 f.

Schmidt, Rudolf: Rechtsmängelhaftung und überholende Kausalität, AcP 152 (1952/ 1953), 112 ff.

Schmidt, Siegfried: Sind Nebenansprüche durch Auflassungsvormerkung gesichert?, BWNotZ 1975, 104 ff.

Schneider, Günther: Rangfähigkeit und Rechtsnatur der Vormerkung, DNotZ 1982, 523 ff.

Schneider, Uwe H.: Die Rückdatierung von Rechtsgeschäften, unter besonderer Berücksichtigung der Probleme rückdatierter Gesellschaftsverträge, AcP 175 (1975), 279 ff.

Schönewerk, Rolf Ignaz: Die gutgläubig erworbene Vormerkung und ihre Wirkungen, Diss. Marburg 1985

Scholz, Hellmut: Der sicherungsrechtliche Rückgewähranspruch als Mittel der Kreditsicherung, in: Festschrift für Philipp Möhring zum 65. Geburtstag, 4. September 1965, München / Berlin 1965, S. 419 ff. (zit.: *H. Scholz*, FS Ph. Möhring)

Schramm, Theodor: Das Anwartschaftsrecht als Schutzobjekt des § 823 Abs.1 BGB, NJW 1966, 2153 f.

Schreiber, Klaus: Sachenrecht, Stuttgart u.a. 1993

Schreiber, Rupert: Die bedingte Übereignung. Die Unzweckmäßigkeit der Konstruktion des Anwartschaftsrechts als Recht sui generis, NJW 1966, 2333 ff.

Schubert, Werner: Die Ex tunc-Wirkung des bürgerlichen Rechts und ihre Bedeutung für die strafrechtliche Beurteilung. Rückwirkung und Fiktion im Strafrecht (Diss. Freiburg i.Br. 1928), Berlin 1928 (zit.: *Schubert*, Ex tunc-Wirkung)

Schubert, Werner: Die Entstehung der Vorschriften des BGB über Besitz und Eigentumsübertragung. Ein Beitrag zur Entstehungsgeschichte des BGB, Berlin 1966 (zit.: *Schubert*, Entstehung)

— Anmerkung zu BGH, Urt. v. 11.10.1979 – VII ZR 285 / 78 (Düsseldorf) = JR 1980, 198 f., in: JR 1980, 199 f.

Schubert, Werner (Hrsg.): Die Vorlagen der Redaktoren für die erste Kommission zur Ausarbeitung des Entwurfs eines Bürgerlichen Gesetzbuches (Die Vorentwürfe der Redaktoren zum BGB). Unveränderter photomechanischer Nachdruck der als Ms. vervielf. Ausg. aus den Jahren 1876 – 1883 bzw. 1887 bzw. 1888. Allgemeiner Teil, Teil 1; Verfasser: Albert Gebhard, Berlin / New York 1981 (zit.: *Schubert*, RedVorl AllgT I)

— Recht der Schuldverhältnisse, Teil 1: Allgemeiner Teil, Verfasser: Franz Philipp von Kübel, Berlin / New York 1980 (zit.: *Schubert*, RedVorl SchuldR I)

— Sachenrecht, Teil 1: Allgemeine Bestimmungen, Besitz und Eigentum; Verfasser: Reinhold Johow, Berlin / New York 1982 (zit.: *Schubert*, RedVorl SachenR I)

— Sachenrecht, Teil 2: Beschränkt dingliche Rechte und materielles Zwangsversteigerungsrecht; Verfasser: Reinhold Johow, Berlin / New York 1982 (zit.: *Schubert*, RedVorl SachenR II)

— Anlagen: Entwürfe eines Bürgerlichen Gesetzbuchs (Kommissions-Entwurf von 1885 – 1887 und Erster BGB-Entwurf von 1887); Entwurf eines Einführungsgesetzes zum Bürgerlichen Gesetzbuch von 1888. Unveränderter photomechanischer Nachdruck der als Ms. vervielf. Ausg. aus den Jahren 1887 – 1888, Berlin / New York 1986 (zit.: *Schubert*, Entwürfe)

Schütz, Wilhelm: Anmerkung zu OLG Frankfurt, Urt. v. 1.3.1968 – 10 U 103 / 67 = NJW 1969, 327 f., in: NJW 1969, 327.

Schwab, Heinz / *Prütting*, Hanns: Sachenrecht. Ein Studienbuch, 26. Aufl. München 1996

Schwerdtner, Eberhard: Verwendungsersatzansprüche des Erstkäufers gegen den Vorkaufsberechtigten bei Ausübung eines gesetzlichen Vorkaufsrechts, BWNotZ 1972, 145 ff.

Schwerdtner, Peter: Anwartschaftsrechte, Jura 1980, 609 ff.

— Die Auflassungsvormerkung, Jura 1985, 316 ff.

Seckelmann, Helmut: Die Grundschuld als Sicherungsmittel. Berlin 1963

Sekler, G.: Die Lehre von der Vormerkung nach dem neuen Reichsrecht, München 1904

Selb, Walter: Kritik formaler Drittschadensthesen, NJW 1964, 1765 ff.

— Anmerkung zu BGH, Urt. v. 5.4.1991 – V ZR 39/90 (OLG Saarbrücken) = JZ 1991, 1086 f., in: JZ 1991, 1087 ff.

Serick, Rolf: Eigentumsvorbehalt und Sicherungsübertragung. Bd. I: Der einfache Eigentumsvorbehalt, Heidelberg 1963 (zit.: *Serick* I); Band V: Verlängerungs- und Erweiterungsformen des Eigentumsvorbehaltes und der Sicherungsübertragung; Zweiter Teil: Erweiterungsformen; Dritter Teil: Sonstiges, Heidelberg 1982 (zit.: *Serick* V)

Sieg, Karl: Die versicherungsrechtliche Stellung des Sacherwerbers nach Gefahrübergang auf ihn, VersR 1995, 125 ff.

Soergel, Hans Theodor / *Siebert*, Wolfgang: Bürgerliches Gesetzbuch mit Einführungsgesetz und Nebengesetzen. 11. Aufl. Stuttgart u.a. (zit.: Soergel^{11}-*Bearbeiter*)

— Bd. IV: Schuldrecht III (§§ 705–853), 1985

— Bd. V: Sachenrecht (§§ 854–1296), Wohnungseigentumsgesetz, Erbbaurechtsverordnung, Schiffsrechtegesetz, 1978

Soergel, Hans Theodor / *Siebert*, Wolfgang: Bürgerliches Gesetzbuch mit Einführungsgesetz und Nebengesetzen. 12. Aufl. Stuttgart u.a. (zit.: Soergel^{12}-*Bearbeiter*)

— Bd. I: Allgemeiner Teil (§§ 1 –240), HaustürWiderrufG, 1987

— Bd. II: Schuldrecht I (§§ 241–432), 1990

— Bd. III: Schuldrecht II (§§ 433–515), AGB-Gesetz, AbzG, EAG, EKG, UN-KaufAbk, 1991

— Bd. VI: Sachenrecht (§§ 854–1296), WEG, ErbbauVO, SchiffsG, 1990

— Bd. IX: Erbrecht (§§ 1922–2385), Beurkundungsgesetz, 1992

Sponer, Wolfdieter: Das Anwartschaftsrecht und seine Pfändung (Diss. Tübingen 1964), Bielefeld 1965

Sponholz, Kuno: Der Aufwendungsersatzanspruch des Dritterwerbers, welcher dem Vorgemerkten weichen muß, Diss. Leipzig 1935

Sprinz: Das Reichsgesetz über den Versicherungsvertrag, Berlin 1926

Stadler, Astrid: Der Rang im Immobiliarsachenrecht – ein noch immer ungelöstes Problem?, AcP 189 (1989), 425 ff.

von *Staudinger*, Julius (Begr.): Kommentar zum Bürgerlichen Gesetzbuch und dem Einführungsgesetze, 10. Aufl. München u.a. (zit.: Staudinger^{10}-*Bearbeiter*)

— III. Band: Sachenrecht, 1. Teil (§§ 854–1017), 1935

von Staudinger, Julius (Begr.): Kommentar zum Bürgerlichen Gesetzbuch mit Einführungsgesetz und Nebengesetzen, 11. Aufl. Berlin (zit.: Staudinger[11]-*Bearbeiter*)

— III. Band: Sachenrecht, 1. Teil (§§ 854–1017), Erbbaurechtsverordnung, 1956

von Staudinger, Julius (Begr.): Kommentar zum Bürgerlichen Gesetzbuch mit Einführungsgesetz und Nebengesetzen, 12. Aufl. Berlin (zit.: Staudinger[12]-*Bearbeiter*)

— Erstes Buch: Allgemeiner Teil, §§ 90–240, 1980

— Zweites Buch: Recht der Schuldverhältnisse, §§ 823–832, 1986

— Drittes Buch: Sachenrecht, §§ 1018–1296, 1981

von Staudinger, Julius (Begr.): Kommentar zum Bürgerlichen Gesetzbuch mit Einführungsgesetz und Nebengesetzen, 13. Bearb. Berlin (zit.: Staudinger[13]-*Bearbeiter*)

— Erstes Buch: Allgemeiner Teil, §§ 134–163, 1996

— Zweites Buch: Recht der Schuldverhältnisse, §§ 255–292, 1995

— Zweites Buch: Recht der Schuldverhältnisse, §§ 293–327, 1995

— Zweites Buch: Recht der Schuldverhältnisse, §§ 328–361, 1995

— Zweites Buch: Recht der Schuldverhältnisse, §§ 433–534, 1995

— Zweites Buch: Recht der Schuldverhältnisse, §§ 812–822, 1994

— Drittes Buch: Sachenrecht, Einl. zu §§ 854 ff.; §§ 854–882, 1995

— Drittes Buch: Sachenrecht, §§ 883–902, 1996

— Drittes Buch: Sachenrecht, §§ 903–924; Anh. zu § 906: Umwelthaftungsrecht, 1996

— Drittes Buch: Sachenrecht, §§ 925–984; Anh. zu §§ 929 ff.: Sonderformen der Übereignung, 1995

— Fünftes Buch: Erbrecht, §§ 2087–2196, 1996

Steding, Ulrich: Die Drittschadensliquidation, JuS 1983, 29 ff.

Stobbe, Otto / *Lehmann*, H.O.: Handbuch des Deutschen Privatrechts. Zweiter Band, Zweiter Halbband: Dienstbarkeiten – Reallasten – Pfandrecht – Lehnrecht u.s.w., 3. Aufl. Berlin 1897

Strohal, Emil: Über relative Unwirksamkeit, in: Festschrift zur Jahrhundertfeier des Allgemeinen Bürgerlichen Gesetzbuches, 1. Juni 1911, Zweiter Teil, Wien 1911, S. 747 ff. (zit.: *Strohal*, FS Jahrhundertfeier AGBGB)

Teichmann, Arndt / *Beck*, Markus: Anmerkung zu BGH, Urt. v. 10.3.1995 – V ZR 7/94 (Hamm) = JZ 1996, 102 f., in: JZ 1996, 103 ff.

Tiedtke, Klaus: Die Auflassungsvormerkung, Jura 1981, 354 ff.

— Der Anspruch des Käufers auf das Surrogat bei Mängeln der Sache, NJW 1992, 3213 ff.

— Leistungsstörung und Gewährleistung, NJW 1995, 3081 ff.

Titze, Heinrich: Die Unmöglichkeit der Leistung nach deutschem bürgerlichen Recht, Leipzig 1900

Trapp, Ursula: Die dingliche Wirkung der Vormerkung im Rechtsverhältnis zwischen dem aus einer Auflassungsvormerkung Berechtigten und dem vormerkungswidrig eingetragenen Dritten, Diss. Köln 1974

Trupp, Andreas: Die Rechtsnatur der Vormerkung in veränderter Sichtweise, JR 1990, 184 ff.

von Tuhr, Andreas: Der Allgemeine Teil des Deutschen Bürgerlichen Rechts. Erster Band: Allgemeine Lehren und Personenrecht, München / Leipzig 1910 (zit.: *v. Tuhr* I); Zweiter Band, Erste Hälfte: Die rechtserheblichen Tatsachen, insbesondere das Rechtsgeschäft, ebd. 1914 (zit.: *v. Tuhr* II 1); Zweiter Band, Zweite Hälfte, ebd. 1918 (zit.: *v. Tuhr* II 2)

Turnau, W. / *Förster*, K.: Das Liegenschaftsrecht nach den Deutschen Reichsgesetzen und den Preußischen Ausführungsbestimmungen, für die Praxis bearbeitet. Erster Band: Das Sachenrecht des Bürgerlichen Gesetzbuchs, 2. Aufl. Paderborn 1902

Vervier, Heinrich: Wesen und Wirkung der Vormerkung (Diss. Würzburg 1903), Würzburg 1903

Vogt, Lothar: Gewährleistung für Rechtsmängel und Gefahrübergang beim Kauf beweglicher Sachen, Diss. Tübingen 1968

Vollmar, Matth. Rud.: Begriff und Fälle der Unwirksamkeit des Rechtsgeschäfts im Gegensatz zur Nichtigkeit im B.-G.-B., Diss. Würzburg 1920

Voß: Ueber das Verhältnis zwischen relativem Veräußerungsverbot und Vormerkung nach dem BGB, JhJb 60 (1912), 293 ff.

Wacke, Andreas: Gutgläubiger Vormerkungserwerb und Konfusion, NJW 1981, 1577 ff.

Walter, Gerhard: Kaufrecht, Tübingen 1987 (zit.: *G. Walter*, Kaufrecht)

Walter, Michael: Anmerkung zu OLG Hamburg, Urt. v. 11.2.1971 – 6 U 70/70 = NJW 1971, 1317 ff., in: NJW 1971, 1845 f.

Waltermann, Raimund: § 986 Abs. 2 BGB als Ausdruck einer Verdinglichung schuldrechtlicher Rechtspositionen durch das Gesetz? Zur Rechtsstellung des schuldrechtlich berechtigten Besitzers, Jura 1993, 521 ff.

Warneyer, Otto: Kommentar zum Bürgerlichen Gesetzbuch für das Deutsche Reich in zwei Bänden. Billige Ausgabe der 1930 erschienenen zweiten, in Verbindung mit Martin Buchwald bearbeiteten Auflage, Bd. II, Tübingen 1932

Weber, Gustav: Begriff und Rechtswirkungen der Vormerkung, Diss. Köln 1936

Weber, Hansjörg: Der Rückübertragungsanspruch bei der nichtvalutierten Sicherungsgrundschuld, AcP 169 (1969), 237 ff.

Weber, Ulrich: Die Anwendung der Vorschriften über Rechte an Grundstücken auf die Vormerkung, Diss. Tübingen 1962

Weigelt, Max: Vormerkung und Widerspruch im deutschen Grundbuchrecht, Diss. Breslau 1901

Weiland, Thomas: Die Sicherung konkurrierender Sachleistungsansprüche im Wege einstweiliger Verfügung durch Vormerkung und Verfügungsverbot, Bielefeld 1992

Weimar, Wilhelm: Für den juristischen Nachwuchs: Kann eine Grundbucheintragung für den Mieter Bedeutung haben?, MDR 1966, 817 f.

Weirich, Hans-Armin: Abschied von der „Auflassungsvormerkung“, DNotZ 1982, 669 ff.

— Grundstücksrecht. Systematik und Praxis des materiellen und formellen Grundstücksrechts, 2. Aufl. München 1996 (zit.: *Weirich*, GrundstücksR)

Weitnauer, Hermann: Verdinglichte Schuldverhältnisse, in: Festschrift für Karl Larenz zum 80. Geburtstag, München 1983, S. 705 ff. (zit.: *Weitnauer*, FS Larenz)

Werner, Olaf: Gleichrangige Auflassungsvormerkungen, in: Recht und Rechtserkenntnis. Festschrift für Ernst Wolf zum 70. Geburtstag, Köln u.a. 1985, S. 671 ff. (zit.: *Werner*, FS E. Wolf)

Westermann, Harm Peter: BGB-Sachenrecht, 9. Aufl. Heidelberg 1994 (zit.: *H.P. Westermann*, BGB-SachenR)

Westermann, Harry: Sachenrecht. Ein Lehrbuch, 5. Aufl. Karlsruhe 1966 (zit.: *H. Westermann*, SachenR)

— (Begr.): Sachenrecht. Ein Lehrbuch, begr. von Harry Westermann, fortgeführt von Karl-Heinz Gursky / Dieter Eickmann / Winfried Pinger / Harm Peter Westermann. Band I: Grundlagen und Recht der beweglichen Sachen, von Harm Peter Westermann / Karl-Heinz Gursky / Winfried Pinger, 6. Aufl. Heidelberg 1990 (zit.: Westermann-*Bearbeiter*, SachenR I); Band II: Immobiliarsachenrecht, von Dieter Eickmann / Winfried Pinger, 6. Aufl. Heidelberg 1988 (zit.: Westermann-*Bearbeiter*, SachenR II)

Wieczorek, Andreas: Die Erlösherausgabe bei § 281 BGB. Eine Untersuchung zu Umfang und Grenzen des § 281 BGB (Diss. Marburg 1995), Frankfurt a.M. u.a. 1995

Wiedemann, Herbert: Anmerkung zu BGH, Urt. v. 8.3.1991 – V ZR 351 / 89 (Köln), in: EWiR § 281 BGB 1 / 91 (S. 543 f.)

Wieling, Hans Josef: Sachenrecht. Band I: Sachen, Besitz und Rechte an beweglichen Sachen, Berlin u.a. 1990 (zit.: *Wieling*, SachenR I)

— Sachenrecht, 2. Aufl. Berlin u.a. 1994 (zit.: *Wieling*, SachenR²)

Wieser, Eberhard: Der Schadensersatzanspruch des Besitzers aus § 823 BGB – BGH, JZ 1954, 613, JuS 1970, 557 ff.

— Schadensersatzleistung an Eigentümer und nutzungsberechtigten Besitzer, in: Ius et commercium – Studien zum Handels- und Wirtschaftsrecht. Festschrift für Franz Laufke zum 70. Geburtstag am 20.6.1971 dargebracht von der Juristischen Fakultät der Bayerischen Julius-Maximilians-Universität zu Würzburg. Würzburg 1971, S. 135 ff. (zit.: *Wieser*, FS Laufke)

Wilhelm, Jan: Der Rang der Grundstücksrechte aufgrund des Verfügungstatbestands, insbesondere von Einigung und Eintragung, JZ 1990, 501 ff.

— Sachenrecht. Berlin / New York 1993 (zit.: *Wilhelm*, SachenR)

Windscheid, Bernhard / *Kipp*, Theodor: Lehrbuch des Pandektenrechts von Bernhard Windscheid. 9. Aufl., unter vergleichender Darstellung des deutschen bürgerlichen Rechts bearbeitet von Theodor Kipp, Erster Band, Frankfurt a.M. 1906

Wörbelauer, Herbert: Das unter Eigentumsvormerkung stehende Grundstück – eine res extra commercium?, DNotZ 1963, 580 ff.

Wolf, Ernst: Allgemeiner Teil des bürgerlichen Rechts, 3. Aufl. Köln u.a. 1982 (zit.: *E. Wolf*, AllgT)

— Lehrbuch des Sachenrechts, 2. Aufl. Köln u.a. 1979 (zit.: *E. Wolf*, SachenR)

Wolf, Ernst / *Naujoks*, Hans: Anfang und Ende der Rechtsfähigkeit des Menschen, Frankfurt a.M. 1955

Wolf, Manfred: Sachenrecht. 13. Aufl. München 1996 (zit.: *M. Wolf*, SachenR)

Wolff, Martin / *Raiser*, Ludwig: Lehrbuch des Bürgerlichen Rechts (begr. von Ludwig Enneccerus / Theodor Kipp / Martin Wolff). Dritter Band: Sachenrecht. Ein Lehrbuch, 10. Bearb. Tübingen 1957

Woopen, Herbert: Für eine systematische Auslegung von § 327 Satz 2 BGB, JZ 1991, 539 ff.

Wunner, Sven Erik: Gutglaubensschutz und Rechtsnatur der Vormerkung, NJW 1969, 113 ff.

Zeiss, Walter: Der rechtliche Grund (§ 812 BGB) für Schuldanerkenntnisse und Sicherheitsleistungen, AcP 164 (1964), 50 ff.

Zöller, Richard: Zivilprozeßordnung mit Gerichtsverfassungsgesetz und den Einführungsgesetzen, mit Internationalem Zivilprozeßrecht, Kostenanmerkungen. 20. Aufl. Köln 1997 (zit.: Zöller[20]-*Bearbeiter*)

Rechtsprechungsverzeichnis

Reichsgericht

Bundesgerichtshof

Urt. v. 31.10.1980 – V ZR 95/79 (Frankfurt)	= NJW 1981, 446f. = LM § 883 BGB Nr. 17 = JZ 1981, 63f. = MDR 1981, 304f. = Rpfleger 1981, 55f. = DNotZ 1981, 179ff.	138
Urt. v. 30.4.1982 – V ZR 104/81 (Hamm)	= BGHZ 83, 395ff. = LM § 313 BGB Nr. 94 = NJW 1982, 1639f. = MDR 1982, 742 = JZ 1982, 600ff. = WM 1982, 715f. = BB 1982, 164f. = Rpfleger 1982, 271f. = DNotZ 1982, 619ff.	22, 38f., 42ff.
Urt. v. 27.10.1982 – V ZR 24/82 (Braunschweig)	= NJW 1983, 929ff. = LM § 281 BGB Nr. 7 = MDR 1983, 216f. = WM 1982, 1408ff. = BB 1983, 796	133f.
Urt. v. 20.5.1983 – V ZR 291/81 (Düsseldorf)	= BGHZ 87, 296ff. = LM § 1098 BGB Nr. 9 = NJW 1983, 2024f. = MDR 1983, 740 = JZ 1983, 707f. = WM 1983, 763f.	56f., 127
Urt. v. 11.11.1983 – V ZR 211/82 (Nürnberg)	= BGHZ 89, 41 = LM § 313 BGB Nr. 102 = NJW 1984, 973f. = MDR 1984, 386f. = WM 1984, 337ff. = BB 1984, 874f. = Rpfleger 1984, 143f. = DNotZ 1984, 319ff.	22, 24, 42
Urt. v. 31.10.1986 – V ZR 140/85 (Düsseldorf)	= NJW 1987, 771f. = LM § 249 (A) BGB Nr. 79 = JZ 1987, 578 = MDR 1987, 394 = WM 1987, 181ff. = VersR 1987, 483ff. = EWiR 1987, 125f.	140
Urt. v. 31.10.1986 – V ZR 166/85 (Hamm)	= WM 1987, 47f. = JZ 1987, 675ff.	131
Urt. v. 30.1.1987 – V ZR 32/86 (Celle)	= BGHZ 99, 385 = LM § 812 BGB Nr. 188 = NJW 1987, 1631f. = NJW-RR 1987, 918 = WM 1987, 469f. = Rpfleger 1987, 236f. = EWiR 1987, 988f. = WuB IV A § 883 BGB 1.87	32, 81, 90, 100, 132, 136ff., 141

Urt. v. 5.4.1991 – V ZR 39/90 (Saarbrücken)	= BGHZ 114, 161 = LM § 823 (H) BGB Nr. 8 = NJW 1991, 2019f. = MDR 1991, 763f. = JZ 1991, 1086f. = WM 1991, 1560ff. = BB 1991, 2113f. = DB 1992, 88 = DNotZ 1992, 293ff.	17, 19ff., 22, 39, 41f., 45ff., 83, 86f., 145, 147
Versäumnis-Urt. v. 14.5.1992 – IX ZR 241/91 (Frankfurt a.M.)	= NJW-RR 1992, 1178ff. = LM H. 12/1992 § 152 ZVG Nr. 9 = NJW 1992, 2487 = MDR 1992, 1082f. = WM 1992, 1506f. = BB 1992, 1525 = ZIP 1992, 865f. = Rpfleger 1992, 402 = WuB VI G § 152 ZVG 1.92	42, 45
Beschl. v. 1.3.1994 – XI ZR 149/93 (Köln)	= NJW 1994, 1475 = LM H. 7/1994 § 268 BGB Nr. 4 = MDR 1994, 578f. = WM 1994, 909	61
Urt. v. 17.6.1994 – V ZR 204/92 (Celle)	= NJW 1994, 2947f. = MDR 1995, 248 = DB 1994, 2336 = DNotZ 1995, 47ff.	117
Urt. v. 25.11.1994 – V ZR 24/93 (BezG Erfurt)	= DtZ 1995, 100f. = LM H. 6/1995 Art. 233 EGBGB 1986 Nr. 5 = MDR 1995, 567 = WM 1995, 404ff.	90
Urt. v. 10.3.1995 – V ZR 7/94 (Hamm)	= BGHZ 129, 103ff. = NJW 1995, 1737 = BB 1995, 1261f. = DNotZ 1995, 883ff.	42, 79, 83, 132

Bayerisches Oberstes Landesgericht

Beschl. v. 8.3.1990 – BReg. 2 Z 9/90	= NJW-RR 1990, 722ff.	48

Kammergericht Berlin

Beschl. v. 3.5.1962 – 1 W 848/62	= NJW 1962, 1446ff.	90, 110
Beschl. v. 19.3.1964 – 1 W 573/64	= NJW 1964, 1479f.	90, 110

Oberlandesgerichte

OLG Breslau

Urt. v. 9.12.1925 – 3 U 148/25	= JW 1926, 2707f.	125

OLG Celle

Urt. v. 20.12.1985 – 5 U 17/85	= WM 1986, 569f.	137

OLG Dresden

III. Civilsenat, Urt. v. 19.6.1903	= ZBlFG 4 (1904), 258ff.	30
6 ZS., Beschl. v. 12.7.1926 – 6 Reg 98/26	= JW 1927, 1010	62, 90

OLG Düsseldorf

Beschl. v. 12.11.1980 – 3 W 298/80	= Rpfleger 1981, 199f.	42

OLG Frankfurt a.M.

Urt. v. 1.3.1968 – 10 U 103/67	= NJW 1969, 327f.	143

OLG Hamburg

Beschl. v. 2.10.1961 – 8 U 56/61	= NJW 1961, 2350f.	55, 58, 127
Urt. v. 11.2.1971 – 6 U 70/70	= NJW 1971, 1317ff.	127

OLG Hamm

Beschl. v. 17.1.1975 – 15 Wx 190/74	= NJW 1975, 879f.	42
Beschl. v. 20.3.1989 – 15 W 549/88	= NJW-RR 1989, 912 = MDR 1989, 821	90
Beschl. v. 20.11.1992 – 15 W 290/92	= NJW-RR 1993, 529f. = OLGZ 93, 284ff.	119
Urt. v. 10.12.1992 – 22 U 74/92	= NJW-RR 1993, 1366	78, 82

OLG Kiel

Beschl. v. 27.10.1911 – W II. 142/11	= SeuffA 67 (1911) Nr. 155	30

OLG Köln

Urt. v. 18.3.1994 – 6 U 184/93	= NJW-RR 1995, 51f.	133

OLG München

Beschl. v. 15.11.1962 – 3 W 1437/62	= NJW 1963, 301ff.	73, 76f.

OLG Saarbrücken

Urt. v. 7.1.1987 – 1 U 165/84	= NJW-RR 1987, 500	41, 74
Beschl. v. 16.1.1995 – 5 W 331/94-186	= MittRhNotK 1995, 25ff. = Rpfleger 1995, 404ff. = FGPrax 1995, 135ff.	61

Landgerichte

LG Düsseldorf

Beschl. v. 29.1.1985 – 25 T 536, 538/84	= Rpfleger 1985, 305	42

Paragraphenverzeichnis

I. Normen aus der Entstehungsgeschichte des BGB

VVG

ZPO

ZVG

Sachverzeichnis